市场营销实战系列教材

客户沟通技巧
（第 2 版）

邵雪伟　李弟财　著

电子工业出版社
Publishing House of Electronics Industry
北京·BEIJING

内 容 简 介

本书旨在帮助读者有效开展沟通，助力读者认知沟通基础理论、领悟人际沟通原理与客户沟通特点、掌握沟通方法、实操沟通流程、巧用沟通技巧，助力读者在生活学习中沟通顺畅、在未来职场中与客户有效沟通。

本书强调知行合一、实战实效，采用项目模块体例组织内容，除绪论外，共计 12 个项目，包括认知沟通基础、掌握语言沟通、领悟沟通原理、初识客户沟通这四个以理论认知为主的项目和亲和客户五措施、了解客户的"二域四径"、有效表述的"三要四步"、促成共识的"三要九招"、化解异议的"二心四步"、有效沟通六法则、职场沟通九要则这七个以方法实务为主的项目，以及自我沟通"七心八式"这一个以目标修炼心态的项目。每个项目以项目目标、项目导入与情景导引导入，以若干任务模块解析理论知识、方法措施与实用技巧，配备即问即答、边学边练、要点回放、项目检测等；以职场与生活学习中的典型沟通事务导入、举例与实践，以二维码方式提供视频、音频、文本等立体化信息资源，以在线开放网络课程提供互动信息，并专门准备了项目模块组织典型职场事务沟通演练，以帮助读者求知、悟理、会方法、育心态。理论、实践、修心融为一体，优"术"而明"道"，培养读者的客户沟通能力。

本书既可供即将进入职场而努力培养职业能力的读者学习使用，也可供商务与经营管理等职场人士阅读参考。

未经许可，不得以任何方式复制或抄袭本书之部分或全部内容。
版权所有，侵权必究。

图书在版编目（CIP）数据

客户沟通技巧 / 邵雪伟，李弟财著. —2 版. —北京：电子工业出版社，2021.7
ISBN 978-7-121-38074-7

Ⅰ. ①客… Ⅱ. ①邵… ②李… Ⅲ. ①企业管理－销售管理－高等学校－教材 Ⅳ. ①F274

中国版本图书馆 CIP 数据核字（2019）第 256479 号

责任编辑：张云怡　　　　　特约编辑：田学清
印　　刷：天津画中画印刷有限公司
装　　订：天津画中画印刷有限公司
出版发行：电子工业出版社
　　　　　北京市海淀区万寿路 173 信箱　　邮编：100036
开　　本：787×1092　1/16　印张：15.25　字数：324.5 千字
版　　次：2016 年 8 月第 1 版
　　　　　2021 年 7 月第 2 版
印　　次：2024 年 7 月第 6 次印刷
定　　价：49.80 元

凡所购买电子工业出版社图书有缺损问题，请向购买书店调换。若书店售缺，请与本社发行部联系，联系及邮购电话：（010）88254888，88258888。
质量投诉请发邮件至 zlts@phei.com.cn，盗版侵权举报请发邮件至 dbqq@phei.com.cn。
本书咨询联系方式：（010）88254573，zyy@phei.com.cn。

前 言

沟通无处不在、无时不有，沟通于人如"水之于鱼"，意义重大。但现实中，人们经常性沟通认知、沟通实践不当，如在与他人沟通时玩手机、好辩驳、抢话说、语气冲、不聆听、口说与撰写欠条理、文稿不分段、段落符号错误等。值此大变革时代，人们沟通能力的培养与提升愈显迫切，沟通课程教学与教材建设须与时俱进。当下人才培养必须将以"人格本位"为核心的全面培养作为目标，将"应知""应会""素养"作为学习目标与考评标准，教学中须开展信息化混合式教学、融入思政理念、进行职场化实操、紧跟前沿信息，以培养全面发展的、高素质的、契合社会要求的高技术人才。因此，教材建设应随之创新变革："全人"目标、知行合一、基于职场、立体信息、前沿创新，以有效服务教学、助力读者。

（1）思政融入、"全人培养"：将中华优秀传统文化与社会主义核心价值观融入教材，以培育素养、修炼心态、学习知识、养成技能，内含认知沟通基础理论、人际沟通原理与客户沟通的特点，掌握沟通方法、实操沟通流程、巧用沟通技巧、积极自我沟通，以助力读者在生活学习中沟通顺畅、在未来职场中有效与客户沟通。

（2）知行合一、"道""术"融合：采用项目模块体例组织内容，共计十二个项目，包括认知沟通基础、掌握语言沟通、领悟沟通原理、初识客户沟通这四个以理论认知为主的项目和亲和客户五措施、了解客户的"二域四径"、有效表述的"三要四步"、促成共识的"三要九招"、化解异议的"二心四步"、有效沟通六法则、职场沟通九要则这七个以方法实务为主的项目，以及自我沟通"七心八式"这一个以目标修炼心态的项目。每个项目先以项目目标、项目导入与情景导引导入，以若干任务模块解析理论知识、方法措施与实用技巧，配备即问即答、边学边练、要点回放、项目检测等，以帮助读者求知、悟理、会方法、育心态。理论、实践、修心融为一体，优"术"而明"道"。

（3）基于职场、契合社会：基于职场规范的能力标准、言行规则来构建教材标准、内容、考评标准，以职场与生活中的典型沟通事务来导引、举例、实践，与世界500强企业的企业大学老师共同撰写，培养读者契合社会需求、贴近企业的客户沟通能力。

（4）信息立体、服务教学：以二维码方式提供近百个视频、音频、文本等立体化资源，基于网络配套建设《客户沟通技巧》浙江省精品在线开放课程，文、图、视频、音频融合，有效服务课程教学、自学阅览。

（5）坚持创新、与时俱进：创新内容架构，各项目、各模块的内涵、要点数量化，简单、明晰、易把握；新增网络沟通内容、现代情景，引入当下沟通、营销界最新方法理论;·基于现代心理学、神经语言程序学（Neuro-Linguistic Programming，NLP）、领导力等创新沟通理论，创建沟通原理、方法技巧实务的体系，帮助读者领悟"所以然"，助力读者掌握实用沟通技能。

本书可供想培养沟通能力的大学生与社会职场人士学习阅览。笔者建议大学生在将此书用于课堂学习时，将浏览预习、课后实践运用、对比思考结合，以便有所感悟与收获，学而不习是无效的。对于从事营销、服务等工作的职场人士来说，阅本书、做反思、试运用，将感慨"噢，原来如此"，助力工作有效开展。在课堂教学中，笔者建议运用小组化、情景演练等方式，以日常生活人际交往、职场中沟通客户场景为案例，先进行文字或视频案例赏析，接着分组商讨、分头简答、评价，再以正确的方式进行演练等，尽可能运用"练—析—评—演"的"边学边练"方式，演练场所以可移动桌椅的多媒体教室为佳。

本书由浙江经济职业技术学院的邵雪伟、物产中大国际学院的李弟财院长共同撰写。邵雪伟负责整体架构、除项目4与项目9外项目的撰写，以及最后统稿；李弟财负责理念、建议，以及项目4与项目9的撰写、修改和审稿。在本书修订过程中，电子工业出版社的张云怡、浙江经济职业技术学院工商管理学院的李晓阳院长等提出许多务实建议，张升航、何俊宏、吴宇涛等同学也给予了许多帮助，在此表示感谢。

毕业生有言："职场中正如客户沟通课程所言原理与要求，毕业工作后深深体悟其中智慧。邵师所教导与谆谆对我工作帮助很大，谢谢！"——笔者会继续积极面对人和事，继续创新、修正、再前行，葆初心、得始终。

邵雪伟于杭州

目 录

绪论　破冰沟通 ······································· 1

　　模块 0.1　为何学沟通 4
　　　　0.1.1　沟通很重要 5
　　　　0.1.2　学习很必要 5
　　模块 0.2　沟通学什么 7
　　　　0.2.1　学习沟通知识 9
　　　　0.2.2　致用沟通方法 9
　　　　0.2.3　修炼心态、品行 9
　　模块 0.3　沟通怎么学 10
　　　　0.3.1　仿效职场 10
　　　　0.3.2　知行合一 12
　　　　0.3.3　学生主体 12
　　　　0.3.4　空杯心态 12

项目 1　认知沟通基础 ···························· 13

　　模块 1.1　认知一般沟通 15
　　　　1.1.1　沟通的功效 15
　　　　1.1.2　沟通的种类 16
　　　　1.1.3　沟通过程 17
　　　　1.1.4　沟通要素 19
　　　　1.1.5　沟通的概念 20
　　　　1.1.6　沟通的基本要求 20
　　　　1.1.7　沟通基础五素养 26
　　模块 1.2　认知人际沟通 27
　　　　1.2.1　三符号三信息 27
　　　　1.2.2　人际沟通简介 30
　　　　1.2.3　人际沟通二技巧 30
　　模块 1.3　认知客户沟通 31

　　　　1.3.1　职场沟通事务类型 32
　　　　1.3.2　客户沟通简介 34

项目 2　掌握语言沟通 ···························· 37

　　模块 2.1　文字语言及沟通要求 40
　　　　2.1.1　文字语言的特点 40
　　　　2.1.2　文字语言的沟通要求 41
　　　　2.1.3　文字语言四技巧 44
　　模块 2.2　声音语言及沟通要求 46
　　　　2.2.1　声音语言的特点 47
　　　　2.2.2　声音语言的沟通要求 48
　　模块 2.3　肢体语言及沟通要求 48
　　　　2.3.1　肢体语言的特点 49
　　　　2.3.2　肢体语言的沟通要求 53
　　模块 2.4　信息传达三部曲 54
　　　　2.4.1　三信息的影响力权重 54
　　　　2.4.2　信息传达三部曲 56
　　模块 2.5　听说读写四规范 58
　　　　2.5.1　听的言行规范 59
　　　　2.5.2　说的言行规范 59
　　　　2.5.3　读的言行规范 59
　　　　2.5.4　写的言行规范 60

项目 3　领悟沟通原理 ···························· 62

　　模块 3.1　人脑运行模式 63
　　　　3.1.1　摄入信息 63
　　　　3.1.2　感知过滤 64
　　　　3.1.3　大脑信息处理 66
　　　　3.1.4　做出抉择 67

模块 3.2　先情后理原理 67
　　3.2.1　先情后理的概念 67
　　3.2.2　原理解析 68
模块 3.3　先情后理要务 68
　　3.3.1　先情后理要则 69
　　3.3.2　先情后理实务 69

项目 4　初识客户沟通 71
　模块 4.1　沟通原理待升级 73
　　4.1.1　先情后理存不足 73
　　4.1.2　先情后理须升级 73
　模块 4.2　沟通客户五步骤 74
　　4.2.1　沟通客户五步骤简介 74
　　4.2.2　各步骤的重要性 76
　模块 4.3　沟通客户遵模式 76
　　4.3.1　一原理二要务 77
　　4.3.2　三部曲五要求 77
　　4.3.3　四规范五步骤 77
　　4.3.4　六法则九要则 77
　　4.3.5　修炼七心八式 78

项目 5　亲和客户五措施 80
　模块 5.1　保持优良形态 83
　模块 5.2　见面有礼 88
　模块 5.3　寒暄问候 92
　模块 5.4　问听互动 95
　模块 5.5　同步沟通 95

项目 6　了解客户的"二域四径" 103
　模块 6.1　客户的二域情况 106
　　6.1.1　需求 106
　　6.1.2　性格 106
　模块 6.2　了解客户的四个路径 110
　　6.2.1　调研 110
　　6.2.2　观察 111
　　6.2.3　询问 114
　　6.2.4　聆听 118

项目 7　有效表述的"三要四步" 125
　模块 7.1　表述中的通常错误 127
　　7.1.1　口头沟通中的通常错误 128
　　7.1.2　书面沟通中的通常错误 129
　模块 7.2　有效表述三要则 130
　　7.2.1　态度亲和：居客户立场、友善语气、动心话语 130
　　7.2.2　内容精准：围绕客户价值、翔实佐证、通俗易懂 131
　　7.2.3　形式规范：文字组织有条理、有逻辑、标题化 132
　模块 7.3　有效表述四步骤 134

项目 8　促成共识的"三要九招" 138
　模块 8.1　促成三要则 141
　　8.1.1　时机恰当 141
　　8.1.2　须有能量 142
　　8.1.3　方式恰当 143
　模块 8.2　促成九招式 143

项目 9　化解异议的"二心四步" 148
　模块 9.1　认知异议 150
　　9.1.1　异议因何产生 150
　　9.1.2　客户产生异议时的心理 150
　　9.1.3　异议处理不当 151
　模块 9.2　积极面对异议 152
　　9.2.1　积极思维 152
　　9.2.2　阳光心态 152
　模块 9.3　化解异议的四个步骤 152
　　9.3.1　先同理心 153
　　9.3.2　明晰异议 153
　　9.3.3　有的放矢 154
　　9.3.4　促成 154

项目 10　有效沟通六法则 158
　模块 10.1　信息如实 159

- 10.1.1 中立平静..................160
- 10.1.2 全息互动..................160

模块 10.2 信息契合..................161
- 10.2.1 信息契合情景..............161
- 10.2.2 信息相互契合..............162

模块 10.3 方式恰当..................163
- 10.3.1 据偏好选用恰当的方式......164
- 10.3.2 据情景选用恰当的方式......165
- 10.3.3 综合运用多种沟通方式......165

模块 10.4 尊重亲和..................166
- 10.4.1 肯定认同..................167
- 10.4.2 "同时"不"但是".........169
- 10.4.3 多听少说..................170
- 10.4.4 弹性若水..................170

模块 10.5 适当技巧..................171
- 10.5.1 提示......................172
- 10.5.2 引导......................173
- 10.5.3 正反对比..................175
- 10.5.4 FAB法则与表述.............176
- 10.5.5 先跟后带..................179
- 10.5.6 沟通策略..................180
- 10.5.7 隐喻/讲故事...............181

模块 10.6 依情权变..................182

项目11 职场沟通九要则..............186

模块 11.1 接待客户..................188
- 11.1.1 接待客户的一般沟通要求....188
- 11.1.2 办公室接待客户的沟通要则..188
- 11.1.3 前台接待客户的沟通要则....189

模块 11.2 出外洽商..................189
- 11.2.1 出外洽商的一般沟通要求....190
- 11.2.2 出外洽商的沟通要则........190

模块 11.3 同事商讨..................191
- 11.3.1 同事商讨的一般沟通要求....191
- 11.3.2 同事商讨的沟通要则........191

模块 11.4 上下沟通..................192
- 11.4.1 向上汇报的沟通要则........192
- 11.4.2 下行沟通的沟通要则........193

模块 11.5 接待销售..................195
- 11.5.1 接待销售的一般沟通要求....195
- 11.5.2 接待销售的沟通要则........196

模块 11.6 拜访推广..................197
- 11.6.1 拜访推广的一般沟通要求....197
- 11.6.2 拜访推广的沟通要则........197
- 11.6.3 应聘沟通的一般要求........198

模块 11.7 异议投诉..................198
- 11.7.1 异议投诉的一般沟通要求....199
- 11.7.2 异议投诉的沟通要则........199
- 11.7.3 不同异议的不同沟通要则....200

模块 11.8 公众汇报..................200
- 11.8.1 公众汇报的一般沟通要求....201
- 11.8.2 公众汇报的沟通要则........201
- 11.8.3 几种公众汇报的区别与注意..202

模块 11.9 现代沟通..................202
- 11.9.1 电话沟通的沟通要则........203
- 11.9.2 即时通信的沟通要则........206
- 11.9.3 电子邮件的沟通要则........207

项目12 自我沟通"七心八式"........217

模块 12.1 孕育"阳光七心"..........220
- 12.1.1 尊敬......................221
- 12.1.2 感恩......................221

12.1.3 相信 222
　　12.1.4 善念 222
　　12.1.5 爱心 223
　　12.1.6 重事 223
　　12.1.7 舍得 224
模块 12.2 自我沟通八式 224
　　12.2.1 共赢观念 225

　　12.2.2 积极聚焦 226
　　12.2.3 积极设问 229
　　12.2.4 积极定义 230
　　12.2.5 肯定认同 232
　　12.2.6 正面词语 233
　　12.2.7 正向冥想 233
　　12.2.8 活力身心 234

绪 论　破冰沟通

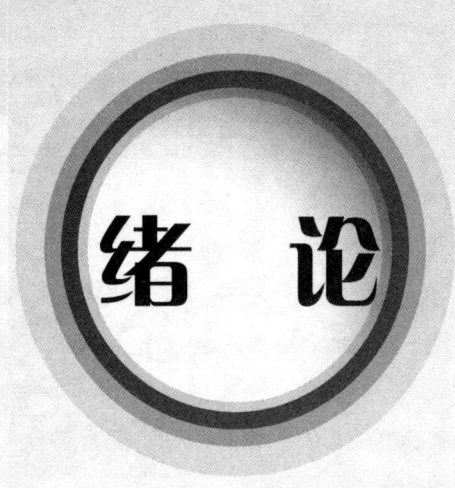

项目目标

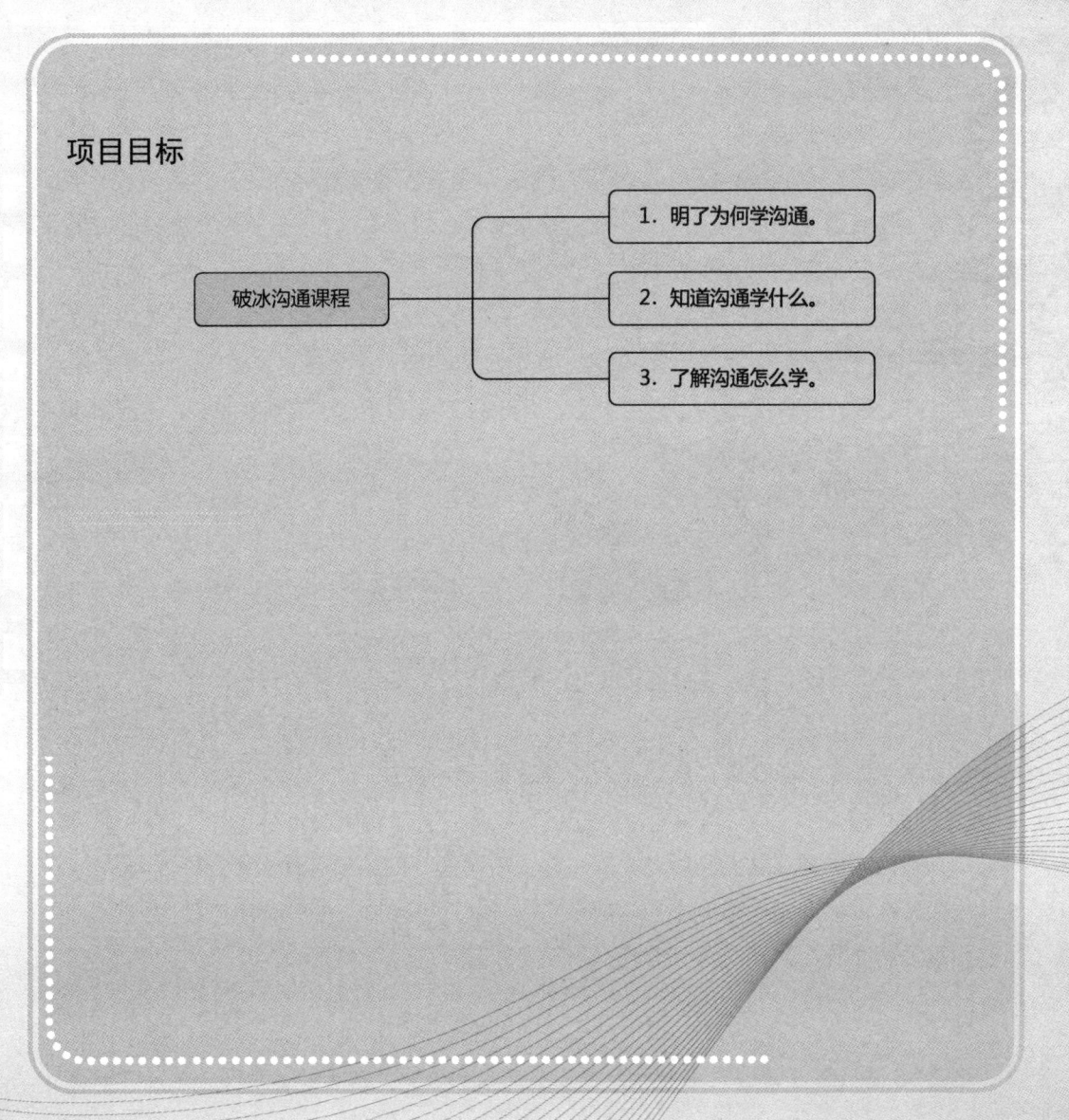

破冰沟通课程
- 1. 明了为何学沟通。
- 2. 知道沟通学什么。
- 3. 了解沟通怎么学。

情景导引

情景0.1　触龙说赵太后

《触龙说赵太后》白话文

赵太后新用事，秦急攻之。赵氏求救于齐，齐曰："必以长安君为质，兵乃出。"太后不肯，大臣强谏。太后明谓左右："有复言令长安君为质者，老妇必唾其面。"

左师触龙言愿见太后，太后盛气而揖之。入而徐趋，至而自谢，曰："老臣病足，曾不能疾走，不得见久矣，窃自恕，而恐太后玉体之有所郄也，故愿望见太后。"太后曰："老妇恃辇而行。"曰："日食饮得无衰乎？"曰："恃粥耳。"曰："老臣今者殊不欲食，乃自强步，日三四里，少益耆食，和于身。"太后曰："老妇不能。"太后之色少解。

左师公曰："老臣贱息舒祺，最少，不肖；而臣衰，窃爱怜之。愿令得补黑衣之数，以卫王宫。没死以闻。"太后曰："敬诺。年几何矣？"对曰："十五岁矣。虽少，愿及未填沟壑而托之。"太后曰："丈夫亦爱怜其少子乎？"对曰："甚于妇人。"太后笑曰："妇人异甚。"对曰："老臣窃以为媪之爱燕后贤于长安君。"曰："君过矣！不若长安君之甚。"左师公曰："父母之爱子，则为之计深远。媪之送燕后也，持其踵，为之泣，念悲其远也，亦哀之矣。已行，非弗思也，祭祀必祝之，祝曰：'必勿使反。'岂非计久长，有子孙相继为王也哉？"太后曰："然。"

左师公曰："今三世以前，至于赵之为赵，赵王之子孙侯者，其继有在者乎？"曰："无有。"曰："微独赵，诸侯有在者乎？"曰："老妇不闻也。""此其近者祸及身，远者及其子孙。岂人主之子孙则必不善哉？位尊而无功，奉厚而无劳，而挟重器多也。今媪尊长安君之位，而封之以膏腴之地，多予之重器，而不及今令有功于国，一旦山陵崩，长安君何以自托于赵？老臣以媪为长安君计短也，故以为其爱不若燕后。"太后曰："诺，恣君之所使之。"

于是为长安君约车百乘，质于齐，齐兵乃出。

【即问即答】

- 前后两则沟通（大臣与触龙先后与赵太后沟通）的结果有什么不同？
- 为什么前后两则沟通有不同的效果？
- 这说明了什么问题？对你有什么启发？

情景0.2　由拒绝到加购

在某4S店，一个客服正在接待一位西装革履的客户。这位客户昨天刚刚买了车，今天便过来要求退车，说车质量不好、避震性能不好。客服说："先生，从合同上来看，你这是昨天刚提的车，而且一点避震问题都没有。"客户听后态度强硬要求："别跟我说那么多，我要退车，反正我就是要退车。"听到声音，一位年轻客服（小李）走了过来，这个客服就对他解释说："这位先生昨天刚提的车，今天就要退。他说我们的车太'硬'，可是如果没有质量问题，我们是没有退车这个先例的。"小李让这个客服先离开。

视频：从拒绝到加购

小李看了看购车合同，再转眼看了看来客的形象打扮与形态脸色，转身："许先生。"但客户冷漠强硬地打断说："别跟我来车轮战，除了退车，别的没商量。"小李笑了笑，说："像许先生这么帅气的男人，如果拒绝了GT，简直是暴殄天物。"

"帅气，怎么讲？"客户笑了起来，转身面向小李。

"从许先生的外表来看，我首先断定，许先生一定是一个很有品位而又特立独行的人，如果我猜得没错的话，许先生的业余爱好是打高尔夫球。像许先生这么成熟稳重，且懂得外在修饰的男人，内心一般都低调奢华有内涵。"小李边说边以手势引导客户走向一辆GT车，"不管是外在还是内涵，许先生都非常适合GT这款跑车的定位，GT的避震并不是它的硬伤，它的发动机是经过高功率调整的，而且许先生所选的这款车是运动型，它的发动机声音虽然大，但也能彰显出它的动力十足，就像许先生您外表'高大尚'、内心却低调奢华有内涵一样。"

客户乐了："像你这么会说话的销售，我还是第一次见。有没有兴趣到我公司来上班？我给出的条件或许比在这里卖车更诱人，怎么样？"

小李回答："谢谢许先生的好意。但是我跟许先生一样，只喜欢做自己喜欢做的事，只找适合自己的东西。"

客户说："好，有魄力！这样，就冲你呀，今天这辆车我不退了，不过呢，我觉得这辆车的配置还是有些不足，你能不能给我换一辆高配的？"

【即问即答】

- 前后两个客服与客户沟通的结果有何不同？
- 为什么前后两则沟通会产生不同的结果？
- 这说明了什么问题？对你有什么启发？

情景0.3　让人心急与让人心动

一次，某领导考察某学校。他参观实训室时，看到机床设备干净整齐、身着工装的同学专注操作，很是满意。他抽选了几位同学进行技能测试，结果不错；随后又抽选了一些同学做自我介绍，想以此了解同学们的基本素质状况。

A同学开口便说："本人学数控专业，比较优秀，实习时服从领导安排，工作中将付出更大的努力，变得更杰出。"

该领导对他的回答不太满意，继续询问另一个同学对汽车设计、汽车文化是否了解，能否帮助设计出一款环保、家用、越野的概念车。该同学回答："不知道。老师没有教这方面的知识与方法。"

"竟然不知道。"该领导听后十分心急。

与上一则的情景不同，下面这则情景中，这位男生的应聘表现让人心动，堪称楷模。

某公司鲁总要招聘一名办公室员工，约有 50 人前来应聘，他挑中了一位看着并不显眼的男生。经理问："您为什么喜欢那个男生？他既没带一封介绍信，也没有任何人推荐。"

鲁总回答："他已经带来了许多介绍信。他在门口蹭掉了脚下带来的土，进门后随手关上了门，说明他做事小心、仔细；进了办公室，他先脱去帽子，回答我的提问时干脆果断，证明他既懂礼貌又有教养；其他人都从我故意放在地板上的那本书上迈过去，而这个男孩却俯身拾起它并放回桌子上；他衣着整洁，头发梳得整整齐齐，指甲修得干干净净。难道你不认为这些就是最好的介绍信吗？"

【即问即答】

- 前后两则情景的结果有何不同？
- 为什么会有不同结果？
- 这说明了什么问题？对你有什么启发？
- 对比自己，何处可放心、何处须改进？

导引思考

- 为何学沟通？
- 沟通要学什么？
- 沟通该怎么学？

沟通很重要，沟通不可缺，沟通还欠缺，学习沟通有效用，所以要学沟通；要学知识、更要学方法技巧，还要修炼品行；要求知，要实践，还要反思，要以职场言行规则要求自己，须以学生为主体。

模块 0.1 为何学沟通

沟通很重要，因为说对话才能做对事，因为片刻不可或缺沟通；学习沟通很必要，因为学习有效用，因为许多人未能完全掌握沟通。

绪论
破冰沟通

0.1.1 沟通很重要

1. 说对话才能做对事

无论是在商务谈判、事务沟通中，还是在同事关系的处理方面，或者是在家庭关系、朋友关系的处理方面，良好的沟通是前提。美国著名学府普林斯顿大学对1万份人事档案进行分析，发现："智慧""专业技术""经验"只占成功因素的25%，其余75%取决于良好的人际沟通。哈佛大学就业指导小组的调查结果显示：在500名被解雇的男女中，因人际沟通不良而导致工作不称职者占82%。

2. 人类无时可离沟通

沟通无处不在、无时不有，我们时时刻刻处在与人沟通之中。自然界运行须以信息沟通为先导；人类做任何事情，都须以信息传递来引导行动，而这种信息传递是人类行为的主体。人类生存、发展、社会交往、情感交流，无一可离开信息传递。可谓"人人需要、处处需要、时时需要"，离了沟通也就停止了一切。因此，沟通于人就犹如"水之于鱼"，须臾不可或缺。

0.1.2 学习很必要

沟通如此重要，可问题是，我们会沟通吗？学习沟通有效果吗？沟通不易、沟通有欠缺、学习沟通有助于有效沟通，所以学习沟通很必要。

1. 学习有效用

学习有术亦有效：通过沟通学习了解知识、理解原理、掌握方法，达成积极心态、规范言行，不但知道，而且做到，自然有亲和力让人悦纳、明晰情况、说到心坎，达成共识。

（1）正确认知沟通：正确地了解沟通知识与沟通框架体系，了解大脑信息运行过程，领悟沟通的基本原理，理解与掌握沟通的实践要求，如此可有效指导沟通实践。

（2）正确沟通言行：有效运用先情后理原理来开展人际沟通，沟通中参照沟通流程、遵循沟通规则与各沟通事务要则，如此可令人悦纳、顺畅沟通、易达共识。

（3）孕育阳光心态：学会以积极自我沟通孕育阳光心态，让自己充满正能量、激发感染力。这不但是成功沟通的核心，也是身体健康、事业有成、人生幸福的基础。

2. 沟通存不足

1）沟通言行习惯性错误

人人在沟通、沟通历多年，可许多人在沟通中会犯如下一些习惯性错误。

（1）一般人的习惯性错误言行：抢话、霸占话题、不听、眼神不交流、不时做小动作、辩驳、咄咄逼人，甚至直接否定、驳倒对方，直接批评他人人格。

（2）大学生的习惯性错误言行：上课时经常性挤坐后排与角落、低着头、板脸无表情、不看老师、玩手机、不做笔记，或者旷课、迟到、见到老师不打招呼、上课时睡觉、不带走垃圾、不按时交作业，或者在小组商讨过程中一直自己说不让他人说、爱争辩、咄咄逼人、想驳倒对方使对方哑口无言，或者汇报或回答问题时声音低、没中气、眼睛看房顶而不看同学们、内容没有条理、照着书念等。

如上习惯性错误言行导致的不理想后果：无意中伤害了对方的感情；交代的事情与回馈的结果不一致；讲了半天，对方很疑惑、没听懂；报告不被欣赏，甚至被人嫌弃，等等。如此，导致承受他人不必要的误解、冤枉，没能达成共识，事务也没能顺利完成。

2）沟通认知习惯性错误

错误沟通言行源于错误沟通认知，这种认知错误表现为认知不当、偏差认知。

（1）认知不当：认为沟通就是用嘴说话，与肢体动作、表情、眼神、形象、环境无关；沟通就是比谁的嗓门高，看谁盖得过谁的声音；沟通就是要"巧言令色"、运用技巧甚至运用诡辩术，可以无所不用其极；沟通就是比谁说得多、说得时间长，会说就是滔滔不绝、霸占话语权不让别人说；沟通就是要说得让别人不能说、无话说，就是要辩驳、争出输赢，把对方驳得哑口无言，让对方认错服输。

（2）偏差认知：对沟通的认知不全面、不准确；有些简单教条，没有理解理论的一般性与情景的特殊性，以致要么以一般原则、方法、流程来套用各种具体情景，要么以具体情景的个性化经验来质疑、否定一般化理论，因此自以为是、怀疑否定。

这就是"知障"，以谬误使得言行错误，以偏差阻碍正确求知。

3）习惯性错误而不自知

许多人取得了优良成绩，经常受到他人的赞赏，尤其是大学生们，一路走来被父母、长辈、亲友、老师同学们宠爱着，基本上是怎么说怎么有、怎么做怎么成，可谓"通畅无阻、欲取欲求"，自然认为自己沟通无碍了。只是许多人大多没有认识到：曾经让自己通畅无阻的环境是否为真实社会环境？自己是一个普通人还是特殊的人？比如，对于大学生而言，学生的角色、子女的身份，使他们所受到的是娇宠、宽容、低要求，所处的环境是风和日丽的"温室",这与真实社会环境是有巨大不同的。

所以,我们需要学习沟通。

模块0.2 沟通学什么

进行沟通学习应该学什么?

目标:"知道"沟通理论,"做到"有效沟通,"孕育"阳光心态,实现应养(即应该养成的素养)、应知、应会的能力目标(见表0.1),达到客户沟通能力标准(见表0.2),以趋向教书、育人的宗旨。这就要求我们不仅要学习沟通知识,更要训练沟通方法,同时修炼心态、品行。

表0.1 客户沟通课程能力目标

应养目标	应知目标	应会目标
1. 积极思维:多赢观念、看正面、从积极角度看问题、问积极问题等	1. 沟通基础:功效、种类、过程、要素;基础要求;人际沟通、职场沟通类型、特点	1. 掌握亲和力培养的若干种方法,尤其是寒暄、问听互动、同步沟通
2. 阳光心态:心有尊重、心有善念、心有感恩、心有对方、以对方为念等	2. 文字语言、声音语言、肢体语言的特点、权重,信息传达三部曲	2. 初步会观察、会询问
	3. 大脑运行模式,先情后理原理	3. 会聆听:专注、眼看、记录、简述
	4. 沟通客户五步骤的内涵	4. 初步会FAB(特征—优点—利益)表述
3. 优良品行:守纪,态度认真;尊人,待人有礼;重事,认真作业;慎小节,持公德,不碍人等	5. 有效沟通六法则的内涵与要求	5. 初步会促成共识
	6. 阳光七心、自我沟通八式	6. 初步会异议化解、表达同理心
	7. 职场沟通九要则	7. 初步根据情景运用恰当方法和技巧,如选用合适方式、说"同时"、提示、先跟后带等,较为有效地达成沟通共识

表0.2 客户沟通能力标准表

细分能力	细分指标内涵	等级			
		不及格	及格	良好	优秀
三信息相互契合	肢体语言:挺拔、倾身,微笑、眼神交流,整洁、干净,精神				
	语音语调:音洪亮、中气足,语速适中、清晰,声音亲切、有情感				
	文字内容:有逻辑,佐证;有条理——一是……,二是……				
	契合度评分				

续表

细分能力	细分指标内涵	等级			
		不及格	及格	良好	优秀
亲和力	心态与体态：自信、热情、友善、尊重人、阳光灿烂				
	形象好：衣得体、洁净、姿如风、如松、如钟、有精气神				
	有礼仪：微笑注视→见面有礼（尊称→握手→递/接名片）				
	会寒暄：关心、问候、赞赏、询问、聊得投机、开心……				
	会同步沟通：谈共同话题、情绪同步、声音同步、用"同时"				
	会聆听（专注地听、看着对方、记录），会认同（如"嗯"、点头）				
	符合亲和客户流程：好心态→好形态→好礼仪→寒暄+同步沟通				
	亲和力评分				
知人力	会调研、会观察：初步了解对方人格、知悉对方需求				
	会询问：关心询问，以"开放式询问→高获得性→……"来问				
	会倾听：专注眼神交流、身体前倾，笔记，应和，简单复述……				
	符合知人流程：细察→询问→倾听，判断较准，重要的是会问与听				
	知人力评分				
表述力	先认同：热情、真诚地赞赏客户及其想法，同时简单复述其要求				
	说利益：总说客户可获得的收益，再分点说明解释				
	须佐证：以原理、特点、优点及数据、证书、故事等来佐证				
	有条理：内容有条理，以第一、第二、第三……来讲述				
	有能量：自信，声音有中气、抑扬顿挫、发音清楚，有感染力				
	符合表述流程：认同与概说→讲客户价值→说明与佐证→小结与强调				
	表述力评分				
促成力	有气场：自信、主动、有力——表现为肢体与声音有感染力				
	会促成：及时促成；采用适合对方人格的恰当方式来促成				
	促成力评分				
化异力	同理心：情绪同步、价值观同步，说"理解……"，忌否定、辩驳				
	探原因：真诚地询问不满意情况，询问探知真原因、真需求				
	再解释：换一个角度与思路再做解释，以材料充分佐证				
	符合促成与化异流程：心动→行动→……→异议→同理心→询因再释→……				
	化异力评分				

续表

细分能力	细分指标内涵	等级			
		不及格	及格	良好	优秀
整体把握水平	先亲和→关心询问与倾听以知人→讲客户利益并佐证，有条理地说→恰当促成→同理心化解异议→……→促成				
总　　评：					

注：

不及格：没有亲和力+不了解人+不针对性表述，表现为态度不好、不问、不听、答非所问、啰唆。

及　格：较合乎沟通流程、能说完，但没亲和力、有很多差错、不流畅、说不到对方的心坎儿上。

良　好：较流畅，亲和、知人、表述中有若干错处，肢体信息、声音与文字内容有不契合之处。

优　秀：亲和表现好、整体表达流畅，肢体语言、声音语言与文字内容相互契合，取得良好效果。

0.2.1　学习沟通知识

初步掌握沟通基础知识与沟通理论。

（1）沟通基础：沟通功效；沟通种类；沟通过程；沟通要素；沟通基础要求；三符号三信息，人的特点与人际沟通特点要求；职场沟通类型，沟通中客户的特点，客户沟通的特点与要求等。

（2）语言沟通：文字语言的特点和要求，声音语言的特点与要求，肢体语言的特点与要求；三信息的沟通影响力权重、信息传达三部曲。

（3）沟通原理：大脑运行模式；先情后理原理；人际沟通实践要求。

（4）沟通体系：四规范、五步骤、六法则、七心八式、九要则等。

0.2.2　致用沟通方法

初步掌握沟通方法以开展有效沟通，用相关方法融合当下先进方法与经验。

（1）客户沟通方法：参照沟通五步流程，遵循有效沟通六法则与职场沟通九要则。

（2）客户沟通技巧：若干实用技巧，如"3WEBI"方式、"总分总"结构、FAB表述、金字塔式沟通等。

（3）自我沟通方法：初步运用积极自我沟通八式，以培育积极心态。

0.2.3　修炼心态、品行

做到有效沟通是进行沟通学习的根本目标，要纯熟运用、有效发挥效果，这有赖于良好的心态、优良的品行，这就是育人。

（1）孕育阳光心态：通过积极自我沟通八式孕育阳光心态——七个阳光心态。

（2）养成优良品行：内含尊人、重事、认真、守纪、礼让、守公德等素养品行。

模块 0.3　沟通怎么学

"战要怎么打，兵就怎么练"，务求贴近实战、真刀真枪，故须效仿职场、知行合一、以学生为主体，且须先去掉知障、保持空杯心态。

0.3.1　仿效职场

1. 以培养职场沟通能力为目标

与社会人有效沟通是目标，所以须以社会人的言行规范、行为规则、价值标准为有效沟通的标准。社会人的主体是职场人士，大学生日后的角色也是职场人士，故应主要学习如何与职场人士就职场事务开展沟通——所必需的原则、方法、流程、要求、注意事项。

2. 定位职场员工角色

在学习中进入职场氛围，以职场人士定位自己，以职场行为规范进行自我要求与看待周边人员及事项，也就是以职业人的心境、思想、规范来武装自己、约束自己。赶紧让自己进入职业人状态，赶紧去掉学生状态，让自己的言行举止像个"职场人"，而不是"学生"。

3. 仿效职场，全息考评

（1）仿效职场：目标是学习与社会人沟通的有效方法，掌握职场人的沟通能力，所以须基于职场环境与情景事务，以职场方式来要求与考评自己。

（2）全息考评：对于沟通课程学习的考评是全过程、全要素和多元的，也就是说，考评不单是考评学习者在期末时的能力水平，还要考评其课程学习的全过程表现；不但要考评学习者的知识掌握度，更要考评其沟通言行表现；不单是由老师对学生进行考评，还要由学生来参与考评，依据客户沟通课程考评体系，具体采取过程性表现考评与终结性绩效考评两者结合的方法。

客户沟通课程考评体系

由日常的过程性表现考评与期末的终结性绩效考评合成，各占 50 分（见表 0.3）。

其中：

一、过程性表现考评指标为出勤、聆听表现、回答与互动活动、任务完成。

1. 出勤：总5分，迟到每次扣0.5分、旷课每次扣2分、早退每次扣0.5分；请假与旷课次数达1/3课时，按校规取消考试资格，须重学；不来且未请假属于旷课。

2. 聆听表现：笔记，0~5分，其中做了笔记0~3分，笔记质量好则加0~2分；眼神交流、点头、微笑，0~5分；玩手机、说话、干扰他人等，-1分/次，允许偶尔打盹。

3. 回答与互动活动：主动答，0.5/次；答对，0.5分/次；点名不答，-0.5分/次；实训，0~5分，其中积极认真0~3分、准确0~2分。

4. 任务完成：成果，0~4分/次；其他，如网上任务等，0~9分。其中，按时、全部完成，权重40%；内容正确（格式规范、内容精准），权重40%；内容有创造性，权重20%；抄袭，不及格。

二、终结性绩效指标为沟通知识考试题、书面沟通技能题、情景沟通演练题。

1. 沟通知识考试题：卷面30分，总评15分。

2. 书面沟通技能题：卷面30分，总评15分。

3. 情景沟通演练题：卷面40分，总评20分。

三、加分：显现沟通能力的获奖、业绩，加0~10分。

表0.3 客户沟通课程考评

学号-姓名	过程性表现考评 总50分											终结性绩效考评 总50分			加分 0~10分	总评
	出勤 总5分	聆听表现 总10分			回答与互动活动 总10分				任务完成（作业成果与其他）总25分									
	准时 0~5分	笔记 0~5分	眼神交流/点头/微笑 0~5分	负行 -8~0分	主动答 0.5分/次	答对 0.5分/次	点名不答 -0.5分/次	实训 0~5分	作业1 0~4分	作业2 0~4分	作业3 0~4分	作业4 0~4分	其他 0~9分	沟通知识考试题 0~15分	书面沟通技能题 0~15分	情景沟通演练题 0~20分		

0.3.2　知行合一

（1）知行合一："行是知之始，知是行之成"，故须知行合一。这就要求在课程中：一是学学练练、边学边练；二是先悟后文，即先通过活动演练与案例分析来领悟问题所在、正确方法，再来学习知识理论；三是学而时习、课后习思，学习的关键是课后要不断演练运用，犹如"拳不离手、曲不离口"，只有"听课"而没有"练习"是学不会东西的。

（2）比照改正：以"做到"为目标——日常中做到了吗？沟通学习并不是为了学几个知识点或原理，知道而做不到——背得出条条框框与原理方法而不能本能地融入言行，那是没有任何意义的。

0.3.3　学生主体

（1）自主学习：学生自己是主体，是自己主动学与练，不是老师逼着练，否则很难出效果。须课前按要求预习思考，课后思考实践。

（2）老师指导：老师辅导、从旁建议。"师傅领进门，修行靠个人"，老师只是帮助学生学习成长，真正成长还得靠学生自己。

0.3.4　空杯心态

习惯性错误而不自知，这是沟通学习中最大的困难。已有认知且自以为是，如白纸已涂画，再要新画就非常难了。所以，首先要去掉自己既有沟通认知的知障、既有的已经养成习惯的错误言行、所见识到的一般性沟通言行，保持空杯心态，如此才能进行有效学习。

总之，不但要听讲，更要演练与实战；不但要知道，更要做到！有没有良好的品行表现是沟通学习是否有效的核心标准。故学而不用，不如不学；知而不行，莫若不知。

项目 1 认知沟通基础

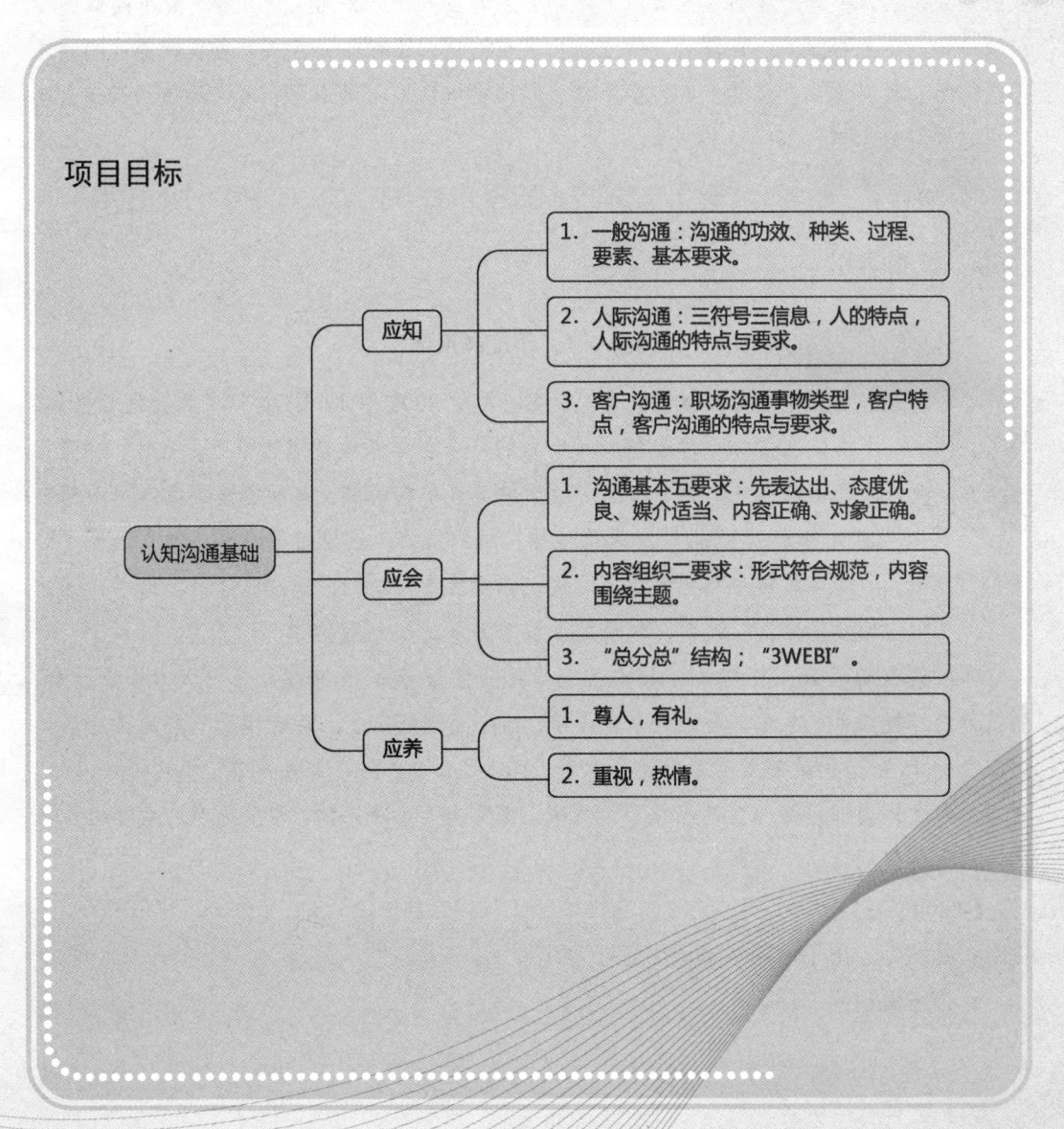

项目目标

认知沟通基础
- 应知
  1. 一般沟通：沟通的功效、种类、过程、要素、基本要求。
  2. 人际沟通：三符号三信息，人的特点，人际沟通的特点与要求。
  3. 客户沟通：职场沟通事物类型，客户特点，客户沟通的特点与要求。
- 应会
  1. 沟通基本五要求：先表达出、态度优良、媒介适当、内容正确、对象正确。
  2. 内容组织二要求：形式符合规范，内容围绕主题。
  3. "总分总"结构；"3WEBI"。
- 应养
  1. 尊人，有礼。
  2. 重视，热情。

项目导入

视窗主人公：入职培训学沟通

大学最后一个学期，工商管理专业的准毕业生邵帅通过学校推荐、经理面试后，顺利地进入了果壳工贸公司实习。邵帅涉猎广泛、专精不足，什么都懂一点、什么都知道一些，但又什么都不太拿得起来，好在他心态不错、谦虚热情、人也机灵。公司对新进实习生十分重视，实习第二天就对他们开始了为期3天的新员工入职培训，有总经理的公司规划与殷殷期望、人力资源经理的人生与职业规划、办公室主任的公司文化介绍、若干高管的专题演讲如人生目标设定、资源有效管理、礼仪与沟通，还有前一年实习表现优秀、刚转正不久的学长现身说法。与其他实习生一样，邵帅在培训中心潮澎湃、培训后信心满满，暗暗立志要好好工作，取得优异成绩。

邵帅认真学习，做好笔记《认知沟通基础》。

情景导引

情景1.1 印度洋海啸

印度洋海啸

据《印度快报》报道，印度空军于2004年12月26日早晨接到警报称，印度设在孟加拉湾卡尔尼科巴岛的一个空军基地被海啸摧毁。当时，海啸距印度海岸线还有数百公里。由于地震震中在海底，波动传递到海岸一般需要20分钟到2小时。"如果当地居民组织得力，这段时间足够多数人逃生了"，印度空军司令克里希纳斯瓦说。当天上午8时15分，他让一名助手向国防部发出警报。然而，政府方面没有与军方进行过沟通。

印度气象局于26日上午8时45分发出了一份警报传真，结果发给了前人力资源开发、科技兼海洋发展部长穆利·马诺哈尔·乔希，而不是现任部长。后来印度气象局又在当天上午9时45分给内政部发去一份警告传真。10时30分，内政部将此事汇报内阁秘书处。而当时印度东南部沿海地区已经被巨浪蹂躏。直到当天下午1时，印度政府的主要应急机构才举行会议商讨这一问题。

【即问即答】
- 哪些地方出了问题？本该如何行为？
- 该案例说明了什么？

情景1.2 管理案例分析汇报

在客户沟通技巧课程教学中,举办了一次课程综合实践——分组撰写经济管理案例分析报告、组内某同学代表上台汇报。书面报告、演讲汇报,各有千秋。有的书面报告,一眼就让人愉悦,有的就只想把它扔到垃圾桶;有的演讲汇报充满激情、抑扬顿挫、听之悦耳,比如视频中这位女生——形有范、声有情、有节奏,有的平淡无味、没有精气神、声音含糊,于是下面开始交头接耳、叽叽喳喳。

视频:案例分析汇报

【即问即答】
- 如何进行一次好的汇报?
- 联想自己,自己的不足在哪里?该提升哪些方面?

导引思考
1. 沟通的功效是什么?
2. 沟通有哪些种类、过程、要素?沟通的基本要求是什么?
3. 三符号三信息的内涵是什么?
4. 人的特点是什么?人际沟通的特点与要求是什么?
5. 职场沟通有哪些经典类型?沟通中客户的特点是什么?客户沟通的特点与要求是什么?

模块1.1 认知一般沟通

说对话才能做对事,不论是对于组织还是个人,沟通影响着事务的成败。要说对话、做对事,则须理解沟通的功效,了解沟通的种类、过程、要素,以及掌握沟通的基本要求。

1.1.1 沟通的功效

1. 沟通的功能

沟通的主要功能是传送与接收信息、传达与反馈情感。

2. 沟通的效用

对个人而言,沟通是生产力,有效沟通可以促进个人成长,提升个体亲和力与影响力,有助于说对话与做对事,可以提升业绩、人际关系和社会地位。总之,有效沟通可有效提升生活品质、幸福指数。有统计称,世界上95%的财富集中在少数处于金字塔顶尖的5%的人手上,经过调查发现,这些拥有世界上95%的财富的超级成功者有一个共同特点,那就是他们的沟通力、影响力和说服力都超越常人。

对于组织而言,有效沟通可提高组织运行效率、增进组织效益以实现组织目标。总之,有效沟通可以促进公司经营发展、社会和谐繁荣、国家兴旺发达。

1.1.2 沟通的种类

依据沟通的不同属性,对沟通进行如下分类。

1. 口头沟通、书面沟通

依据媒介的不同,沟通可分为口头沟通、书面沟通。

(1)口头沟通:以空气波动为媒介,借助声音语言与文字语言来传递信息的沟通方式,如会谈、演讲、口头汇报、电话联系等,是人际交往中最常用的主要沟通形式。其优点是信息发送与反馈快捷、及时、全息;缺点是信息传递易损耗与不易保存,信息易被曲解。

(2)书面沟通:借助文字语言、通过视觉来传递与接收信息的沟通方式,如书写通知、文件、写方案、著书等,在正式、规范沟通中常用。其优点是内容具体化、直观化,信息可永远保存、便于查询,相较于口头沟通更规范、正式和完整;缺点是费时,不能及时反馈,所获信息不完整。

2. 语言沟通、非语言沟通

依据语言符号的不同,沟通可分为语言沟通、非语言沟通。

(1)语言沟通:以文字语言符号传递信息的沟通行为,分为有声的语言沟通和无声的语言沟通。有声的语言沟通即用口头方式进行沟通,如谈话、讲课、演讲、打电话等;无声的语言沟通即以书面语言来传播,如写信、贴布告、发通知、写字条、板书等。

(2)非语言沟通:声音、肢体动作等非文字语言符号所构成的信息称为非语言,包括表情、身体姿势与动作、衣着服饰、空间距离、语音语调等。

3. 正式沟通、非正式沟通

在组织沟通中,根据沟通的不同场所、对象、媒介、内容等,沟通可分为正式沟通、非正式沟通。

(1)正式沟通:在组织中,基于组织职责、权力,以文件、命令、谈话等方式开展的沟通。

(2)非正式沟通:以私人方式、电邮与社交媒体等方式开展的沟通。

两者发挥作用的方式、情景、效果不同,可相互弥补。

4. 上行沟通、下行沟通、平行沟通、斜向沟通

组织内部根据部门与岗位级别不同，将沟通分为上行沟通、下行沟通、平行沟通、斜向沟通。

（1）上行沟通：向领导汇报工作、与领导沟通等沟通行为。

（2）下行沟通：向部门成员指示、命令、指导等沟通行为。

（3）平行沟通：同级别员工相互商讨、协调等沟通行为。

（4）斜向沟通：不同部门的经理与员工之间沟通协调的沟通行为。

5. 沟通自己、沟通他人

根据沟通对象的不同，沟通可分为沟通自己、沟通他人。

（1）沟通自己：沟通自己，即自己对自己的交流对话。

（2）沟通他人：跟自己之外的人类开展沟通的行为。

6. 单向沟通、双向沟通

根据沟通中有无反馈，沟通可分为单向沟通、双向沟通。

（1）单向沟通：只有发送、没有接收反馈的沟通，如早期的广播。

（2）双向沟通：相互有反馈、信息有来回的沟通，如口头沟通。

1.1.3 沟通过程

对于沟通过程，不同学者进行了不同的研究，得出不同的研究成果，如拉斯韦尔的"5W"模式、申农-韦弗的通信系统模型、施拉姆的环形沟通模式等，以及目前总结的一般沟通过程。

1. 拉斯韦尔的"5W"模式

最早的沟通模式是美国政治学家拉斯韦尔在其1948年发表的《传播在社会中的结构与功能》中提出"5W"模式（见图1.1）——谁（Who）→说什么（Says What）→通过什么渠道（In Which Channel）→对谁（To Whom）→取得什么效果（With What Effects）。"5W"模式是线性模式，认为沟通是直线的、单向的，简单、易理解、易运用。

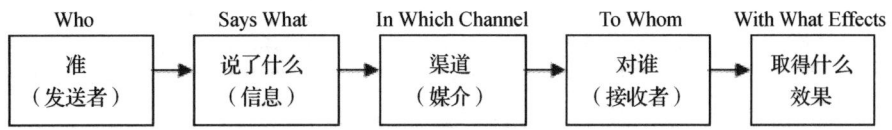

图1.1 拉斯韦尔的"5W"模式

2. 申农-韦弗的通信系统模型

1949年，美国贝尔实验室的申农及其合作者韦弗提出了一个通信系统模型（见图1.2）。其中增加了"噪声"，因此会导致所发送信息与所接收信息不一致，从而导致沟通失败，这提醒人们在交流中须关注干扰与障碍问题。

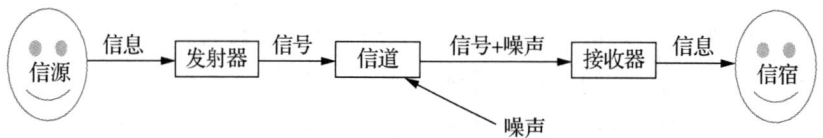

图1.2 申农-韦弗的通信系统模型

3. 施拉姆的环形沟通模式

1954年，施拉姆在《传播是怎样运行的》中提出了人际沟通环形模式（见图1.3）。他认为发送者和接收者在编码、解释、解码、传递、接收时，形成一个环形的、相互影响和不断反馈的过程。该模式跳出了先前的单向"线性"模式，提出了"反馈"概念。

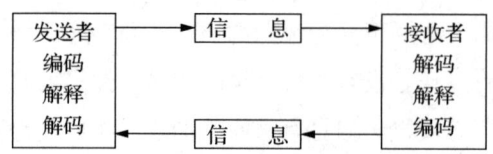

图1.3 施拉姆的环形沟通模式

4. 一般沟通过程

整合上述沟通模式与沟通行为，总结一般沟通过程，如图1.4所示。其中，沟通行为包括传送、接收、反馈三项行为，较符合现在的一般沟通行为。

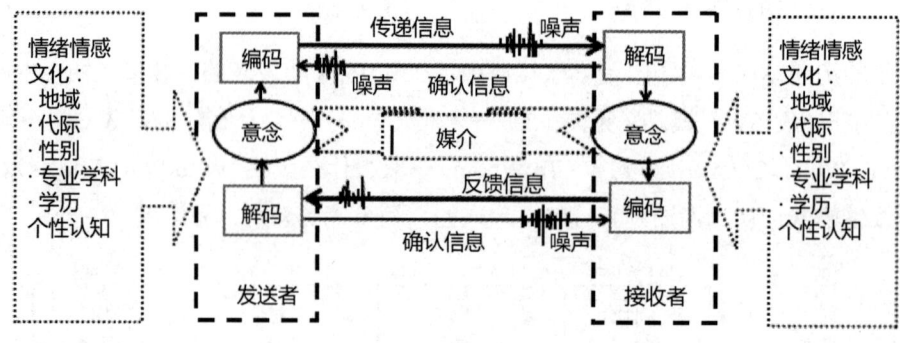

图1.4 一般沟通过程

1.1.4 沟通要素

图 1.4 所示的沟通过程,涵盖了发送者、接收者、信息、渠道、编码、解码、反馈、噪声等沟通要素。以情景 1.3 为例来解释各沟通要素。

情景 1.3　张大伟、刘静讨论儿子张小阳在学校中的问题

"刘静刚从学校回来,到家后,向丈夫张大伟诉说儿子张小阳在学校的不良表现。刘静非常激动地诉说着,张大伟坐在她身边,认真地听着,并以适当的肢体动作安慰她。"

- 发送者:发送信息的主体。如情景 1.3,主要由刘静说、张大伟听,刘静是发送者;但张大伟也在同时发送信息——他仔细地关注着刘静,当刘静心烦意乱时把手放在刘静肩膀上,当刘静哭泣时拥抱她。
- 接收者:接收信息的主体。如情景 1.3,刘静在说、张大伟在听,张大伟是信息接收者;同时刘静也是接收者——被张大伟关注、张大伟把手放在她肩膀上、被张大伟拥抱着。
- 信息:能够传递并能被接收者的感觉器官所接收的刺激,内含观念、思想和情感,有内储与外化两种基本存在形式。内储信息是暂时或长久储存在大脑里的信息;外化信息是用书籍、文献、磁盘、光盘等记录下来的信息。信息可以是表示某一特定事物和思想的系列词汇、图、表等语言信息,如刘静对张大伟所说的内容;也可以是赋予特定含义的面部表情、手势、姿势、语调、空间等非语言信息,如张大伟对刘静的仔细关注、拥抱。
- 渠道:信息经过的路线,信息得以传递的物理手段和媒介。例如,口头沟通的媒介是空气、书面沟通的媒介是纸张,而张大伟通过拥抱等肢体语言表达理解与安慰。
- 编码:依照一定的编码规则,将所要交流的信息,编制为信号。
- 解码:依照一定的解码规则,将所接收的信号解释、还原为信息。
- 反馈:发送者与接收者之间相互的反应,如张大伟听到刘静哭泣时拥抱了刘静。
- 噪声:阻止理解与准确解释信息的障碍因素,包括外部噪声、内部噪声、语义噪声,具体如电话杂音及"蜂音"、电视机荧光屏上的"雪花"干扰、环境干扰、错误发音、书写中的错字等,以及固有的成见、身体的某种不适、对传送者的反感等。比如,刘静因太激动而语速太快、表达不清,以致张大伟一开始没有理解她的真实意思。

情景 1.4　地下谍报

"长江、长江,我是黄河、我是黄河。鸟已飞,鸟已飞。"

【即问即答】

- 其中包含了哪些要素?

如情景1.4，构成一个最简单沟通所必需的要素——缺一而不称其为沟通的基本要素：呼叫人"黄河"是信息发送者（信源）、接收人"长江"是信息接收者（信宿）、无线电波是渠道（媒介、信道）、"鸟已飞"是经过编码的信息。在图1.4所示的沟通诸要素中，最核心的基本要素是发送者、接收者、信息和渠道。

小结：沟通要素包括发送者、信息、编码、渠道（媒介、信道）、接收者、解码、反馈、噪声等。其中，最基本的要素有四项：发送者、信息、渠道和接收者。

1.1.5 沟通的概念

根据沟通四项基本要素与沟通三行为，总结沟通的概念：沟通就是信息发送者将思想观点等信息通过渠道传送给既定对象，对方接收信息后将所理解的内容反馈给发送者，互动后对方正确理解信息内容，从而达成共识的过程。

简言之，沟通就是传送信息、接收信息、互动反馈，以相互正确理解、达成共识。

1.1.6 沟通的基本要求

情景1.5 不会说话的主人

有一个人请客，已经到约定时间了，但还有一大半客人没来。主人心里很是焦急，便说："怎么搞的，该来的客人还没来？"一些敏感的客人听到了，心想："该来的没来，那我们是不该来的呗？"于是他们悄悄地走了。

主人一看又走掉好几位客人，越发着急了，便说："怎么搞的，不该走的反倒走了呢？"剩下的客人一听，又想："走了的是不该走的，那我们这些没走的倒是该走的了！"于是他们也都走了。

最后只剩下一个和主人较亲近的朋友，看了这种尴尬的场面，就劝他说："你说话前应该先考虑一下，否则说错了，就不容易收回来了。"主人大叫冤枉，急忙解释说："我并不是让他们走哇！"朋友听了大为光火，说："不是让他们走，那就是让我走了。"说完，他头也不回地离开了。

【即问即答】
- 主人焦急中说的话，导致了什么后果？
- 为什么会这样？哪里出了问题？
- 对你有什么启发？

如情景1.1、情景1.5，沟通中经常存在障碍，影响着事务的顺利完成，甚至导致失败。

这就要求我们在沟通实践中充分认识到沟通中存在着障碍,掌握与遵循沟通的基本要求。

1. 沟通中的障碍

如情景1.1"印度洋海啸"中存在着选用媒介不当、接收者选取不当、发送者态度不当的情况,情景1.5"不会说话的主人"中存在着信息内容选取不当、说话时场景与接收者不当的情况。另外,在各种沟通情景中还经常存在着心有障碍不敢说、信息内容不准确与不规范、用词不当、沟通场景不适合、噪声干扰等情况,以致沟通低效甚至无效。从发送者、信息、渠道、接收者等方面来分析,归纳出如下沟通中的障碍。

1)发送者的障碍:心有障碍不敢说、不好的态度

(1)不敢说。因为性格、环境压力或情绪的关系,如有些内向者、技术研发者,他们羞于表达、不敢表达、不擅表达或不愿表达,有话闷在心里不说出来,因为信息未传达出来,对方根本不知道,自然也就得不到认同、共识。

(2)不好的态度。发送者在沟通时不好的态度使其传达出不良的肢体语言与语音语调,或者因随意而选用了不当的媒介与语词、不顾场合随意说话等,沟通自然没有效果。

2)信息的障碍:文字组织不规范、用词不精准

(1)不规范。信息由大量文字符号组成,这些文字符号的组成需要符合人类大脑处理的规律要求,需要遵从人类规定的通行规则。没有条理、没有逻辑、啰唆复杂、表达含糊、不用"总分总"结构、没有分段、段落符号错误等,都让大脑厌烦、不想听、不想读,沟通自然没有良好效果,如情景1.6。

情景1.6　邵帅的应聘介绍

邵帅,籍贯浙江金华,1998年出生,身高1.80米,学校的体育长跑健将。爱好广泛,球类、唱歌、喝酒、钓鱼、下棋都有兴趣,具有一定造诣;A型血,开朗大方,热心为人,有良好的组织能力,实践能力不错,曾经做过运动鞋销售员,取得了不错的成绩,有一定经验。在校期间读书认真,不旷课、不迟到,成绩优良,获得过三等奖学金,任过班级学习委员。学习期间热衷于课外学习与实践,有多次社会实习的经验,也获得过老板的赞许。同时,我这人肯吃苦耐劳,有不达目的誓不罢休的坚毅心。

总之,我人际交往不错,也有较多实践经验,较为适合营销岗位。

【即问即答】
- 这份应聘介绍存在哪些不足?
- 应该如何改进?

(2)不精准。一个意念、想法可以选用不同词语表达,词语选用不当可致错误理解,如用专业术语、秀"外语"、用有歧义单词(见情景1.7)等,以致沟通无效;或者选用的

词语没有最准确地表达真实内涵,如与客户沟通时只讲产品的优点、构成、特点,但没有讲客户的收益,以致客户无感觉、不认同,还抱怨"东西这么好,我讲了那么多,你怎么就不明白呢";还有无心的不当非语言,如谈话中玩手机、接电话、坐角落、仰靠椅子、跷二郎腿、抖腿、声音过大如吵架等,这都会让人感觉不被尊重、被怠慢甚至觉得被侮辱,以致沟通完全负效果。

情景 1.7　"在蒋王庙前一站下车"

小王去找小李玩。小李说:"乘 A68 路公交车,在蒋王庙的前一站下车"。于是小王在未到达蒋王庙的前一站就下了车,结果错了,其实应在过了蒋王庙一站后下车。

3)渠道的障碍:内容信息与媒介不匹配、不同媒介转换时耗损信息

(1)不匹配。不同沟通媒介有其相适合的内容与环境,如果不匹配将负面影响沟通效果,如书面沟通适合规范、严谨、法律性强的内容传达,但不够快捷、太过严肃,尤其缺少个人的情感交流,所以在使用范围上受限制;口头沟通、短信、QQ 等亦然,如非常紧急的事务不适合微信、QQ 留言,更不适合发传真(见情景 1.1)及邮寄。

(2)易耗损。在从源头到终点的单向信息传递过程中,在每一个渠道转换中都要产生信息耗损(见情景 1.8),具体呈几何级衰减(见图 1.5),以致信息传达扭曲与异化。

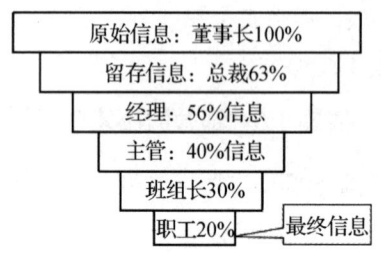

图 1.5　信息耗损示意图

情景 1.8　传达命令

<u>上校</u>对上尉说:"明晚 8 点看<u>哈雷彗星</u>,<u>75 年出现一次</u>,若下雨就集合到<u>礼堂</u>看有关影片。"

上尉回到连队,通知各中尉,说:"明晚 8 点哈雷彗星出现在营地上空,若下雨,全体着装列队去礼堂,在那里这种 75 年才发生一次的罕见现象将出现。"

接着中尉通知各少尉:"明晚 8 点着装,哈雷彗星将在礼堂出现,如营地下雨,上校将发布另一个命令,75 年才会发生一次。"

少尉接着通知上士:"明晚 8 点上校将与 75 年才出现一次的哈雷彗星一起在礼堂出现,如下雨,上校将命令彗星走入营地。"

上士接着到营房整队，对士兵们说："明晚 8 点下雨时，少见的 <u>75 岁的哈雷将军</u>由<u>上校</u>陪同，驾驶他的<u>哈雷彗星号</u>，<u>着将军服</u>到营地大礼堂讲话。"

4）接收者的障碍：发送者沟通错对象、接收者态度不当、沟通双方知觉偏差

（1）发送者沟通错对象。发送者在发送信息时，把接收者弄错了（见情景 1.1），于是没效果。

（2）接收者态度不当。接收者心存偏见、有先入之见或傲慢等，于是不用心、不想听、不礼貌、不友好等，负面影响接收、理解、反馈等沟通行为。

（3）沟通双方知觉偏差。沟通双方拥有个性化的价值观、经验，以及不同的背景与身份地位、认知水平，这种知觉偏差，使得双方产生不同理解、理解偏差或错误、不能理解。

另外，沟通环境与噪声等造成沟通障碍，包括环境文化差异形成不同理解、环境压力，如在公众场合或领导在场时，让人不敢真实地表达意见或因紧张而词不达意、相互缺乏信任而致不交心或不敢开交流、当下信息过于泛滥以致有用与无用信息充斥反而干扰有效信息处理。

边学边练

检视自己的日常沟通情况，完成表 1.1。

表 1.1 沟通中障碍检测与改进表

检查项目	反思自己在沟通中存在的不足	给自己制订改进计划
沟通时的习惯心态 （闷在心里还是会说出来）		
沟通时的态度 （热情诚恳还是平淡）		
内容、形式是否规范与精准		
媒介与内容信息的匹配度		
沟通对象的正确度		
其他		

2. 沟通基本五要求

为避免沟通中存在障碍，对发送者，应达到先表达出、态度优良、媒介适当、内容正

确、对象正确五项基本要求，以确保沟通基本有效。

（1）先表达出。有想法先表达出来，这是一切的前提。爱满满憋在心中，对方不知道，无用，这样的悲剧在人间无数。先说出来，让对方知道，这样才"一切皆有可能"。

（2）态度优良。态度决定一切，沟通时发送者的优良态度决定着肢体语言、语音语调、媒介、语词，这让接收者愉悦、内容信息接收有效。

（3）媒介适当。选用媒介须匹配内容信息的特点，以确保信息传递高效。比如，对于"求爱"，口说、情书、短信、邀看电影、送花等沟通方式，哪一种较合适？这要看双方性情与当时的情景；对于"通知工作任务"，书面、电话、短信、口头等方式，哪一种更合适？这要依据任务情况（如简单还是复杂）、时间情况、公司文化等来决定，如在紧急情况下，电话是合适的，而微信、QQ留言和传真就未必合适。对组织而言，需要能立即沟通、双方直接沟通，而且简单、统一、不复杂的信息系统。

（4）内容正确。在沟通中，内容信息要求格式规范、内容精准。

① 格式规范。在组织文字内容时，最基本的要求是分段有条理、简洁明了，即分段落、段落间结构明晰、每一段落内容由标题词与解释说明及佐证材料组成、标题词前加正确的段落符号。参见以下范例：邵云天半分钟自我介绍。

我叫邵云天，邵逸夫的邵、义薄云天的云天，杭州人。概括三点：乐天、求真、真诚。

乐天。比较喜欢以积极思维看待事物，尤其是对看似不太好的事情，能够发现它好的地方，比较乐天派。

求真。凡事比较较真、求异，思考的角度、方法让人感觉怪异，这给我既带来了成就感，也带来了烦恼。

真诚。过于就事论事，发自内心实诚反馈、心直口快，显得情商低，但真心待人、乐于助人。

比较"缺脑"，但好相处。谢谢。

② 内容精准。围绕接收者的心理需求来选择字词组织内容，选对方听得懂的字词，即须表述接收者的价值利益和对方心中在乎的话语，数据材料证明和语词务须通俗易懂。

对情景1.6做修改，见如下文字内容。

邵帅，籍贯浙江金华，1998年出生，身高1.80米，性格较外向，喜欢营销类岗位。

1. 亲和力助我亲和客户。爱笑、开朗大方、热心为人，有分享心态，让我较易融入人群、结交朋友、结交客户，与客户培育良好亲和关系。

2. 销售经验确保好业绩。上大学时摆过地摊、做过寝室销售，卖掉了约500双运动鞋；在大二时组织过班级义卖，寒暑假做过商场促销。这些经验让我可以较快地开展销售工作，再加上公司的专门培训，我自信可以较快地进入状态、取得优良业绩。

3. 耐挫折有毅力助成功。我是 A 型血，凡事好琢磨、求完美、析规律，非常明白做销售是很锻炼人、须不断经历挫折打击的，但高耐性激励我坚持、积极面对挫折，直到成功。

4. 体健能跑确保高拜访。我身体不错，喜欢东奔西走，出差、寒暑都不畏惧，以大工作量、高拜访量来确保成交量，勤以补拙、笨鸟多飞，相信我会突破、会取得优秀业绩。

总之，亲和力与分享心让我长于营销，不怕吃苦与"吃苦当吃补"让我坚毅，有经验与好身体让我胜任。

另外，内容完整、语义确定、语词恰当、谨慎使用非语言、约定共同语言，确保信息准确。

- 内容完整：要求不少、不漏，在说、写时用复述核对、内容规范结构来确保内容完整。
- 语义确定：信息中用词须确定、无歧义、有相同理解，以确保准确理解、能够理解。
- 语词恰当：选用对方能够理解、正确理解不产生歧义的语言来传达，避免"术语化"、多义词、不恰当的非语言。方言、行话（专业化词语）、首字母缩略词及俚语会挡住许多人。
- 谨慎使用非语言：对于辅助性用语、声音语言、肢体语言须谨慎使用，确保信息正确、避免信息混乱。
- 约定共同语言：尽量以同一语言来传达信息，确保同一信息正确理解。比如，约定某一语言（如英语）来交流、书写，确保有效沟通。

（5）对象正确。把信息传达给正确的人，这是基本要求。这个有赖于发送者的敏锐观察力与用心把握，如进行销售时不一定要找董事长洽谈，也许财务经理才是关键人物。

小结：沟通基本要求为先表达出，态度优良，媒介适当，内容正确，对象正确。其中，某一项表现不及格，便会导致沟通整体不及格，合乎木桶原理（见图 1.6）。

图 1.6　木桶原理

1.1.7 沟通基础五素养

根据沟通基本要求的五项内容，相对应地要求培养五项沟通基础素养，包括沟通意愿、沟通态度、内容组织正确、媒介选择适合、对象把握精准，它们的掌握程度、运用水平，决定着沟通的结果。

沟通基础素养测评中包含了五个测评指标：沟通意愿度、沟通时态度、内容正确度、媒介适合度、对象精准度，可以据此构建沟通基础素养测评模型。

沟通基础素养水平值=沟通意愿度乘数×（沟通时态度指数+内容正确度指数+媒介适合度指数+对象精准度指数）

以60分为及格线，并且在评测中，如某一指标不及格，则整体分数不及格。

指标数值	测评值
沟通意愿度乘数（0~1）	0~1
沟通时态度指数（权重40）	0~40
内容正确度指数（权重40）	0~40
媒介适合度指数（权重10）	0~10
对象精准度指数（权重10）	0~10

比如，A同学经过测评，得出的各指标指数是沟通意愿度乘数0.7、沟通时态度指数34、内容正确度指数31、媒介适合度指数8、对象精准度8。那么，A同学的沟通基础素养水平值为0.7×（34+31+8+8）=56.7，属于不及格。

B同学的各指标指数是沟通意愿度乘数0.8、沟通时态度指数22、内容正确度指数31、媒介适合度指数8、对象精准度8。那么，B同学的沟通基础素养水平值为0.8×（22+31+8+8）=55.2，属于不及格。

边学边练

- 根据沟通基础素养测评模型，测评自己的沟通基础素养水平。
- 对你身边的同学、亲友做一个沟通基础素养水平测评。

课外思考

1. 在当下新媒体时代，如何提升企业的社会影响力？

2．如何进一步提高我校的社会影响力？试从沟通角度策划。

3．如何策划建设你自己的这个品牌？如何提升自己的影响力？

模块 1.2　认知人际沟通

活动 1.1　小明说"我爱你"

说Ⅰ：小明以机器人式的声音、面无表情地对楚楚说："我爱你"。

说Ⅱ：小明以真诚、磁性的声音，但没表情地对楚楚说："我爱你！"

说Ⅲ：小明单腿跪地、手捧鲜花、眼睛火热地看着楚楚，并以真诚、温柔的声音对楚楚大声说："我爱你！"

频：三说"我爱你"

【即问即答】

· 说Ⅰ、说Ⅱ、说Ⅲ各运用了哪些语言符号？各包含了哪些信息内容？

· 说Ⅰ、说Ⅱ、说Ⅲ有什么不同？如何导致了不同效果？

· 有哪些助力人际沟通的方法技巧？

1.2.1　三符号三信息

信息的接收与传递既可以借助于文字语言符号，也可以通过一个微笑、一声叹息或借助于某一服饰、某一肢体动作来达成。文字语言、声音语言、肢体语言三类符号，是人与人之间进行信息交流的工具。若干语言符号组合构成信息，包括文字语言信息、声音语言信息、肢体语言信息。语言符号、语言信息是人际沟通所需要的。

1．语言符号

人际沟通中所运用的语言符号包括文字语言符号、声音语言符号、肢体语言符号三种。

1）文字语言符号

文字语言符号是用来编译信息内容的符号代码，由音、义构成，一般用于口头语和以书写符号文字形态出现的书面语。

（1）字词，如中文文字"爱"、英文字母"L""O""V""E"与单词"Love"。

(2) 数字，如"1""2"。

(3) 图表，如图形、表格。

(4) 符号，如"《》""？"" ≥ ""Log"等。

2）声音语言符号

声音是人类的一种本能语言、最原始的人类语言，声音的音调、音色、语速、音量、节奏、吐字等元素的不同变化指代不同含义，具体包括以下几种。

(1) 音调。升高或降低：显示迟疑犹豫或决断肯定。

(2) 音色。浑厚或尖细：浑厚的声音显示底气足，给人以坚定、自信、充满力量的感觉；尖细、单薄的高音让人觉得其缺乏安全感、软弱和优柔寡断。

(3) 语速。快或慢：说话速度反映一个人的情绪与态度——语速快显现其兴奋、有说服力；太快则显现其缺乏安全感，也会让人感觉紧张或感受到压力与不自在；语速慢（讲话不慌不忙）是内心镇定的表现，会让人觉得其有想法、真诚，但也可能会给人冷漠、不热情、不积极的感觉。

(4) 音量。大或小：声音大显现热情与自信，同时嗓门大也会给人以自大、咄咄逼人的感觉；声音小传达出不自信、无助的讯息。

(5) 节奏。对单词的着重强调：在一句话中如对某单词着重强调，意思随即发生变化。比如，"他很好。"（客观表述）→"他很好！"（强烈情感）→"他很好？"（怀疑）→"他很好。"（是"他"而不是别人很好。）

(6) 吐字。模糊、慵懒或清晰、果断：吐字清晰意谓郑重其事、果断意谓自信有力；吐字模糊（多词发音混杂）、慵懒意味郑重不足，显得随意。

3）肢体语言符号

形象、姿势、动作、距离等构成肢体语言，肢体动作传信息、距离远近显亲疏，人的外形、衣着、配饰与随身用品、气质、表情、眼神、姿势、身体动作、呼吸、沟通者之间的距离与位置等都会表达出不同的信息。比如，微笑、皱眉、交叉双臂、叹气、沉默不语、面无表情、急促呼吸等，以及沟通者之间相距 0~0.5 米、0.5~1.25 米、1.25~3.5 米、3.5~7.5 米等都表达了明晰、确切的不同信息。肢体语言符号具体包括以下几种。

(1) 形象衣饰：人的外形、发式、衣着、配饰、随身用品等，传递了修养、格调、性情、情绪态度等内心信息。

(2) 面部表情：微笑、大笑、绷着脸、面无表情、沉默等传达了内心情感信息。

(3) 肢体动作：双手抱胸、身体后仰、身体前倾、身体前移、躲开等传达了内心情感。

(4) 空间距离：沟通者之间距离的远近传达了相互之间亲疏关系的信息。

(5) 所处位置：坐或站立的不同位置，传达了身份地位、心中地位、关心与否等信息。

一般将肢体语言、声音语言合称为非文字语言，简称非语言。人际沟通中的非语言表现如表 1.2 所示。

表 1.2　人际沟通中的非语言表现

非语言	具　体　表　现					
肢体语言	点头、眼神交流	微笑、招呼人	趋前坐，端坐	记录笔记	专心听讲、专注	挺拔
	低头不看人	板着脸、不理人	躲角落、趴着	边听边玩手机	做小动作、交头接耳	佝偻
声音语言	声音洪亮	流畅、一气呵成	抑扬顿挫、有节奏	热情热诚	字正腔圆、肯定的语气	
	音量低	磕巴、停顿	含糊、没节奏	冷漠敷衍	模糊、犹豫、没底气	

2. 语言信息

人类在沟通中，汇集文字语言符号构成文字语言信息、汇集声音语言符号构成声音语言信息、汇集肢体语言符号构成肢体语言信息，然后综合运用三类语言信息来传达、反馈、交流。

（1）文字语言信息。由文字语言符号构成文字语言信息，指代具体事务、表示相关含义，如"我爱你""I love you""道可道，非常道；名可名，非常名""$E=mc^2$，E 表示能量、m 表示质量、c 表示光速常量"等。

（2）声音语言信息。由语音、语调、音量、节奏等声音符号构成声音语言信息，以音调的升或降、音色的浑厚或尖细、语速的快或慢、音量的大或小（刚或柔）、节奏的把握（对单词着重强调）、吐字的模糊与清晰等，来显露情绪态度或传递隐藏信息即话外音。

比如，以热情、友善、清楚、有节奏的声音来说："我先汇报一下，请多指教……"；或者相反地以冷淡、低音气虚、模糊、平述的声音来说："哦，你这样是不对的，你听我说……"。

（3）肢体语言信息。由表情、形象、动作等肢体语言符号构成肢体语言信息，传达了真实内心、显现了关系亲疏，传递了整体沟通的核心信息，激发了人的正负情感，决定着沟通的顺畅与成败。很多时候嘴不说话而身体在说话，如向上级汇报或商讨时以微笑、眼看、身体前倾等肢体语言表达，或相反地以板着脸、斜着眼、抱胸、抖脚、身体后仰等肢体语言表达。很多情况下根本就不需要文字语言，如无声电影、默剧等，都是用肢体语言来与人沟通。

视频：朗诵之成与败

视频：憨豆

1.2.2 人际沟通简介

在人际沟通中，人的特点是智慧、利己、情感，所以人际沟通是高级智慧沟通。人际沟通的特点是借助符号沟通、因利益而心动、情绪影响沟通，所以要求规范、说利、抚情。

1. 人的特点

（1）智慧：人有高级大脑，在沟通中用间接符号来指代、翻译、理解、推理、演绎、归纳、推算、比较、权衡等，最终做出最优化抉择。

（2）利己：人本能具有利益动机，本能地在物质、精神两方面趋利避害。

（3）情感：人有七情六欲，会因为外界刺激而产生不良情绪或美好情感，因此影响行为抉择。

2. 人际沟通的特点

相比一般沟通，人际沟通是一种高级智慧沟通，具有如下特点。

（1）借助符号沟通：借助符号发送、接收信息。

（2）因利益而心动：在物质或精神方面因利益满足而心动、认同，易于达成共识。

（3）情绪影响沟通：情绪情感在沟通中负面或正面地影响着沟通行为。

3. 人际沟通的简单要求

（1）规范：语言组织需要有条理、简明，包括分段、段落结构明晰、段落由正确的标题符号与标题词组成，实践中常用"总分总"结构。

（2）说利：围绕对方的利益需求或不满足来表述，表述核心为对方的利益和价值。

（3）抚情：关注对方的心情，要显现同理心、抚慰对方心情，形成正面情感。

4. 人际沟通的概念

人际沟通就是沟通者将用语言与非语言符号构成的信息传递给对方，经过反馈、互动让对方理解信息内容、达成共识的过程。

1.2.3 人际沟通二技巧

简单介绍两个常用的小技巧：在文字内容上，形式规范通常运用"总分总"结构，对他人评点通常运用"3WEBI"方式。

1. "总分总"结构

规范文字组织，在形式结构上一般采用总括、分点解释、总结这种段落结构来组织文字内容，以契合大脑思维。这种方式称为"总分总"结构，具体如下。

该方案对你有三方面益处，包括……、……、……。 } 总括

具体解释如下：
第一是……。……，……，……。
第二是……。……，……，……。
第三是……。……，……，……。
} 分述

总之，据……方案，可助您解决……、……问题，取得……、……、……的收益。 } 总结

本教材基本都是按照"总分总"结构撰写的，具体范例参见上下文中的内容组织方式，或参见情景 1.6 修改后的内容。

2. "3WEBI" 方式

人际沟通的简单要求中的说利、抚情，在职场沟通中进行评点或当其他人讲完而自己接着讲时，非常适合运用"3WEBI"方式。

"3WEBI"是指"What works well even better if"，具体措施是"先肯定再建议"或"三赞赏二建议"。

范例："刚才王经理所述方案，其中有三点很让人赞叹和认同。第一是……，第二是……，第三是……。同时，有两个小点，如能进一步完善，会更加有效，其一是……，其二是……。粗浅看法，仅供参考。"

模块 1.3 认知客户沟通

情景 1.9 就公司旅游计划前后两次沟通朱总

年底公司为了奖励市场部员工，制订了一项海南旅游计划，名额限定为 10 人。可是部门里的 13 名员工都想去，市场部孙经理就向上级申请，想再要 3 个名额。她跟老总说："朱总，我们部门 13 个人都想去海南，可只有 10 个名额，剩余的 3 个人会有意见，能不能再给 3 个名额？"朱总说："筛选一下不就完了吗？公司能拿出 10 个名额就花费不少了，你们怎么不多为公司考虑？你们呀，就是得寸进尺，不让你们去旅游就好了，谁也没意见。我看这样吧，你们 3 个做部门经理的，姿态高一点，明年再去，这不就解决了吗？"孙经理这次沟通失败了，她感到很烦恼，但她不知道自己错在哪里了。

市场部老资格经理王大姐了解情况后，觉得有必要再做沟通争取，于是她去和朱总沟

通。她说:"朱总,大家今天听说去旅游,非常高兴。觉得公司越来越重视员工了。这是您给大家的惊喜吧?不知当时您是如何想出这绝妙主意的?"

"真的是想给大家一个惊喜,这一年公司效益不错,是大家的功劳,考虑到大家辛苦一年,想让大家高兴高兴。"朱总说道。

王大姐说:"这个机会太难得了,大家都在争这10个名额。"

朱总说:"当时之所以只给你们10个名额是因为你们部门有几个人工作不够积极。你们评选一下,不够格的就不安排了。"

王大姐说:"嗯,我也很同意领导的想法,有几个人的态度与其他人比起来是不够积极,不过他们可能有一些生活中的原因,我与小孙作为部门经理也有责任。我在想啊,这次不让他们去,对他们的打击会不会太大?如果这种消极因素传播开来,可能影响不太好。公司花了这么多钱,要是因为这3个名额降低了这个出游计划的效果那就太可惜了。要是公司能再拿出一些费用,让他们去,我相信他们一定会有所感悟,这对来年的工作会有很大好处。而且我们三位部门经理已经沟通好了,在这次旅途中每个人带一个,帮助他们放下包袱,让他们树立有益公司的积极工作态度。朱总,您觉得这样是不是更有意义一些?"

朱总说:"嗯,也是啊,我合计一下再回复你。"

【即问即答】

- 孙经理、朱总、王大姐在这次沟通中扮演什么角色?他们之间的沟通属于哪类沟通?
- 孙经理在沟通中的不当之处有哪些?王大姐在沟通中有哪些地方值得我们学习?
- 朱总这个角色在沟通中有什么特点?应该怎样开展沟通言行?

1.3.1 职场沟通事务类型

从实习生到员工再到主管,这是大学生成功的职业生涯。在这个过程中,我们须经历许多职场工作事务,经历无数次沟通事务,经由失败到成功,在挫折中不断成长。以实习生为职业生涯的起点,从应聘成功到进入企业开始经营管理事务,其所要经历的职场沟通事务有许多,可主要基于角色演变、沟通对象数量的不同、沟通方式的不同及内外事务来分门别类,如图1.7和图1.8所示,整合归纳为九类典型的职场沟通事务。

1. 从实习生到员工所须经历的沟通事务

一个人从实习生到员工,其将经历一对一沟通、一对多沟通、多对多沟通等内外沟通事务,运用口头类沟通与书面类沟通方式,如此组合形成多项沟通事务。举例如下。

图 1.7　三维沟通模型　　　　　　图 1.8　内外沟通分类

（1）一对一沟通：包括应聘、与同事交往、接待客户、向经理汇报、与同事商讨、出差拜访客户、销售、客户服务、异议与投诉化解等事务，主要采用口头类沟通方式（还包含电话、短信、QQ、微信等）。

（2）一对多沟通：包括新报到时的自我介绍、参加会议与会议中发表意见、会议中汇报演讲、项目申报与评优申报（包括撰写文稿、演讲汇报、PPT 报告）、岗位竞聘、传达任务命令、培训与经验分享、晋升竞聘，一般采用书面类沟通方式。

（3）多对多沟通：主要包括商务谈判，一般作为组员跟随领导参与谈判，综合运用口头类沟通与书面类沟通方式。

如上沟通事务按照新晋员工的一般经历顺序列举：应聘沟通→新到单位报到时的自我介绍→同事交往→接待客户→向经理汇报→工作中与同事商讨→会议中汇报演讲→出差拜访客户→岗位竞聘→项目申报演讲（撰写文稿、演讲汇报、PPT 报告）→会议中讲话→做主持→传达任务命令→销售、客户服务、异议与投诉化解→培训与经验分享→评述与建议→……→参与商务谈判→……→晋升竞聘。

2. 任主管角色时所须经历的沟通事务

任主管角色时，其同样要经历一对一沟通、一对多沟通、多对多沟通等内外沟通事务，运用口头类沟通与书面类沟通方式，如此组合形成多项沟通事务。举例如下。

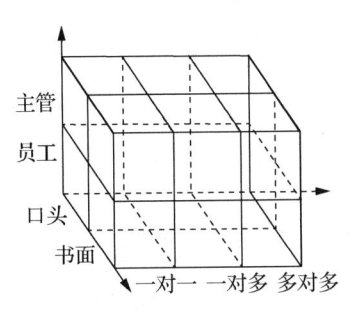

（1）一对一沟通：包括与下属员工的思想沟通和业务辅导、布置任务、与其他部门经理沟通协调、向领导汇报工作、接待客户、出差拜访客户、销售公关、异议与投诉化解等事务，较多运用口头类沟通方式。

（2）一对多沟通：包括主持会议与会议讲话、参加会议与会议中发表意见、开展培训、项目申报与评优汇报（包括撰写文稿、演讲汇报、PPT 报告等）、晋升演讲等事务，较多运用书面类沟通方式。

（3）多对多沟通：主要包括商务谈判，以组长身份主持谈判，综合运用口头类沟通与书面类沟通方式。

3. 九类典型的职场沟通事务

按照事务发生的频率（学习者在未来职场中很大概率会承担或遇到）、事务在职场中对学习者的重要性、学习者对事务的掌握程度、事务的复杂度与演练所需的时间等要素，以员工所须经历的事务为主体，整合为九类典型的职场沟通事务，具体包括接待客户、出外洽商、同事商讨、上下沟通、接待销售、拜访推广、异议投诉、公众汇报、现代沟通。另外，对于职场中非常重要的商务谈判考虑到相对复杂、时间不足（商务谈判本身就是一门课程）、须有实务经验而不纳入其中。这九类典型的职场沟通事务各有内涵、特点与各自的沟通要求。

（1）接待客户。大学生初入职场，大多会先在办公室打杂、接待客户，而接待客户有非常高的技术内涵，不同的结果对自己的影响很大。

（2）出外洽商。有事出外商谈事宜，对礼仪等有较高要求，但总体难度不是很高。

（3）同事商讨。同事之间商谈事情，在态度、耐心、聆听、表述等方面有较高要求，不然会导致相互不买账、没达成共识、商谈没效果。

（4）上下沟通。员工向领导汇报工作，领导对员工谈心、指示、指导、命令等。

（5）接待销售。在柜台或办公室接待客户、洽谈生意，在自己的主场进行销售，而且客户有意向购买，所以其难度比拜访推广低得多。

（6）拜访推广。到客户办公室推广，在客场而且客户购买意愿不定，所以这种沟通非常有挑战性。

（7）异议投诉。当客户不认同、有投诉，此时开始的沟通才是真正的沟通。对客户的异议，要化解、不能辩驳。

（8）公众汇报。一对多或多对多沟通，包括会议中发言、主持、演讲汇报、培训等。

（9）现代沟通。除了以上传统口头沟通，目前还有电话沟通、网络沟通等现代沟通方式。

1.3.2 客户沟通简介

客户是特别的沟通者，他担负着利害责任，原本与我们并没有亲情关系，在市场中是"上帝"。为了某一带有利害关系的目的，我们须与客户开展交流，让客户心悦、满意，从而达成共识，这一言行过程就是客户沟通，见情景1.9。

因为客户沟通有明确的目的性、存在利害关系，且双方之间原本并不认识或熟悉，所以客户沟通相比普通人际沟通须更加注重情感，更清晰地讲述利益，比竞争者沟通得更好。

1. 沟通中客户的特点

（1）利益导向。客户负有利益职责，或者为自己利益，或者为单位利益，故非常重视利益。

（2）原无情感。沟通双方原本互不相识，没有亲情关系，所以他们之间没有情感关系，不会买账、不会照顾面子。

（3）"傲娇"、敏感。客户是"上帝"，同时被多人"追求""竞争"，所以其心态是很"傲娇"、敏感的，犹如"公主"具有"公主心病"，一不小心就会被得罪。

2. 客户沟通的特点与要求

基于沟通中客户的特点，客户沟通具有与普通人际沟通不同的特点，比人际沟通的要求更高，须更加做好情感沟通，更加给客户讲透客户利益，要比竞争者沟通得更好。

（1）更抚情。因为原本相互不认识，且客户是"上帝"，故更需要培养亲和关系，以良好的私人情感关系促进认同、达成共识。

（2）更讲利。更加围绕客户利益展开沟通，让客户充分了解事物对他的价值、明了客户可获得的收益，让客户明白自己的收益已在目前的情景下达到了最大化。

（3）更优秀。在情感沟通、理性表述方面比竞争者表现得更好，让客户更愉悦、更认同，同时更好地感知到收益的最大化，因此认同、达成共识。

要点回放

沟通于人犹如"水之于鱼"，沟通不仅传达信息，还反馈情感，这决定着事务的成败、业绩与成功、成长与幸福。沟通他人与沟通自己、口头沟通与书面沟通、语言沟通与非语言沟通等沟通类型与个人的工作、生活息息相关。沟通中的三符号是文字语言符号、声音语言符号、肢体语言符号，三行为是传送、接收、反馈信息；沟通的四个基本要素是发送者、信息、渠道、接收者；沟通概念的核心是传送信息、接收信息、互动反馈，以正确理解与达成共识。人际沟通的基本特点是借助符号沟通、因利益而心动、情绪影响沟通，人际沟通简单要求包括规范、说利、抚情，常用"3WEBI"方式与"总分总"结构；沟通中客户的特点是利益导向，原无情感，"傲娇"、敏感，故沟通客户要求更抚情、更讲利、更优秀。

项目检测

一、应知知识问答

1. 沟通的四个基本要素是什么？沟通的核心行为是什么？沟通的基本目的是什么？
2. 沟通中存在哪些障碍因素？沟通的基本要求是什么？沟通的基础素养是什么？
3. 人的特点是什么？人际沟通的特点与要求是什么？
4. 沟通中客户的特点是什么？客户沟通的特点与要求是什么？

二、应会技能实践

1. 依据沟通基本要求，对比检查自己在沟通中的良好之处与不足之处。
2. 用"3WEBI"方式来评点。
3. 用"总分总"结构来撰写文稿。

三、作业

基于"沟通基础素养测评模型"进行自我评测、小组对自己的评测，完成《我的沟通基础素养评测报告》；按照格式规范要求撰写文稿。

本作业主要评测文字组织的规范性及书写规范性能力水平，建议采用"总分总"结构来组织文字内容；同时，了解自己的沟通基础素养。

项目 2　掌握语言沟通

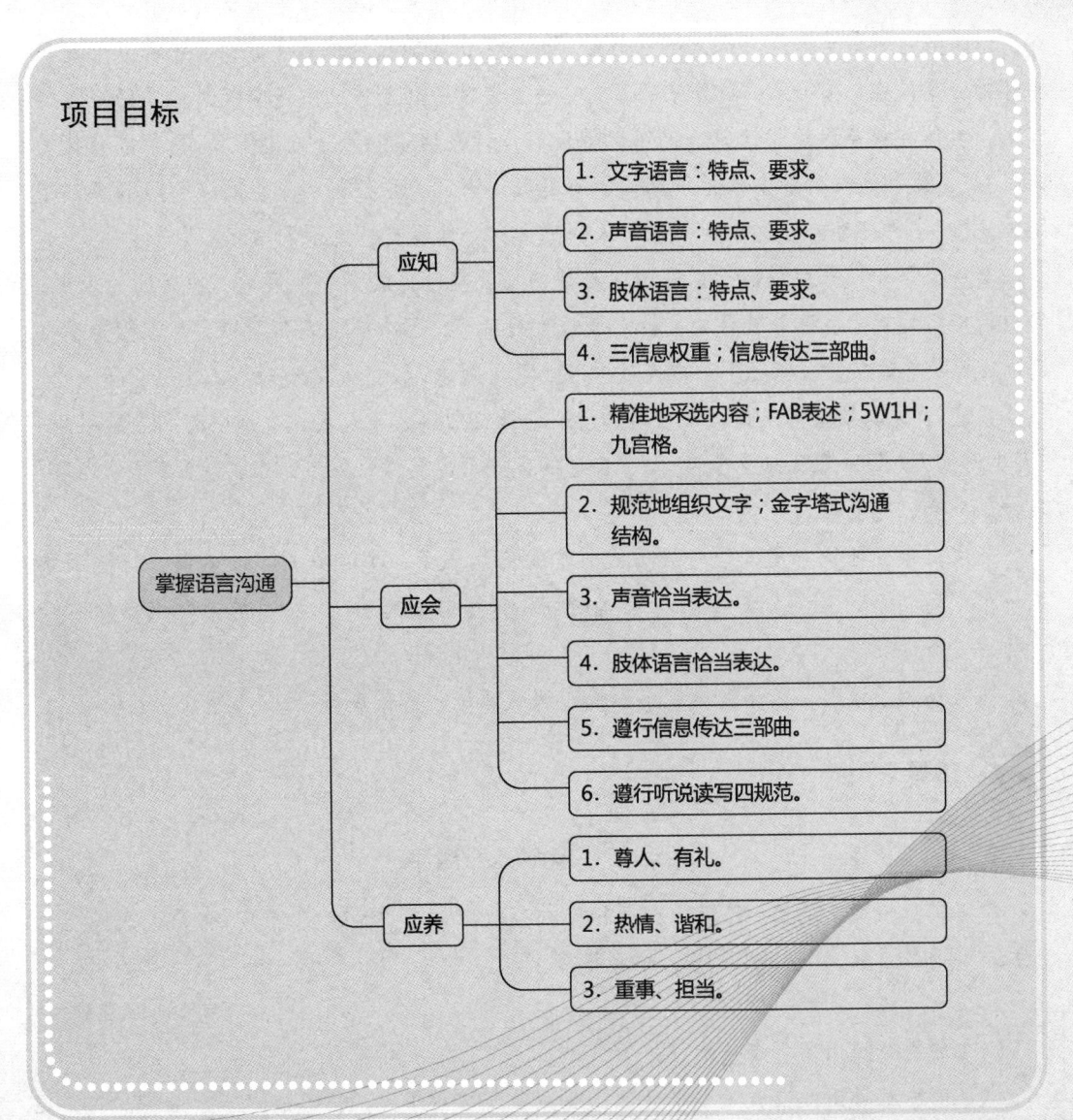

项目目标

掌握语言沟通

- 应知
  1. 文字语言：特点、要求。
  2. 声音语言：特点、要求。
  3. 肢体语言：特点、要求。
  4. 三信息权重；信息传达三部曲。

- 应会
  1. 精准地采选内容；FAB表述；5W1H；九宫格。
  2. 规范地组织文字；金字塔式沟通结构。
  3. 声音恰当表达。
  4. 肢体语言恰当表达。
  5. 遵行信息传达三部曲。
  6. 遵行听说读写四规范。

- 应养
  1. 尊人、有礼。
  2. 热情、谐和。
  3. 重事、担当。

项目导入

视窗主人公：遭人告状

由于在培训中表现不错，邵帅先被分配到办公室岗位实习。人来人往，许多杂事需要他帮着处理，其中也发生了几件令客户与其他部门员工不满的糗事。比如，办事中弄错事项、办错事、耽误事；别人来办公室询问事情，因为忙而没有及时抬头、微笑、招呼，让人觉得冷淡，于是被传倨傲不理人；正忙时有同事急匆匆来办事、急急地说，没等同事讲完就插嘴说"这不能的"，且没有表现出关切的声音与表情，让同事很不爽；有一次公司开会，他坐在一个角落玩手机，被一个副总看到了，就向张主任告了状；有一次办公室只有邵帅一个人在，接待了一位外来的客人——主任的一位朋友，主任交代过他要好好接待客人，但他在接待时除了让座、倒茶，就没有说什么话了，而是直接问客人："你有什么事吗？"，这让主任的朋友感觉被怠慢、不舒服，事后与主任聊起了上次来公司的事，委婉地说道："你们办公室这小伙子是新来的吧？你好像没有好好地调教啊？"

某一个下午，张主任特地把邵帅叫到他的办公室，先表扬了他最近一段时间的表现，希望再接再厉；然后谆谆教导他要特别谨慎言行细节，因为办公室是窗口，对言行要求特别高，所以不管在什么情况下都要态度热情、急人所急，设身处地地对客人表达"同理心"或"共情"，尤其要注意表情、动作与语音、语调，别以为不重要，也别以为别人看不到。"因小而见大、窥一斑而知全貌"，为了自己的良好形象要做好细节，如衣着、姿势、表情、眼神、声音、态度等。

最后，张主任说，周二下午公司人力资源部组织了一个有关沟通的培训，给他争取了一个学习机会，让他好好学习。培训题目为《语言的魅力》，讲师是国内业界知名培训师——尚达顺。

邵帅参加了培训，认真地做笔记和参与实践演练，感慨多多。

情景导引

活动2.1 沟通水平测评

按照实际情况，在五个等级中选择相应的分值："总是"5分、"经常"4分、"不确定"3分、"偶尔"2分、"从不"1分，填到横线上。

	现在	学期末
（1）能自如地用语言表达情感。	___	☐
（2）能自如地用非语言（包括肢体语言与声音语言）表达情感。	___	☐

（3）在表达情感时，能选择准确、恰当的词汇。
（4）他人能准确理解自己使用语言和非语言所要表达的意思。
（5）能很好地识别他人的情感。
（6）能在一位封闭的朋友面前轻松自如地谈论自己的情况。
（7）对他人寄予深厚的情感。
（8）有时会盲目地暴露自己的秘密。
（9）能跟与自己观念相同的人沟通情感。
（10）能跟与自己观念不同的人沟通情感。
（11）持有不同观念的人愿意与自己沟通情感。
（12）他人乐于对自己诉说不幸。
（13）不轻易评价他人。
（14）明白自己在沟通中的不良习惯。
（15）与人讨论时，善于倾听他人的意见、且不强加于人。
（16）与人争执，但能克制自己。
（17）能通过工作来排遣自己的心烦意乱。
（18）面对他人请教，能告诉他该做什么。
（19）对某事持异议，能说出这件事的后果。
（20）乐于公开自己的新观念、新技术。

现在得分_____；学期末得分_____

注：得分越低，说明沟通力越弱；得分越高，沟通力则越强。总得分在 75 分以上，说明沟通力水平良好。

【即问即答】

- 分析上述测评，你在沟通中表现好的地方是什么？不足之处是什么？
- 分析表现好与不足的原因，规划改善措施。

"现在≠未来"，从现在开始学习改进吧！

情景 2.1　酸秀才迂腐误买柴

有一个秀才去买柴，他对卖柴的人说："荷薪者过来！"卖柴的人听不懂"荷薪者"（担柴的人）三个字，但是听得懂"过来"两个字，于是把柴担到秀才面前。秀才问他："其价如何？"卖柴的人听不太懂这句话，但是听得懂"价"这个字，于是就告诉秀才价钱。秀才接着说："外实而内虚，烟多而焰少，请损之。" 卖柴的人因为听不懂秀才的话，所以担着柴走了。秀才空手而归。

【即问即答】
- 卖柴的人为什么走了？他当时是什么心理？
- 秀才应该怎么做呢？

情景 2.2　诸葛亮一信定关羽

关羽不服马超获封五虎上将，气鼓鼓地想要与马超比试比试，比比到底谁更厉害。这可愁坏了刘备：关羽离开荆州则荆州会产生危机，若真比武势必有危险，伤了谁都令他心疼。诸葛亮让刘备放心，他略施小计，以一信即可安定关羽。他让关平把信带了回去。关羽看毕，放声大笑、心情十分畅快，吩咐关平急传众人，会集一堂，宣示诸葛亮的回信！

"亮闻将军欲与孟起分别高下。以亮度之：孟起虽雄烈过人，亦乃黥布、彭越之徒耳；当与翼德并驱争先，犹未及美髯公之绝伦超群也。今公受任守荆州，不为不重；倘一入川，若荆州有失，罪莫大焉。言虽狂简，惟冀明照。"

关羽看毕，自绰其髯笑曰："孔明知我心也。"从此他再也不提找马超比武的事了。

【即问即答】
- 关羽为何阅信后心情十分畅快？什么话语让关羽心情畅快？
- 什么话语让关羽在心情畅快之余开始郑重、理性起来？

导引思考
1. 文字语言有何特点？在实践中遵循什么要求？
2. 声音语言有何特点？在实践中遵循什么要求？
3. 肢体语言有何特点？在实践中遵循什么要求？
4. 三信息在沟通中的影响力权重各是多少？信息传达遵循什么要求？

人与人之间通过文字语言、声音语言、肢体语言发送信息、接收信息、反馈信息，三种信息各有特点和要求。它们在沟通中的影响力权重不同，这要求信息传达须遵循三部曲。

模块 2.1　文字语言及沟通要求

2.1.1　文字语言的特点

文字是一种符号，是一种编译信息的代码，所以文字语言的间接、编造特性决定了其理解慢、容易错、不精准、易理解错、易编造、信度低等特点，显现了文字意义存在局限性。

（1）理解慢、容易错。因为文字语言是一种指代符号，需要转译，使得文字语言信息理解慢、容易错。

（2）不精准、易理解错。因为文字语言是间接表意，一般语词有多重含义，很多时候文字语言不能完全地、准确地表达其真正的含义，不好理解、容易理解错。

（3）易编造、信度低。文字语言信息是由意识掌控与处理的，属于理性思维，会促进开展维护个人利益的言行，会促使人编造话语内容，因此可信度低。

（4）反应慢、脑厌烦。人脑对文字语言处理是非常费力的，会本能抗拒，这个处理过程很费时，甚至不能解读其真实含义。比如，"不住而生其心"，也许有人一辈子也不能理解其真意。

（5）影响力低。因为文字语言易编造、信度低，所以在沟通中的影响力相对较低，很多时候人们并不太相信他人所说或书写的文字内容，而更相信非文字语言信息，这说明文字语言并非有效沟通的决定因素。大道理人人都不爱听，有的人雄辩滔滔却让人嫌恶，说明其沟通并没有达到好的效果。

当然，文字语言可以指代巨量事务、表达大量信息，这是原始的肢体语言与声音语言所不能比的。所以随着生产力发展，简单符号一步步演化为复杂文字，进一步加速了人类的进步。

2.1.2 文字语言的沟通要求

情景2.3 销售员解说沙发

"您刚才对沙发要求要坐着舒服、保养省心、让家显品位等，考虑得非常周全、本质。为此，特意给您推荐一款沙发，因为这款沙发是真皮的，所以可以让您舒服、省心、显品位，很好地满足您的要求。"

"一是坐着舒服。因为这款沙发是真皮的，很柔软。

二是保养省心。因为这款沙发是真皮的，易擦洗，易保养。

三是显现品位。真皮沙发让您家的大客厅更气派，为房增色，很展现您的品位。"

"总之，这款沙发可以让您舒服、省心、显品位。"

【即问即答】
- 沙发解说内容是如何组织的？这要求文字内容如何组织？
- 沙发解说内容是围绕什么展开的？这要求文字内容如何选择与组织？

大脑对文字语言信息处理费力、感知慢、不易理解，所以大脑相对厌烦文字语言。这就要求文字内容、组织符合大脑要求、尽可能让大脑容易处理，避免让大脑晕眩、厌烦。

人本能地趋利避害，期望获得有利的信息内容，所以，沟通中的文字语言要求形式规范、内容精准。

1. 形式规范

文字组织在格式上要求规范，即有条理、有逻辑、简单化。

（1）有条理，表现为分段、分点、标题词、解释佐证。

沟通内容上下分段，每一部分分为若干要点展开，每一个要点段落在段首概括出一个标题词，然后进行解释、佐证。比如，情景2.3中明显地采用了"总分总"结构，非常有条理，让人对文章结构、文章意思一目了然，同时每一个分段的内容都是先概括出标题词，再解释佐证的材料内容。

① 分段、分点：沟通内容分为若干段落、若干部分。

② 分点与标题词：每一部分分为若干要点，每一个要点段落提炼出一个词语作为标题，标题前加一个标题符号（书写则按层级分为"一、""（一）""1.""（1）"，口说则一般是"第一方面"或"第一点"），以便让读者一眼看到便明白文章的内容与框架，让听者一听便明白文章的内容大意与框架。

③ 解释佐证：在标题词之后，须对观点进行解释，须落到实处，不能空泛地说"优秀""成绩好"，需要以细化数据、量化指标、具体措施、具体材料来落实、证明。

（2）有逻辑，表现为上下、左右合逻辑和相互关联。

内容中上下段落之间有逻辑关系，一般是因果关系或时间关系，如"一问题、二原因、三措施"的逻辑关系；内容中同一大部分的若干分段内容之间是平行关系，相互补充，如"为什么需要？因为一重要、二需要、三有用"，再如情景2.3中"舒服、省心、显品"。各个段落的内容是不能随便调整的，不然容易造成逻辑混乱，使听者或读者大脑晕眩、厌烦。

① 上下、左右合逻辑：上下要求的是前后内容之间是总括与分点的层级从属关系，左右要求的是各分点内容同属一个范畴的平行关系，要分章节、分段、分点来表述。内容之间的逻辑结构如图2.1所示（将童装推荐给"宝妈"）。

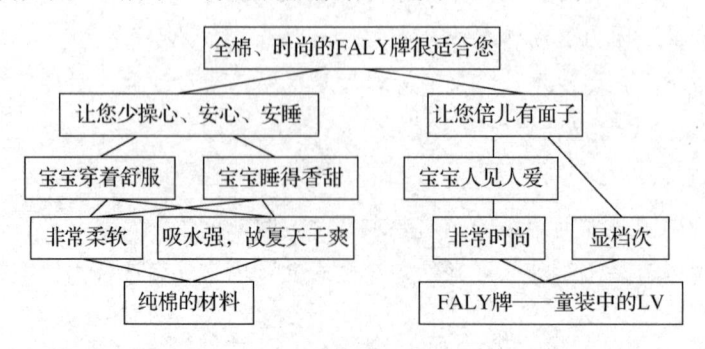

图2.1　内容之间的逻辑结构

② 相互关联：各段落合为一体，或者是从属关系，或者是补充关系，或者是佐证关系。

（3）简单化，表现为简洁、简单、不啰唆。

简单透出美，简单显现力量，简单、简洁是大脑所喜欢的，庞杂啰唆让大脑厌烦。书写要简洁、不啰唆，口说更要简单、不啰唆。

2．内容精准

文字选择在内容上要求精准，即讲价值、听得懂、数字化。

（1）讲价值：利益挠心坎、在乎客户、围绕证明。

人们沟通是为了满足需求、解决问题，以达成目的、获取利益，这是沟通认同的前提。因此需要围绕客户的问题、需求来展开沟通，告诉他可以收获的利益、给他分析解释为什么可以解决问题、获取利益，以获得他的认同。比如，情景2.3中告诉客户他可以"舒服、省心、显品"，然后给他分析佐证、解释原因。

① 利益挠心坎：讲述客户利益，围绕客户所关心的问题来讲述，表述内容指向客户的需求，为客户的问题提供解决方法，告知客户可能获得的利益。比如，情景2.3中"因为是真皮的，容易擦洗、容易保养，可让您保养省心。"

② 在乎客户：站在客户的立场，关注客户的在乎。以客户价值观来沟通，以客户偏好的方式来表达。实践中表现为关心询问、专注倾听、趋近互动、运用对方的语言等。比如，克林顿在竞选演讲中走向提问者，问对方问题，从普通选民的角度来思考与回答，从而获得选民的认可。

③ 围绕证明：给出的答案、承诺的利益需要进行证明或说明理由。比如，"可以增加100万元的效益，具体而言是60万元的销售额增加、40万元的营销费用节省。为什么有这个效果，是因为……"

（2）听得懂：通俗易懂、词可达意。

沟通的目的是获得对方的理解、认同，所以前提是对方听得懂、愿意听、能正确理解，这就要求人们在选择文字内容时务必通俗易懂、词可达意。如情景2.1中秀才的语言，一般人听不懂，所以秀才与卖柴的人沟通无果；而情景2.3这样的语言让人可理解、愿意听，于是获得了良好沟通效果。

（3）数字化：少文字、多数字、让大脑兴奋。

文字语言是大脑所不擅长处理与不喜欢处理的语言，因此在说、写中都尽量少用文字、多用数字，多以数字、图表、图像、图片、视频等代替语言文字，提升可看性、趣味性，让人们的大脑兴奋、乐于思考。

其中，文字组织须格式规范，这是沟通的基本要求，不论是对于写还是对于说，这都是沟通有效的必要条件；文字选择须内容精准，不论是对于写还是对于说，这都是沟通有效的充分条件。

2.1.3 文字语言四技巧

1. 九宫格

在发表感慨、总结时，利用九宫格，可以很好地帮助启发、组织文字内容。

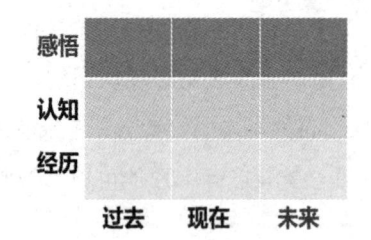

"过去，曾经经历过……、认为……、觉得……"

"现在，经历了……、认为……、觉得……"

"因此，下一步，我将……、设想……，感悟到……"

图2.2　九宫格

2. 5W1H

5W1H，即情景中须包含 When、Where、What、Who、Why、How 要素。以沟通调研作业的"情景过程表述与实践小结"为例，如下。

沟通调研情景：我于 10 月 1 日（When）在西湖边的宝石山上（Where）与三位同学一起游玩，旁边有几位年轻人（Who），听其说话口音是本地的，我们刚好要合影，于是请其中一位男生帮忙。该男生很乐意，之后我们便聊了起来，然后一起游玩（What）。到一平台处，同学们聊天、喝水、相互请吃零食，我顺便从包里拿出调研表（Which）（注：魔鬼在细节，细心准备为成功必需），给新认识的朋友一人分一张，说："给大家一张沟通调研表，想了解一下大家对当下大学生沟通情况的认识，借此对大家有进一步的了解（Why），对于有感兴趣的问题我们可以一起沟通。"（How）就这样，我顺利完成了三张调研表，而且建议、姓名、电话等信息齐全。

视频：FAB 解说奔驰内饰

3. FAB 表述

在与客户沟通时，针对客户的利益、需求，为客户讲解事务的利益（Benefit，简写 B），用事务属性中的特征（Feature，简写 F）与优点（Advantage，简写 A）作为佐证（Evidence，简写 E），让客户认识到他的需求可以被满足、利益可以达成，这就是 FAB 表述。具体内容组织有若干方式，如下。

(1) F→A→B：特征→优点→利益。

具体是"因为 F，所以具有 A，这可让您享有 B。"

比如："因为是新疆棉做的，新疆棉的棉丝长，做的布非常柔软、吸汗，您摸摸看，宝宝穿着会很舒适、干爽、睡得香甜，这可让您放心，也可让您多休息会儿。"

(2) B←A←F：利益←优点←特征。

具体是"这可让您享有 B，因为具有 A，原因是 F。"

比如，"宝宝穿着会很舒适、干爽、睡得香甜，这可让您放心，也可让您多休息会儿。因为棉丝长，所以做的布很柔软、吸汗，您摸摸看，这是用新疆棉做的哦。"

(3) B，F→A：利益，特征→优点。

具体是"这可让您享有 B，是因为 F，所以具有 A。"

比如，"宝宝穿着会很舒适、干爽、睡得香甜，这可让您放心，也可让您多休息会儿。因为这是用新疆棉做的，新疆棉的棉丝长，做的布非常柔软、吸汗，您摸摸看。"

(4) A←F，B：优点←特征，利益。

具体是"因为具有 A，根源是 F，所以可让您享有 B。"

比如，"因为棉丝长，所以做的布很柔软、吸汗，您摸摸看，这是用新疆棉做的哦。所以宝宝穿着会很舒适、干爽、睡得香甜，这可让您放心，也可让您多休息会儿。"

其中核心内容是客户利益（B），围绕客户利益讲述优点（A）与特征（F），用以佐证（E）；B 必讲，F、A 可少讲，讲 B 之后须有 A、F 紧随以佐证说明。

4. 金字塔式沟通

结合"总分总"结构与 FAB 表述，在组织沟通内容时，一般采用上"总括"、下"分述"的逻辑结构，总括的内容一般是客户的价值、利益，分述的内容一般是事务的特点与优点，属性等用以解释与佐证。整个沟通内容组织，上是简短总括，下是详细佐证解释，犹如金字塔，故称"金字塔式沟通"（见图 2.3）范例如下。

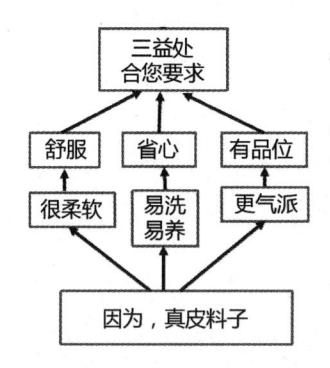

下面是关于一款沙发的推荐内容，其内容组织就是典型的"金字塔式沟通"。

"王先生，您的思想好前卫哦，很启发我。据您刚才的要求特推荐一款沙发。因为这款沙发是真皮的，可让您享有三方面的益处，很符合您的要求。

一是坐着舒服，因这款沙发是真皮的，很柔软。

二是让您省心，因为这款沙发是真皮的，易擦洗，易保养。

三是显现品位，真皮沙发让客厅更气派、为房增色，展现您的品位。

总之，舒服、省心、显品。"

图 2.3 金字塔式沟通

·文字语言沟通实践演练

演练：按照形式规范、内容精准的要求（评价指标见表2.1），针对×××产品材料，撰写一份宣传页，以让客户悦读、认同。×××产品材料，可自行选取。

表2.1　内容组织考评表

测评指标	形式的规范度（50分）					内容的精准度（50分）	
	有分段、标题符号正确10分	"总分总"结构10分	有标题词、后说明10分	材料丰富，有数据、图表等10分	标题词规范，上下对仗、简洁10分	每段内容围绕主题（标题词）来撰写30分	观点后有佐证，以数据、事例等佐证观点20分
评分							
总评							

作业：为家乡的某特产或学校或本专业撰写一份推广宣传页。

模块2.2　声音语言及沟通要求

活动2.2　以不同的句读、声调来解读"下雨天留客天留人不留"

- 声调1："下雨，天留客，天留人不留。"——意为不留客。
- 声调2："下雨天，留客天，留人？不留！"——意为态度坚决地不留客。
- 声调3："下雨天，留客天，留人不？留！"——意为留客。

活动2.3　用不同的声调、语速来解读"小吴的沟通能力很强"

- 读Ⅰ——不加情感、平淡地说："小吴的沟通能力很强。"——什么意思？

意：听不出特别的意思表达倾向，仅仅阐述小吴的沟通能力强这一事实。

- 读Ⅱ——声调低沉地说："小吴的沟通能力很强？"——什么感觉？

意：说者不太相信小吴的沟通能力。

- 读Ⅲ——"小吴的沟通能力很强喏！"伴以酸溜溜的、尖细的声调——什么感觉？

意：说者对小吴有一种羡慕、嫉妒的情感，故带有嘲讽、挖苦的意思。

【即问即答】

- 声音语言有什么特点？
- 人际沟通对声音语言有何要求？

2.2.1 声音语言的特点

声音语言信息是一种发乎心灵、传递心意的信息，直接传达真实心意，对方敏捷感知而累积产生情绪，不易编造、信度高，在沟通中的影响力较高。

（1）直接、真意。发送者直接传递出真实心意，反映真心真情，是"心声"，通过音调、音色、语速、音量、节奏、吐字等方式及其不同的变化组合来传递不同的心意。

比如，对一个"不"字运用不同的音调，表达出的意思各不相同：

"不，这是我应该做的。"　　　　　——谦虚地否定。
"不！我一定要回去！"　　　　　　——坚决地否定。
"不！！我一定要揭发他！"　　　　——愤怒地否定。
"不嘛，这盘不算，再来一盘！"　　——耍赖地否定。

再如，对不同文字运用同一种音调，也会显现丰富的意思内涵：

"你今天晚上迟到了。"　　　　　　——说话的人不太高兴。
"你今天晚上迟到了？"　　　　　　——对迟到表示惊讶，对迟到原因表示好奇。
"我当然喜欢你了"　　　　　　　　——其意是"我喜欢你，并非'我们都喜欢你'"。

不同声音语言的内涵范例：

声音	传达的内心信息
·热诚/平淡	亲和—富有情感/淡漠—没有情感
·洪亮/音低	自信—很肯定/心虚—不肯定
·底气/气虚	真实—自信/心虚—不自信
·流畅/磕巴	很娴熟—非常掌握/不熟练—没掌握—没信心
·脱稿/读稿	很娴熟—非常掌握/不熟悉—没掌握
·抑扬顿挫/节奏无变化	自信—有情感/没情感

听声音判定性格　　　视频：语气伤人　　　视频：语气悦人

（2）本能、敏捷。接收者本能地、潜意识地接收声音语言信息，"闻声而辨言"，信息处理非常敏捷、敏感。

（3）快速、难编。声音语言信息直接传送到"杏仁核"（大脑中处理情绪的器官），立即产生情绪情感，即时反馈；因为情绪情感由潜意识掌控，所以不易编造，故声音语言信息相对真实可信。

（4）影响力较高。因为声音语言信息不易编造、信度高，且能被接收者敏捷感知，故其在沟通中的影响力较高。

视频：不同声音不同结果

视频：有能量则有感染力

2.2.2 声音语言的沟通要求

针对声音语言的特点，在人际沟通中，我们应遵照如下要求。

（1）一般要求：一般情况下，要求声音亲切、热情、洪亮、有中气、咬字清晰、富有情感，避免声音低、语气平淡、无中气、含糊不清、没有节奏、太快，避免读稿，尽量脱稿。

（2）依情权变：根据不同情景、不同对象，以适当的、不同的语音语调应对，即声音高低、快慢、语气、节奏等根据实际情况灵活应变。

（3）主要指标：语气、态度、音量、中气、节奏、吐字，以及是否脱稿等。

· 声音语言沟通实践演练

晚上8点了，儿子小明还在玩游戏。妈妈进书房要求小明做作业。

演练1：妈妈走向儿子小明，在他背后以温和的声音说："小明，不要玩了，好好做作业吧。"

演练2：妈妈走向儿子小明，在他背后大声且语气严厉地说："小明，不要玩了！赶紧做作业！"

模块2.3 肢体语言及沟通要求

左图注释：
老板与三个得力员工（老王、小李、佳佳）正在开会，三人正试图说服老板接受他们的建议。

图2.4 老板与三员工

【即问即答】
- 老王、小李、佳佳各有什么肢体语言？
- 老板内心比较心悦于谁？会比较倾向于听谁的话语？为什么？
- 沟通中，肢体语言须遵从哪些要求？

2.3.1 肢体语言的特点

肢体语言信息是一种比声音语言信息更能传达心意的信息，通过动物本能性地潜意识感知，跨越种族、文化、年龄。意识难以掌控和编造，所以肢体语言信息的信度最高、传递速度最快、反馈最快，在沟通中影响力最高。

1. 本能、直接

肢体语言直接展示人内心世界的本能外在反应，传达内心情意，不言而"语"。列举部分常发生的肢体语言及其内心的真实情意，如下。

1）外在形态

（1）发式、衣饰：取决于他的性情、价值观、品位及当下的心情，是内心世界的外在展现，如图2.5、图2.6所示。

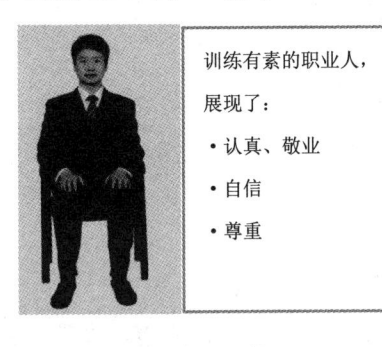

图2.5　正装　　　　　　　　　　图2.6　嘻哈装

（2）坐如钟、站如松、行如风：显现了他积极、有活力的精神面貌与优良体质。

（3）佝偻、拖拉慢行：显现了他没有精气神、体质欠佳。

2）面部表情

（1）苍白无血色：内心紧张、惶恐；反之，面部红润显现内心激动。

（2）耷拉着脸、面无表情：心绪不振、不感兴趣的内心表现；反之是开心、兴奋。

（3）叹气：一般是失落、失望的内心外露；反之是满意。

（4）沉默：表达了"我不愿意与你沟通"的信息；反之，愿意沟通交流。

（5）愁笑：内心不舒爽，勉强地笑，如图2.7所示；反之是内心很开心，如图2.8所示。

图 2.7　勉强地笑 　　　　　　　　　图 2.8　真正开心

3）眼神动作

"眼睛是心灵的窗户",眼神可以充分传达内心的情感、状态、心境与思想,再配合其他身体动作,可以充分展现内心世界。

（1）眼交流：展现了内心对对方的认同、尊重等情感（见图2.9），或者对对方的怀疑、不认同（见图2.10）。

（2）不看人：显现了内心不想听、漠然,"打人耳光"。

- 眉眼带笑
- 身体倾向对方

意：认同、欣赏

- 凝视
- 双手抱胸

意：怀疑、不认同

图 2.9　眼交流 　　　　　　　　　图 2.10　凝视

4）肢体动作

身体、手、脚等不同的动作,展现不同的内心世界、内心情感。

（1）靠近对方、眼看对方并记录、互动：表达真心与对方沟通的态度,以及对对方的欣赏、肯定,如图2.11所示。

图 2.11　倾向 　　　　　　　　　图 2.12　侧靠向

（2）身体微微前倾、面向客人：显现了尊重、喜欢、被吸引的内心情感，如图 2.12 所示。

（3）身体后仰、背对客人、面无表情、交叉双臂与双腿、东张西望、做小动作：显现了傲慢、不尊重、蔑视、不以为然等内心情感，如图 2.13 所示。

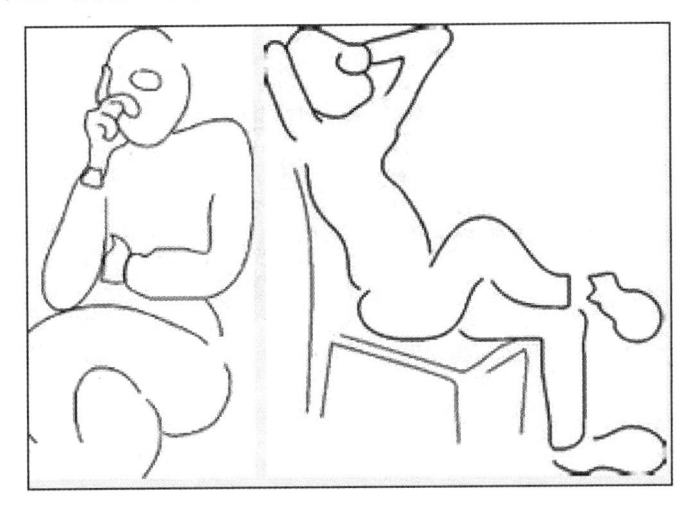

图 2.13　背靠背

（4）交叉双臂：一般是不安、紧张、防御、不认同甚至有敌意等内心情感的外在显现，如图 2.14、图 2.15 所示。

图 2.14　手抱胸　　　　　　　　图 2.15　交叉双手

5）时空信息

时间、空间距离与相互位置，有效表达人与人之间的亲疏关系、重视程度等信息。

（1）时间先后传达真实内心：

① 早到：重视对方。

② 迟到：傲慢、不郑重、无礼或欠缺时间观念。

③ 准时：尊人重事、自律与强执行力。

(2) 人与人之间的空间距离与人心关系，如图2.16所示。

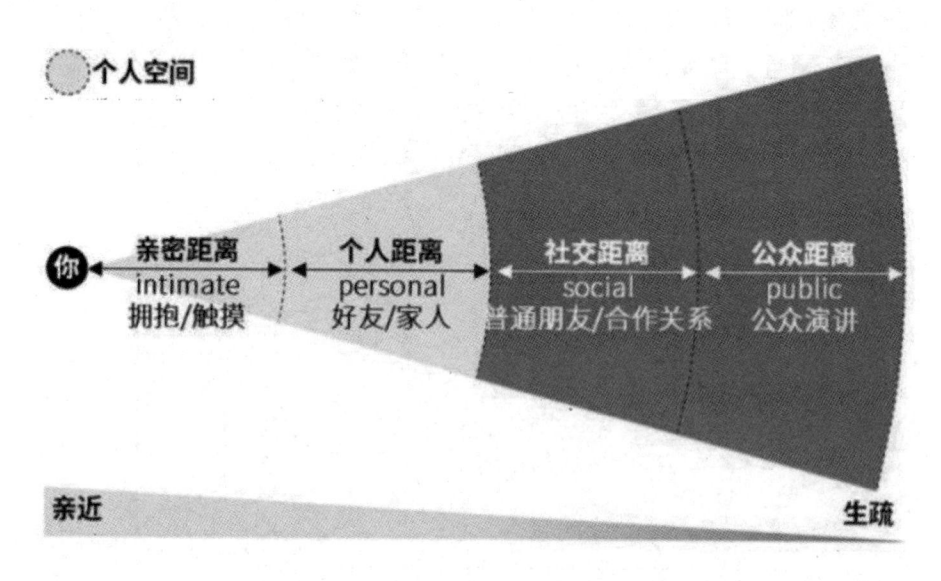

图2.16　空间距离与人心关系

(3) 落座的位置与互动关系，如图2.17所示。

① 坐在后排远处的角落：显现对对方的不认同、不喜欢、不以为然，甚至鄙夷；

② 坐在前排、中心位置：显现了对说话人的尊重、认真。

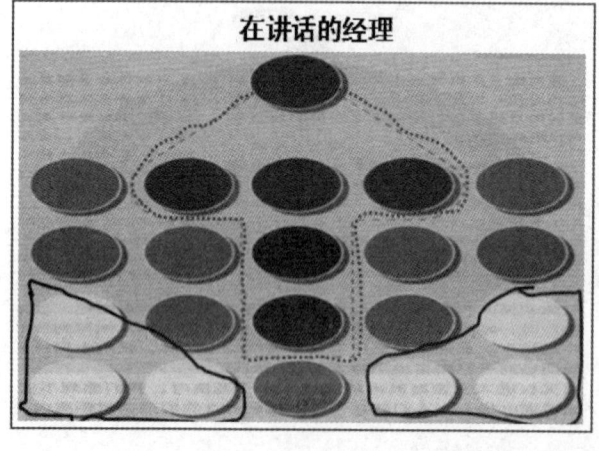

深黑色座位：与前方讲话的领导（或老师）保持<u>良性互动</u>，传达喜欢、参与的信息，深受前方讲话者喜欢。

白色座位：与前方讲话者<u>负面互动</u>，传达不喜欢、不参与的信息，令前方讲座者本能厌烦。

图2.17　落座的位置与互动关系

(4) 与客户商谈时，侧坐在客户身边，而不是面对面坐。

① 显现了对客户的关心、尊重；

② 展现了真心为客户服务的态度——一起来解决。

2. 原始、通行

肢体语言是最原始的语言，是人类在进化过程中所生成的语言，是动物本能的、由潜意识掌控运行的语言，全世界通行，跨越种族、文化、年龄、学历、性别，甚至在不同动物种群中都可进行沟通。

3. 光速、难编

肢体语言是人的本能反应、潜意识反应，即刻反应和意识难编造，所以信度最高。

4. 影响力最高

肢体语言信息在三类信息中信度最高、反应最快，所以其在沟通中影响力最高，最易影响、激发情绪情感，从而正面或负面影响着沟通成败。

2.3.2 肢体语言的沟通要求

因为肢体语言在沟通中的影响力太大了，所以我们务必明了不同肢体动作的意义内涵、把握好肢体动作运用，在日常生活与工作中注意避免差错，以免伤害了他人情感而不自知、沟通失败了还不知道已经失败或不明了缘由。

（1）务必要把控好肢体动作，包括形态、动作、表情、座位等。

① 形态优良；

② 行之以礼；

③ 微笑表情；

④ 动作友善；

⑤ 早到准时；

⑥ 显现积极情感的空间距离与位置等。

（2）主要指标：整体形态、面部表情、身体动作等。

· 肢体语言沟通实践演练

商谈中，A 同志说话，B 同志做如下动作	A 说心理感受	A 希望 B 做的肢体动作
动作 1：傲然头后仰+抱胸+斜眼看	_____	_____
动作 2：板脸+斜眼看+手转笔+不看人	_____	_____
动作 3：板脸+不看人+玩手机+小动作	_____	_____
动作 4：与 E 同志交头接耳+打闹	_____	_____

模块 2.4　信息传达三部曲

情景 2.4　妈妈让小明做作业

晚上 8 点了，儿子小明还在玩游戏。妈妈进书房要求小明做作业。

第一回合：妈妈走向儿子小明，在他背后以温和的声音说："小明，不要玩了，好好做作业吧。"

结果：小明没任何反应，继续玩游戏。妈妈生气了，感觉自己必须严厉一些。

第二回合：妈妈走向儿子小明，在他背后大声且语气严厉地说："小明，不要玩了！赶紧做作业！"但还是微笑着的。

小明抬头看了一眼，继续玩没停下。妈妈愤怒了，于是吼小明。

第三回合：妈妈怒气冲冲地对小明吼道："别玩了！认真做作业！"同时，手打屁股、拉耳朵、一脸愤怒。

小明抬头急匆匆回看，关机，开始做作业。

【即问即答】

- 三则沟通在文字语言、声音语言、肢体语言上各有哪些特点？有什么不同？
- 哪则沟通有影响力？哪则没有？为什么会这样？
- 在沟通中须遵从什么要求？

2.4.1　三信息的影响力权重

在人际沟通中，人们发送、接收、反馈文字语言信息、声音语言信息、肢体语言信息，它们在沟通中的可信度、反应速度、影响力等各不相同，如表 2.2 所示。

表 2.2　三信息对比情况

	文字语言信息	声音语言信息	肢体语言信息
可编造度	最易编造	较难编造	最难编造
信息真实性	最低	较高	最高
信息可信度	最低	较高	最高
反应速度	最慢	较快	最快（光速）

续表

	文字语言信息	声音语言信息	肢体语言信息
沟通中的影响力	最低	较高	最高
影响力权重	7%	38%	55%

美国加利福尼亚大学洛杉矶分校心理学博士艾伯特·麦拉宾，对沟通中的三信息做了科学实验，于1981年得出研究结果：在人际沟通中，文字语言信息、声音语言信息、肢体语言信息对一个人的影响力各占总体的7%、38%、55%，如图2.18所示。

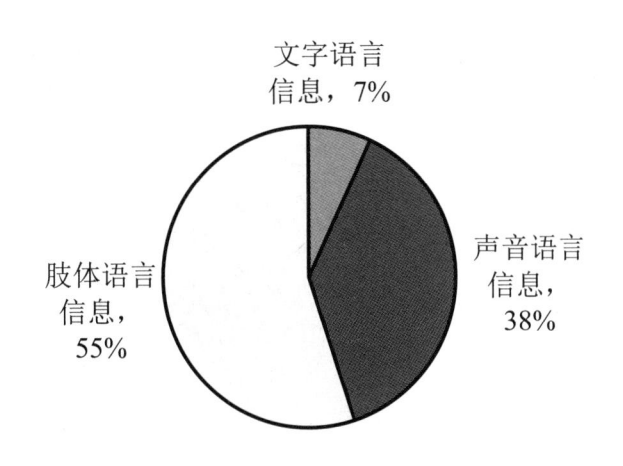

图2.18 语言信息结构与权重

人际（口头）沟通影响力权重模型如下：

• 文字语言信息	7%	权重
形式规范（条理、逻辑、通俗）		3%
内容精准（利人、语准、完整）		4%
• 声音语言信息	38%	
语气与态度		15%
音量与中气		15%
节奏与吐字		8%
• 肢体语言信息	55%	
表情（微笑—眼交流）		15%
动作（招呼—握手—记录）		15%
互动（呼应—前趋）		15%
形态及其他		10%

2.4.2 信息传达三部曲

肢体语言信息、声音语言信息、文字语言信息在人际沟通中的影响力权重决定着人际沟通中对于信息传达的要求：先做好非语言、精准表达内容、三信息须契合。比如，语言障碍者卖刀，虽不说一字，仅仅靠比画及热诚的态度就卖出了许多把刀。当然，在人际沟通中，文字内容也得表达清楚、有条理、完整、易懂，且非语言信息与文字内容必须相互契合且不得相互矛盾，不然就会让人疑惑不解了——信息相互矛盾，究竟是什么意思？

视频：非诚勿扰之3轮全留灯

1. 先做好非语言

（1）首先务必做好肢体语言。

- 形象：整洁、得体。
- 仪态：大方、有精气神。
- 表情：愉悦、微笑、阳光。
- 眼神：含笑注视。
- 招呼：尊重、有礼。
- 手势动作：善意、尊重人。

（2）其次要正确运用语音语调。

- 语速适当：不能太快如机关枪扫射，也不能太慢让人觉得拖沓。
- 音量适中：让人听得清楚，感觉中气十足。
- 保持节奏：抑扬顿挫，让人感觉到精气神。
- 吐字清晰：准确、不含糊，让人听得明白。
- 声音补白：适当运用声音补白，如"嗯""哦""是啊"等。
- 音调柔和悦耳。

沟通中往往是"当局者迷，旁观者清"，自己难以察觉自己在说话中声音的不当之处。因此，须有意识地改善语音语调。有效的改进方法如下：一是给自己录音，听后改进；二是请人指出，给予建议；三是有意识地锻炼，检查、修正直至优良。

2. 精准表达内容

文字内容正确表达包括文字组织正确与文字内容正确，即形式与内容两方面都正确。在沟通实践中，很多时候沟通形式正确比沟通内容正确更重要、影响更大。

(1) 形式正确：有条理、有逻辑、易理解。

- 有条理：无论是口头沟通还是书面沟通，都须分段，段前正确标注段落符号与简短的标题词。

例如，"2. 做事细致有条理，具体要求如下：第一……；第二……"。

- 有逻辑：整体内容符合逻辑，如问题、原因、措施、观点之后加佐证。
- 易理解：须通俗易懂，忌专业术语、文言文、中英文混合表达，这不但会影响对方的真实理解，更可致负面意义——对"炫耀"的反感、遭"轻视"的隔阂。

例如，有些专业人士（如医生、律师、金融专家）在与普通客户沟通时使用大量专业术语，这只能让听者如坠云雾——说者"秀"得过瘾，但收获的是客户的反感与拒绝。

还有些人喜欢在沟通中加入外文词汇，甚至显现自得状，一般情况下这不但无助于沟通，还会增加他人的反感。

(2) 内容正确：信息准确、全面，运用情感用语。

- 准确：针对对方心意回答，说到对方的心坎儿上；用词准确，以准确表达心意。
- 全面：传达内容不能有遗漏，对方有几点要求就回答几点。
- 运用情感用语：沟通时态度要亲和，多运用"请""稍等"等恭敬、谦和的情感用语。

常用"请求式"，避免"命令式"。

例如，习惯运用"请您稍等"，而不用"你等一下"。

少用"否定句"或"反问句"，多用"委婉语言"。

例如，习惯运用"请到那边吸烟区吸烟好吗"，而不用"请不要在大堂吸烟"；习惯运用"您请稍等好吗"，而不用"我正忙着，不会等一下吗"。

用"谦恭语言"，禁忌"傲语口头禅"。

例如，习惯运用"请问我说明白了吗"，而不用"你明白了吗""我跟你讲，……"。

常用"我们""咱们"替代"你""我"。

例如，用"咱们就这样干吧"替代"你就这样干吧"。

3. 三信息须契合

文字语言信息、声音语言信息、肢体语言信息在人际沟通中要求相互契合且不得相互矛盾。例如，嘴里说"我有信心"，可是声音低、没中气、低头垂肩、不用眼神交流，那么听者便会产生疑惑——到底哪个信息是真实的？于是生出疑惑，对人、物（观点）产生怀疑，就极可能导致沟通失败。

视频：三信息契合的同学推广

·信息传达实践演练

演练1：以不同的非语言来说"我对此非常有信心",体会不同效果。

A．面带笑容且神情坚定+双手用力握拳+有力且肯定的声音,说"我对此非常有信心"。

B．眼神迷茫+双手垂下+低音无力,说"我对此非常有信心"。

思考Ⅰ：以不同的肢体语言与声音语言说同样的内容,效果完全不同,为什么?怎么办?

思考Ⅱ：这揭示了大脑是怎样处理信息的?对你的人际沟通有何启发?

演练2：遵照信息传达三部曲,根据口头沟通影响力权重模型来开展自我介绍与评测。

视频：自我介绍1	简单自我介绍
评点	视频：自我介绍2
视频：自我介绍3	视频：自我介绍良好范例

演练3：将接待客人(见沟通事务1.1)作为演练情景,以信息传达三部曲为沟通方式,根据口头沟通影响力权重模型来开展与评测。

模块2.5 听说读写四规范

人际沟通因为对文字语言、声音语言、肢体语言的不同运用,分为口头沟通与书面沟通,具体表现为听、说、读、写四行为。日常中因为人们一般不了解肢体语言、声音语言的敏感性与严重后果，又自控力不足，所以可能做出许多习惯性不良言行，这严重阻碍沟通达成共识。人们在沟通实践中须遵从信息传达三部曲，以及每一类信息的要求，从错误中吸取经验教训，正确开展口头沟通、书面沟通，较好地把握听说读写四规范。

不良的言行习惯列举如下。

（1）错误的肢体动作：形象邋遢；姿态无状；表情冷漠、沉着脸；抱胸、斜仰、抖脚；离得远远的；在别人说话时玩手机，甚至戴耳机；东张西望、不看人等。

（2）不当的语音语调：声音低、无中气、没底气；语速太快、没有停顿、无节奏；声音没有热情、冷淡、含含糊糊、不清晰等。

（3）不当的言说内容：指责、否定、辩驳，不礼貌用语、无同理心；啰唆，不简洁；不针对性表述，说不到对方的心坎儿上；没有条理，通篇以"然后"来衔接；内容不全、有遗漏；不通俗易懂、太深奥等。

对此，须有效应对，针对口头沟通中的听与说、书面沟通中的读与写做简单规范。

2.5.1 听的言行规范

（1）肢体语言动人心：点头、微笑、眼神交流，询问、做笔记、简单复述等。
（2）文字内容入人心：配合以"嗯嗯""对对""太棒了"等应和语词。

详细内容，见6.2.4"聆听"。

2.5.2 说的言行规范

（1）先动心的形体表情：微笑、眼看、身体前倾。形象干净有气质，体态挺拔有精神；表情热情含微笑，姿态趋近显友好；眼看点头勤互动，笔记简述显尊重。

（2）再悦耳的语音语调：有中气、热情、有节奏。声音洪亮有中气，语气肯定感染力；抑扬顿挫有节奏，语速适中勿太急；吐字清晰莫含糊，热情柔和悦耳鸣。

（3）后入心的言说内容：有条理、有逻辑、说效益。"谢谢您"请先说出，理解同时同理心，"真棒""对对"认同人；围绕需求析利益，细说价值动人心，材料数据做证明；第一、第二有条理，因为所以有逻辑，通俗易懂语简洁。

2.5.3 读的言行规范

（1）全面：不漏、不少，全面理解文本内容信息。
（2）细致：字斟、句酌，细致地理解文本内容意思。
（3）准确：精准、正确，完全理解文本的真实意思内涵、精神。

2.5.4　写的言行规范

（1）规范：有条理、有逻辑、简洁。框架清晰、段落清楚、标题简洁、符号规范、内容精简、以短句为主，让人愿意看。撰写中要求采用"总分总"结构，先总括后分述，再解释与佐证，分段落前用标题词，标题词前加"首先""其次""最后"或"1.""2.""3."或"第一""第二""第三"等段落符号。

（2）准确：精准、词妥、有情意。内容精髓是针对对方需求的价值、利益，这个是核心，不能偏离；运用对方方便理解与能够正确理解的语词；文中适当使用情感用语，如"请""感激""谢谢"等。另外，在书写中，进行解释与证明时，尽可能多地使用数据、图表、模型图等形象化符号信息，让人一目了然、阅之悦然。

·人际沟通实践演练

1．演练"听"：课堂中身体力行，演练"洽谈"，录下视频，分析自己听的状况。
2．演练"说"：自我介绍；推广某一产品或方案。
3．演练"读"：看一份文稿，说出其意思内涵。
4．演练"写"：写一份自我介绍文稿；为某一产品/自己班级写一份推广文案（广告）。

要点回放

人际沟通借助信息符号开展，沟通中深受情绪及利益抉择影响。人际沟通所借助的符号包括肢体语言符号、声音语言符号、文字语言符号，传递肢体语言信息、声音语言信息、文字语言信息，对沟通的影响力权重分别为 55%、38%、7%，故要求重视肢体语言与声音语言，并确保三信息契合。

项目检测

一、应知知识问答

1. 文字语言有何特点？实践中遵循什么要求？
2. 声音语言有何特点？实践中遵循什么要求？
3. 肢体语言有何特点？实践中遵循什么要求？
4. 三种信息在人际沟通中的影响力权重分别为多少？信息传达遵循什么要求？

二、应会技能实践

1. 规范与精准地组织内容：撰写一份简洁、有力的自我介绍文稿；撰写特产宣传页。
2. 微笑挺拔、有中气、有条理、有逻辑地口述，如一分钟自我介绍、推广产品。
3. 把握好非语言，再处理好文字语言。

三、作业

1. 按照规范、精准要求，撰写一份简洁的自我介绍文稿。
2. 按照形式规范、内容精准的要求，修改或撰写一份×××产品宣传页。
3. 以优良的肢体语言、声音语言、文字语言上台做自我介绍。
4. 以优良的肢体语言、声音语言、文字语言上台推广×××产品（或方案）。
5. 基于×××产品推广内容，配合肢体语言、声音语言，录一段产品推广视频。

项目 3　领悟沟通原理

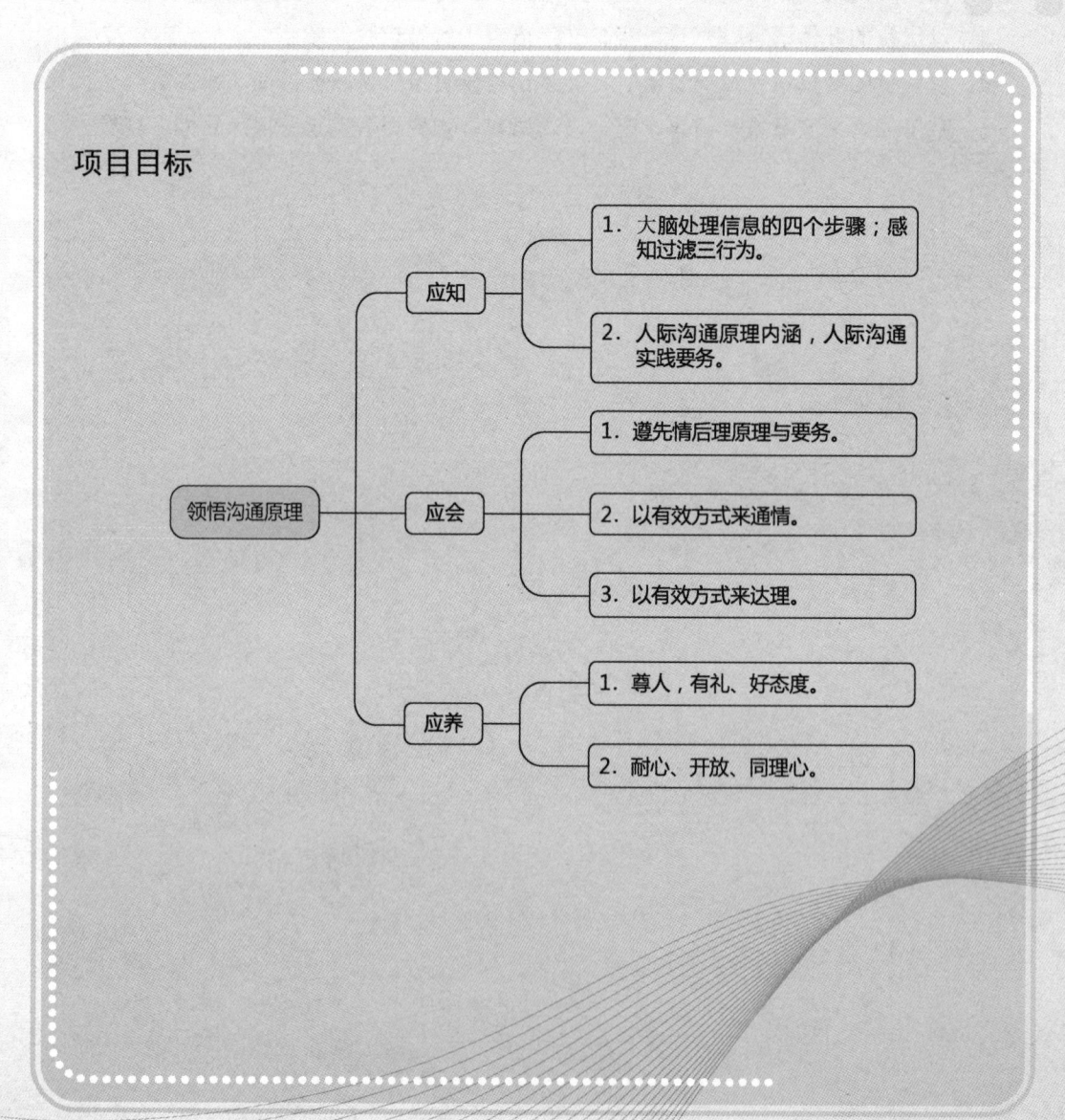

项目目标

领悟沟通原理
- 应知
  - 1. 大脑处理信息的四个步骤；感知过滤三行为。
  - 2. 人际沟通原理内涵，人际沟通实践要务。
- 应会
  - 1. 遵先情后理原理与要务。
  - 2. 以有效方式来通情。
  - 3. 以有效方式来达理。
- 应养
  - 1. 尊人，有礼、好态度。
  - 2. 耐心、开放、同理心。

项目 3 领悟沟通原理

项目导入

赏析情景 0.1《触龙说赵太后》与情景 1.9《就公司旅游计划前后两次沟通朱总》，了解到这两个情景案例都是由沟通无效到沟通有效的，所采用方式相似、效果相同。

【即问即答】

- 归纳一下，这两则情景沟通采取了什么方法？
- 这揭示了一个什么原理？
- 我们在沟通实践中应该怎么做？

导引思考

1. 大脑是怎么处理信息的？有什么模式与规律？
2. 人与人沟通时，遵从什么基本原理？
3. 人与人沟通时，遵从什么沟通要务？

模块 3.1 人脑运行模式

大脑掌控着人的一切言行举止，从信息摄入到行动反馈，有其规律、模式。人类对大脑运行的研究和了解还是粗浅的，大概包含摄入信息、感知过滤、信息处理、做出抉择四个步骤，大致是人类由五官摄入的数据（源自事物、情景）经过删减、扭曲和一般化的感知过滤后传达给大脑进行信息处理，其中先迅速产生情绪情感，后开展逻辑分析与理性权衡，最后达成共识或不认同。

3.1.1 摄入信息

人类通过五官（视觉、听觉、触觉、味觉、嗅觉）感知、摄入信息。人类大脑每秒会接收大量的信息流，对见到、听到、感觉到的信息会依据各自偏好以图画、词语、声音等方式吸收并存储。

比如，早晨醒来那一刻，人们就会看到天花板、床、被子、墙上图画等，听到各种声音，触摸到身体、被子、床铺等，闻到床、被、寝室所散发出的味道，产生被子内暖和、被子外寒冷等感觉，心想是起床还是再睡一会儿，感觉睡觉舒服、起床痛苦，想想早上穿什么、吃什么，等等。这些信息都是在醒来的瞬间产生的。

3.1.2 感知过滤

人类大脑会自动地对通过五官接收到的信息进行处理,在处理过程中自动地对这些信息进行删减、扭曲和一般化,这就是感知过滤,如图 3.1 所示。

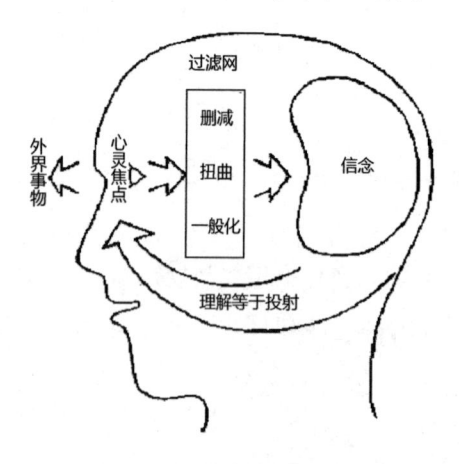

图 3.1 感知过滤示意图

1. 删减

人类大脑每秒要接收大量的信息流,数据量太过庞大,只能处理其中不到 1% 的信息,必须进行大量删减,以便让注意力聚焦于当前最重要的事物;人类大脑还会基于信念强力地自动屏蔽那些与信念相抵触的信息,留存支持信念的信息。比如,你在火车站接人,此时你大脑中只有你要接的人的形象,如果这时遇到小偷,那么你基本上不会注意到。

"视而不见""听而不闻""感而不觉",我们每分每秒都在删减着许许多多的信息,这些删减工作在潜意识层面进行,因此自己并不会察觉。删减可以让我们过滤掉无关的信息而聚焦于目标事物,但也有可能把其他有用的信息一并删除了。

2. 扭曲

大脑有时会对摄入的信息进行扭曲处理,使其符合自己的观点与思维角度;或者更进一步使信息支持已有的信念与价值观,如情景 3.1。

情景 3.1　疑邻盗斧

有个人丢失了一把斧头,怀疑是邻居家的孩子偷的。于是他特别留意观察那个孩子:看那个孩子走路的动作,鬼鬼祟祟,像是偷了斧头;瞧那个孩子脸上的表情,慌慌张张,像是偷了斧头;听那个孩子说话,吞吞吐吐,也像是偷了斧头。总之,那个孩子的一言一行、一举一动,没有一点不像是偷了斧头的。

这个人整日地怀疑那个孩子偷了他的斧头,想象着那个孩子偷斧头的情景。有一日,他在山沟里挖地的时候,找到他丢失的那把斧头,于是觉得自己的怀疑很可笑。他再见到那个孩子时,看其动作神态和说话的样子,怎么看都没有一点像是会偷斧头的样子,怎么看都觉得诚实可爱。

扭曲的好处是可以让人创意无穷,坏处是会让人对事物产生完全相反的认知或产生种种假设,最终沉溺于情绪中而阻碍理性思考、误解真相。

3. 一般化

大脑在处理信息的时候,往往会根据基于生活经历、环境、所读所学而形成的经验教训与规律、规则来比对、判断所感知到的外界事物,从而形成一般化的观点总结。这种思维方式可以提高人类的学习效率,有助于人类生存,如情景3.2;但这种过度概括也可能导致思维僵化,会产生"总之""没有一个""所有""从来""我无法"等偏颇的结论信息,如情景3.3,以及"守株待兔""天下乌鸦一般黑"等错误观点。

情景3.2

人们第一次吃橘子时获知要剥皮才能吃,以后看到和橘子类似的水果就会剥皮后再吃。这样,人们就不用每次都去学习某样东西是需要剥皮吃还是直接吃。

情景3.3

有人看到描写东北人豪爽的文章,看到演说"东北人都是活雷锋"的电视节目,听人说东北人确实直爽,自己结交过的东北人也都个个豪爽,于是就认为"东北人都是豪爽爷们"。

每个人都以自己的价值观、情绪、个人经历等构成的滤网来感知世界,在感知中自动地进行删减、扭曲和一般化,如同以收缩了的透镜来观察世界,故每个人感知到的都是过滤之后的结果,是个性化的、不全面的、不客观的,每个人对同一事物的感知是不同的。

感知过滤使得"事实"≠"真相",即眼见的"事实"≠客观的"真相"。所以,"地图"≠"疆域",即主观意识≠客观世界。

感知过滤对沟通的启示:耳听为虚,眼见也不一定为实,故须多反思自己认知的真实性;在人际交往与日常生活中不能道听途说,须保持客观、冷静、理性,发送完整信息并反复核对。

3.1.3 大脑信息处理

感知过滤后的信息传入大脑（见图 3.2）进行进一步的信息处理（见图 3.3）：由<u>海马神经</u>汇集感知到的信息并传递给丘脑，<u>丘脑</u>将接收到的信息分成非语言信息与文字语言信息，首先将<u>非语言信息</u>快速传递给杏仁核，<u>杏仁核</u>立即释放各种神经肽（某种化学信息），并以<u>光速</u>将这些化学信息即时传递到大脑各角落，指挥、激发身体各机能产生反应，如愤怒、逃避、开心愉悦等情绪反应；同时丘脑传递<u>文字语言信息</u>，经过 <u>6 秒</u>后传到<u>脑皮质</u>，然后开展逻辑分析、利弊权衡的理性思维。

更重要的是，当非语言信息传到杏仁核激发的情绪特别强烈时，丘脑将视其为关系到生死存亡的紧急信息而完全停止传送文字语言信息到脑皮质，开始专门、加急地传送信息给杏仁核以释放各种神经肽，以全身心能量确保杏仁核运行，保障人身安全与生存。此时外在表现为强烈情绪反应阻断、停止了理性思维，形成"情绪绑架理性"。

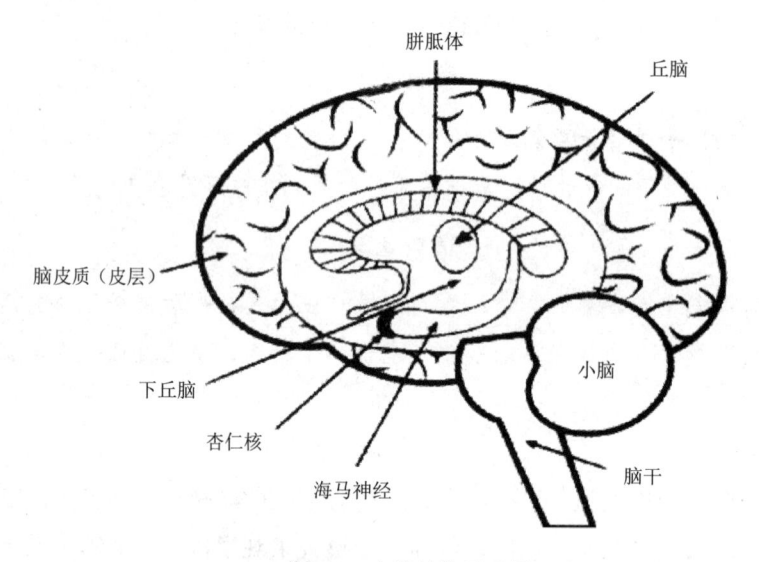

图 3.2 大脑结构示意图

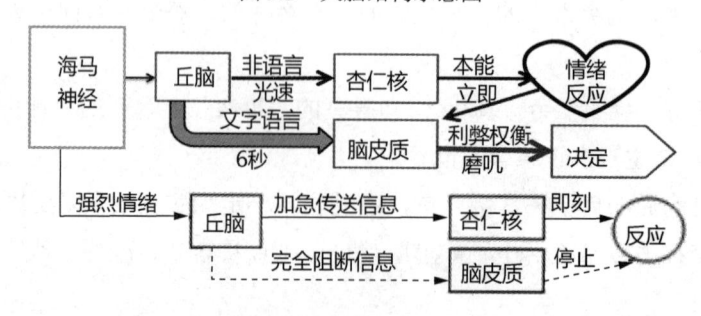

图 3.3 大脑信息处理系统

注释：
- 海马神经：海马神经是灵敏的信息搜集器，高度敏感地将所见、所闻、所感信息搜集起来并迅速传递给丘脑。
- 丘脑：丘脑是信息处理的"司令部"，对信息进行分类整理，然后将非语言信息快速传递给杏仁核，将文字语言信息以较慢的速度传递给开展理性思维的脑皮质。
- 杏仁核：情绪中心，属于"情绪脑"，负责情绪的识别与调节，即接收信息后释放各种神经肽，以光速传递到大脑各角落，指挥身体各机能开始迅速运作，这个过程是在无意识中完成的、完全不经思考。比如，通过表情、呼吸、声音、肢体动作等立即做出反应。
- 脑皮质（皮层）：脑皮质是信息处理的"智能中心"，是人类晚期进化出来的，负责管理语言、计算、逻辑分析、归纳等理性思维与解决问题，属于"理性脑"。

3.1.4 做出抉择

人类产生愉悦情感则进一步认同对方的人格与价值观，有意愿继续接收文字信息，开始进行理性思考与权衡判断，从而提升对利益值的认知、判断，易于达成共识。若产生负面情绪，一方面负面情绪信息先传达与先反应，从而阻碍理性思考；另一方面，当负面情绪强烈时，理性思考与理性行为便会遭到强行停止，这样沟通不但会停止，更会产生负面影响。

总之，在大脑信息处理中，先是非语言信息快速传达，瞬间形成情绪情感，之后才慢速地传达文字信息，开始理性分析与权衡判断，最终做出抉择。其中，生成情绪的非语言信息以光速传达，立即产生行为反应，其过程是无意识的、不经思考的；而产生理性思维的文字信息是以较慢的速度传达的，逻辑思考与权衡抉择更是滞后与无力的，甚至当情绪强烈时会形成"情绪绑架理性"——任由情绪掌控人的大脑运行与理性思维。大脑信息处理可谓强势"情绪脑"的强力情绪过程与弱势"理性脑"的软弱理性过程的综合，二者共同决定人际沟通的成败。

模块 3.2 先情后理原理

3.2.1 先情后理的概念

人类通过长久的进化，形成人类特有的大脑运行模式：在人际沟通中，人类先以潜意识敏捷地感知外界传达的非语言信息，然后将非语言信息瞬间传送至杏仁核，待感知安全或尊重与否后，立即释放各种神经肽即时传递到大脑各角落，激发身体各机能产生反应，生成情绪情感——心悦或心厌、心门开启或心门关闭，随即本能地开始身体反应——微笑欢迎或对抗防御或逃避，整体而言，主要是"右脑在运行、情绪在生成"；之后，开始传送文字语言信息，对文字内容所包含的意思，基于某价值观进行分析、比较、判断，这是意识层面的理性思维在运行，整体而言，主要是"左脑在运行、理性在思维"。

甚至当情绪强烈时，开始"情绪绑架理性"——情绪掌控神经系统，人处于极端情绪状态，理性思维停止运行。比如，在吵架时，人一旦愤怒就易失去理性，为吵而吵，完全处于愤怒情绪中而不辨是非；反之，赞赏、态度佳、同理心，则愿听、偏信、易认同。

总之，在人际沟通中，人类先快速传达非语言信息而生成情绪情感，强力激发情绪情感行为，后慢速地传送文字信息，开始理性思考与权衡抉择。也就是说，人类是先进行生成情绪的沟通，后开展理性思维的沟通，简单概括为先情感沟通、后理性沟通，简称先情后理。

3.2.2　原理解析

先情后理原理的进一步解析如下。

（1）先有情绪情感生成，后有理性思维行为。

（2）情绪情感生成主要源于非语言信息，理性思维主要基于文字语言信息与逻辑思考。

（3）情绪反应比理性思维反馈速度要快几十倍。

（4）情绪情感的能量比理性思维的能量大得多。

（5）情绪情感极大地影响（促进或阻碍）着理性思维。

（6）"情绪脑"（负责喜、怒、哀、乐等情绪的产生与运行）与"理性脑"（控制所有高级、有序的抽象逻辑思维）共同促成人际沟通结果（达成共识或失败），当然两者有分工、有专属。

模块 3.3　先情后理要务

先情后理要务简单概括为先情感沟通、后理性沟通，这要求我们在人际沟通中先"谈情"、后"论理"，具体就是先沟通情感、后述说道理，有若干措施来具体实现。

视频：连长说服顺溜

3.3.1　先情后理要则

（1）先谈情，即先动之以情，或称通情、抚情、情感沟通。

（2）后论理，即后晓之以理，或称达理、讲理、理性沟通。

3.3.2　先情后理实务

1. 先沟通情感，包含积极非语言、友善情感语

（1）积极非语言：沟通中首先运用显现尊人、热情、好态度的肢体语言与语音语调，如点头、微笑、眼神交流、身体趋前的肢体动作，热情、爽朗、有中气的语音语调。

（2）友善情感语：沟通中使用情感语言，如"请……好吗？""您真是……啊！""嗯，理解您……"等语句。

视频：小子说服准岳父

2. 后述说道理，内含形式规范、内容精准

（1）形式规范：文字组织上须遵循规范原则，要求有条理、有逻辑、简洁、易懂。

（2）内容精准：内容选择上须遵循白金法则，讲述对方认为有利益、对对方有益的内容。

·先情后理实践演练

任务1：与同学进行情景沟通实践，运用先情后理原理与要务来做点评。

注：先沟通情感、再讲述对错建议；或者运用"3WEBI"方法。

任务2：运用先情后理原理与要务，与A同学沟通达成某事（如邀请他一起参加某竞赛项目或活动）。

要点回放

大脑处理信息的四个步骤是摄入信息、感知过滤、信息处理、做出抉择，感知过滤三行为是删减、扭曲、一般化。大脑先快速传达激发情绪情感的非语言信息，然后慢速传达文字语言信息并做理性分析、权衡与决定，故简称先情后理。沟通实践中要求先通情、后达理。

项目检测

一、应知知识问答

1. 大脑是怎么运行与处理信息的？
2. 根据大脑的运行模式与规律，人际沟通应遵从什么基本原理？
3. 人际沟通基本原理要求我们在沟通实践中应该怎么做？

二、应会技能实践

1. 在劝说人的情景中，运用先情后理原理与要务。
2. 在评点中，有效运用"3WEBI"方法。
3. 在销售中，有效运用先情后理原理与要务。

三、作业

1. 角色扮演沟通事务7.1或沟通事务7.2。
2. 角色扮演沟通事务5.1或沟通事务5.2。

项目 4　初识客户沟通

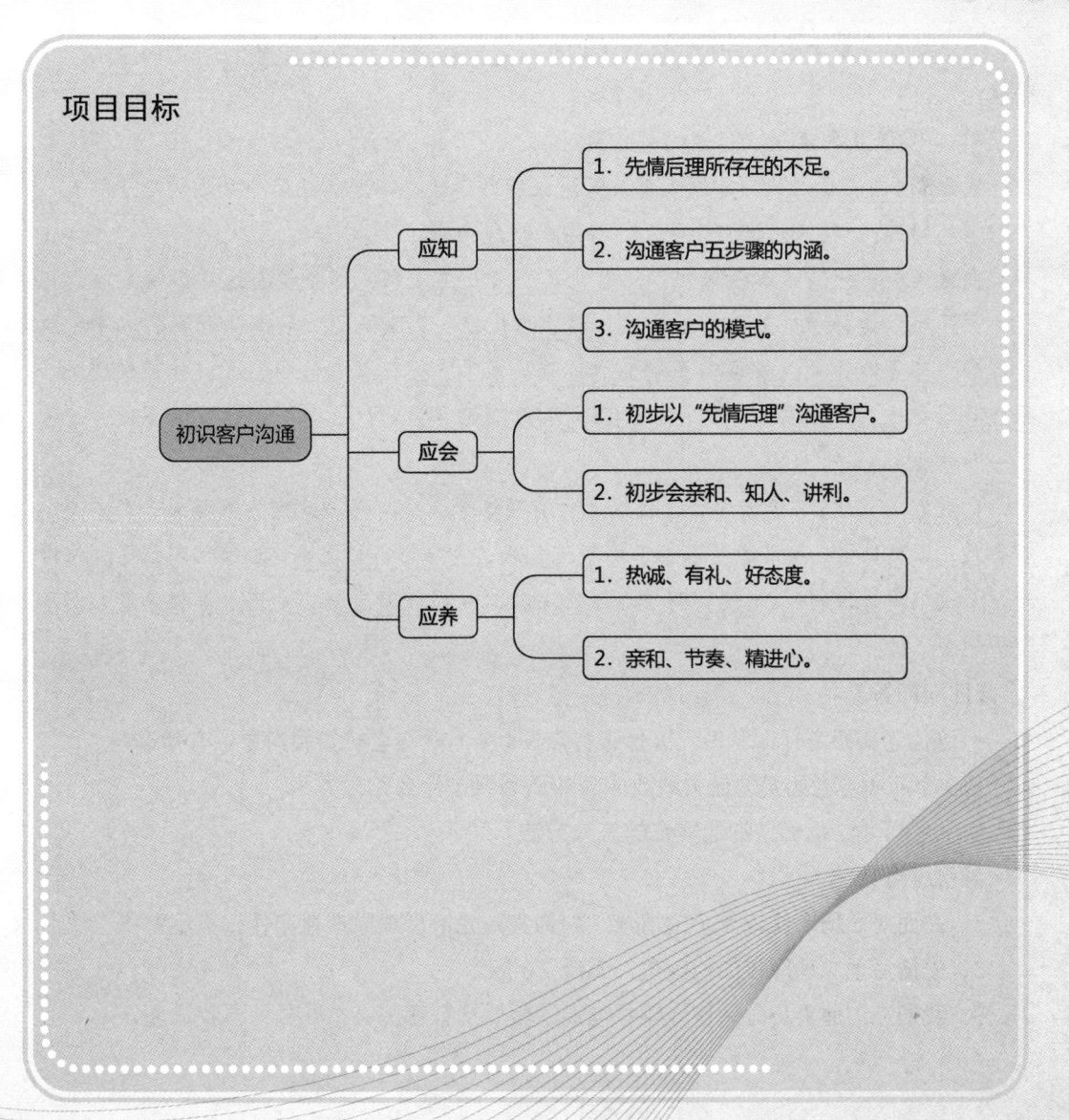

项目目标

- **应知**
  1. 先情后理所存在的不足。
  2. 沟通客户五步骤的内涵。
  3. 沟通客户的模式。

- **应会**
  1. 初步以"先情后理"沟通客户。
  2. 初步会亲和、知人、讲利。

- **应养**
  1. 热诚、有礼、好态度。
  2. 亲和、节奏、精进心。

情景导引

情景4.1　老奶奶与3个商贩

老奶奶的儿媳妇怀孕了,想吃酸李子,于是老奶奶走进市场。商贩A主动打招呼:"大娘,要不要李子啊?我的李子又大又甜。"老奶奶听了,没理他就直接走了。

老奶奶转到商贩B的摊位前,问:"这李子怎么卖?"商贩B说:"大娘啊,我这儿有两种李子,一种又大又甜,另一种是酸酸的。请问您要哪种?"大娘说:"那就来一斤酸的吧。"

当老奶奶拎着李子经过商贩C的摊位时,<u>商贩C热情地和她打招呼</u>:"老奶奶来买李子啊?"

"嗯,我来买酸李子。"

<u>商贩C问</u>:"老奶奶啊,别人都挑又大又甜的李子,您怎么买又小又酸的李子啊?"

老奶奶说:"我的儿媳妇怀孕了,特别想吃酸的东西。"

商贩C笑着说:"恭喜您啊!<u>您对儿媳妇真是用心啊</u>,如今像您这样疼晚辈的人已经不多了哦。给怀孕的儿媳妇买水果,<u>确实是应该买又酸又甜、又有高营养的。不过论营养啊,李子就比不上猕猴桃了</u>。猕猴桃号称水果之王,营养最丰富了,味道酸酸的,<u>很适合孕妇吃</u>,不如买一斤半斤的带回去给儿媳妇尝尝啊?"老奶奶听了很高兴,就称了一斤猕猴桃。

商贩C接着说:"老奶奶啊,我这儿也有酸李子,还有您喜欢吃的熟苹果、白皮李、脆香瓜,可爽口了,今后您可以经常到我这儿来,<u>我给您特别优惠</u>。这给您包好了,您慢走,下次记得过来啊。"老奶奶听了连连点头。商贩C<u>扶着老奶奶</u>走出水果摊,老奶奶乐呵呵地走了。

【即问即答】

- 这位老奶奶是什么身份?有什么特点?3个商贩与老奶奶的沟通各有什么特点?
- 3个商贩与老奶奶沟通失败或成功的原因各是什么?
- 从中可总结出哪些沟通客户的有效方法?

导引思考

1. 在面对职场中比较复杂的情景,如销售,先情后理原理存在什么不足?
2. 先情后理原理应该如何改进,升级2.0版?
3. 我们在沟通客户时须遵守哪些沟通法则?孕育哪些心态?如何自我沟通?

模块 4.1 沟通原理待升级

在一般的人际沟通中，领悟先情后理原理、遵行先情后理要务，基本可以有效应对各种沟通，助力取得良好效果。可是当先情后理原理在职场中，面对特殊的沟通对象——更加重利、不熟悉、更为敏感的职场客户时，存在着措施少、措施不够具体、实操性不足等问题，有必要进行创新升级。

4.1.1 先情后理存不足

（1）措施不具体多样。基于先情后理的沟通要务，只包含了"通情、达理"两方面的措施，即情感沟通、理性沟通两类沟通。相对而言，在沟通实践中，措施不够具体、不够多样、不够细化，应用性不足、实操性不足。

（2）流程简单不实操。基于先情后理的沟通要务，只包含了"先通情、后达理"两个步骤，过于简单，欠缺实操效果。

4.1.2 先情后理须升级

先情后理原理存在不足，所以须进行创新改进，须在措施的多样性、丰富性、具体化落地、细化、流程化等方面进行加强，以增进可行性、有效性。

（1）多样。须采取多样措施，可实施的工具与措施须丰富。从肢体语言、声音语言、文字语言各方面选取多种多样的措施，如保持良好形象、微笑、点头、欠身、握手、进行眼神交流、记笔记，以及声音有中气、有节奏、抑扬顿挫、运用情感语等。

（2）务实。沟通中可采取的措施须具体化，须务实落地。如情感沟通，要具体化为亲和的态度、有礼地招呼、热情地寒暄、耐心地聆听、有同理心地理解、赞赏肯定等言行。

（3）序化。多种系列措施，在运行中可流程化，以便于实操。多种系列措施可以组合为几个言行环节，各环节前后有序，简单易把握，实操易熟练。

先情后理原理有待升级，从过于简单、不好实操把握的"先通情、后达理"二步骤，创新升级为多个步骤、前后有序、内含系列措施的沟通客户五步骤。

模块 4.2　沟通客户五步骤

情景 4.1：老奶奶与三个小贩

三问：小贩 A：好在哪里？败在何处？对你有什么启发？

小贩 B：成功在何处？对你有什么启发？

小贩 C：好在哪里？对你有什么启发？

解答：小贩 A 对老奶奶热情招呼，但其所说的内容"大而甜的李子"不符合老奶奶的需求，所以老奶奶直接走开了。

小贩 B 对老奶奶所说的内容"有甜李子、也有酸酸的李子"符合老奶奶来水果摊的需求，于是老奶奶就不做太多思考，直接买了酸李子。

小贩 C 的沟通言行极其高效，措施多样、前后有序、言行直达老奶奶的心坎儿，让老奶奶既愉悦又心动，在已经买了东西的情况下再买同类东西，实现了原本不可实现的目标，非常难得。小贩 C 展现了超高的沟通水平。

小贩 C 的言行表现是招呼、微笑、关心询问、聆听、赞赏，此系列行为让老奶奶开心；小贩 C 通过观察、询问、聆听等行为，知道了老奶奶的需求；小贩 C 对老奶奶说孕妇需要营养，李子的营养没有猕猴桃高，猕猴桃是水果之王，这说到了老奶奶的心坎儿上，让老奶奶心动；当老奶奶听后有些心动但犹犹豫豫是否买一点时，小贩 C 热情地趁机说"买一斤半斤的带回去给儿媳妇尝尝"，这推动了老奶奶的下单决定；包好猕猴桃，再介绍其他水果、给优惠、扶送老奶奶，此系列行为让老奶奶进一步心动认同，从而建立良好关系。

启发：沟通客户时须遵行先情后理原理与要务。

沟通客户时须实施系列有效措施。

沟通客户时须采取前后有序的步骤。

4.2.1　沟通客户五步骤简介

小贩 C 接待老奶奶的系列言行是经过科学组织的，不是随意无序的，是有机组合、前后有序的。首先，招呼、微笑、关心询问、聆听、赞赏，以此让老奶奶动心，属于亲和客户的沟通；其次，通过观察、询问、聆听等行为，了解老奶奶的需求，这是有效了解客户的沟通；再次，对老奶奶说孕妇需要营养，李子的营养没有猕猴桃高，猕猴桃是水果之王，这说到了老奶奶的心坎儿上，这是有效表述的沟通；然后，当奶奶有些心动但犹犹豫豫时，热情地趁机说"买一斤半斤的带回去给儿媳妇尝尝"，这推动了老奶奶的下单决定，这是促进成交的沟通；最后，将水果包好后，再介绍其他水果，承诺优惠并扶送，这让奶奶更加心悦，这是良好的售后服务；另外，当客户不满意、不认同时，须保持同理心，理解客户心理，询问哪里不满意与为何不满意，针对性释疑解惑，适当促成。以上归纳为亲和客户、了解客户、有效表述、促成共识、化解异议五步骤。

（1）亲和客户：通过系列言行让客户开启心门、心生愉悦，培养亲和关系。

在沟通中有一条根本法则：不被接受就不可能开始。所以，须先以亲和力抓住人心。具体方法：热情招呼、寒暄、聊共同的兴趣爱好、赞美、聆听、表达同理心等。这就是亲和客户。

（2）了解客户：通过系列方法充分了解客户的性情、爱好、内心需求。

俗语云："认识人、了解人，你就无所不能。"知客户性情才能选择客户偏好的沟通方式，晓客户需求才可以说到客户的心坎儿上，了解客户才能有的放矢。这就是知人。

（3）有效表述：根据客户的性情选用合适的方式，根据客户的需求进行针对性讲述，让客户认知收益。

只有选择适合的沟通方式才会让客户愿意听、听得懂，只有针对性的内容才会让客户充分认知到有价值、有利益、需求可满足，从而心动。此言行过程就是有效表述。

（4）促成共识：当客户心动但犹豫时，要帮助客户决断。

虽心动，但仍存有骄矜之心——先暂不答应，被若干次请求后再勉强答应，故此时务必给客户一个助推力——热情要求"成交"，这就是促成共识。

（5）化解异议：面对异议时最忌讳当面否定或辩驳，应以同理心来化解异议。

促成共识之后可能出现两种情况：认同或不认同。认同则沟通成功，此时须对客户继续或更加友好、殷勤地服务；不认同则继续沟通，重复前述沟通言行，须化解而力避说服。很少有人会一说就应、一说就服，可能会存在情感上的面子问题、内容上的疑惑不明，从而提出异议。若当面否定或辩驳将使客户关闭心门、停止沟通，故须先表达同理心，然后询问异议的内涵与产生的原因，再换一个思路解释与讲述客户价值，这就是化解异议。

沟通客户五步骤存在着前后的逻辑关系：首先要做到让客户开启心门、心生愉悦，以培养亲和关系，同时要充分了解客户的性情与内心需求，在了解客户需求后要据客户需求进行针对性讲解，在客户已心动但仍犹豫不决时，恰当地助力客户做出决定，如遇客户异议则有效化解而忌争辩，最后锦上添花的是在成功之后须更加友好地提供良好服务。整个沟通过程为亲和客户→了解客户→有效表述→促成共识→化解异议。概括为先沟通情感以亲和客户，继研观问听以知悉客户，后解说利益以使客户心动，末临门一脚以促成共识，最后表达同理心、针对解释以化解异议。

4.2.2　各步骤的重要性

沟通客户五步骤是成功沟通所必需的，每一个环节都不可或缺。成功沟通是沟通五步骤所构成的一个闭环，任何一个环节出现问题，沟通都可能会出现问题，极可能前功尽弃。各环节在沟通中的重要性如下。

（1）亲和客户是客户沟通的首要步骤，是沟通大厦的根基。

（2）了解客户至关重要，是有效沟通的必要条件。

（3）有效表述非常重要，精准才有效果。

（4）促成不可或缺，人在犹犹豫豫时非常需要他人推一把而做出决定。

（5）化解异议是关键与决定性环节，跨过去即阳光明媚天，出不去则永处黑障。

在沟通客户实践中，对于亲和、知人、表述、促成等沟通行为，初入职场者与资深优秀业务员，据研究总结，存在根本不同，如表 4.1 所示。

表 4.1　"菜鸟"与销冠

	寒暄关心，拉近关系，培养良好关系	了解客户需求，关心客户需求想帮助解决	滔滔不绝地陈述自己的观点	推客户答应，催促签单	客户的心理感受
"菜鸟"精力分配	5%	10%	35%	50%	没心动，生厌烦
销冠精力分配	50%	35%	10%	5%	心情愉悦，不禁心动

模块 4.3　沟通客户遵模式

职场中沟通客户，要基于人性需求、沟通原理与法则、职场规则来开展沟通，包括遵从先情后理原理与要务、遵行信息传达三部曲与沟通基本五要求、遵行听说读写、遵行四规范与沟通客户五步骤、遵行有效沟通六法则与职场沟通九要则。有效开展沟通还须孕育"阳光七心"及进行自我沟通。

4.3.1 一原理二要务

（1）遵行先情后理原理，即在人际沟通中，首先沟通好情感，然后讲述道理。
（2）遵行先情后理要务，即先通情、后达理。

4.3.2 三部曲五要求

（1）遵行信息传达三部曲，内含先做好非语言、精准表达内容、三信息须契合。
（2）遵行沟通基本五要求，包括先表达出、态度优良、媒介适当、内容正确、对象正确。

4.3.3 四规范五步骤

（1）遵行听说读写四规范：听要求肢体语言动人心、文字内容入人心；说要求形体表情先动心、语音语调悦耳、言说内容入心；读要求全面、细致、准确；写要求规范、准确。
（2）遵行沟通客户五步骤：亲和客户→了解客户→有效表述→促成共识→化解异议。

4.3.4 六法则九要则

（1）遵行有效沟通六法则，内含信息如实、信息契合、方式恰当、尊重亲和、适当技巧、依情权变。

在职场沟通中，除了遵行沟通五步骤，在某些场合运用适当的方法、技巧可更加有效地促进沟通共识，或必须遵行某些沟通规则与注意事项以确保沟通顺畅。比如，在情景4.1中，小贩C运用夸赞、效益对比、FAB表述等方法取得好效果。总结实践中有助于达成沟通共识的系列规则的遵循、运用，包括6个方面：沟通中信息是否真实客观、所传达信息是否契合外部环境、是否运用恰当的沟通方式、是否尊重客户人格以孕育亲和关系、在特定情景下是否有效运用适当技巧、依据不同情景是否会权变沟通，总结如下，具体内容详见项目10。

- 信息如实：沟通首要，真实客观。
- 信息契合：契合情景，相互契合。
- 方式恰当：恰当方式，匹配情景。
- 尊重亲和：尊重人格，孕育亲和。
- 适当技巧：一景一法，高效成果。
- 依情权变：事务不定，依情权变。

(2) 遵行职场沟通九要则。职场沟通九要则是指九类典型的沟通事务要则，包括接待客户、出差洽商、同事商讨、上下沟通、接待销售、拜访推广、异议投诉、公众汇报、现代沟通等要则。具体内容详见项目 11。

4.3.5　修炼七心八式

1. 孕育"阳光七心"

"沟通他人，首先是沟通自己。"若自己尚且心境不定、消极思维、怨天尤人、缺乏爱心，那自然没有正能量激发，也就不能感染他人、没有影响力，自然不能有效沟通他人、不能达成共识。先情后理实施、沟通流程遵行、沟通法则遵行，需要基于一项核心要素——通过积极自我沟通孕育阳光心态（具体内容详见项目 12），内涵如下。

(1) 尊敬。

(2) 感恩。

(3) 相信。

(4) 善念。

(5) 爱心。

(6) 重事。

(7) 舍得。

2. 自我沟通八式

(1) 共赢观念。

(2) 积极聚焦。

(3) 积极设问。

(4) 积极定义。

(5) 肯定认同。

(6) 正面语词。

(7) 正向冥想。

(8) 活力身心。

小结沟通客户实践要求：

- 先情后理是基础，先谈情而后论理；五步六法当遵循，有效沟通自可期。
- 尊重亲和是首要，重情重义育亲和；知人知面可知心，佐证条理讲利益。
- 心动时分助一力，同理心化解异议；真实契合是基本，方式恰当助效益。
- 技巧特效适当用，权变不定据情依；沟通自己是前提，阳光七心葆顺利。

要点回放

先情后理原理具体化为有助实操的五步流程——亲和、知人、表述、促成、化异，以及遵循有效沟通六法则；沟通是一个内含基础知识、实践技能的圆融体系。

项目检测

1. 招呼、问候、询问、赞赏肯定、专注聆听等行为，令人＿＿＿＿，属于＿＿＿＿＿＿。
2. 讲利益、讲优点、佐证、做比较等沟通行为，让人＿＿＿＿＿，属于＿＿＿＿＿＿＿＿。
3. 沟通客户五步骤：＿＿＿＿＿＿→＿＿＿＿＿＿ → ＿＿＿＿＿→＿＿＿＿＿＿→＿＿＿＿＿。

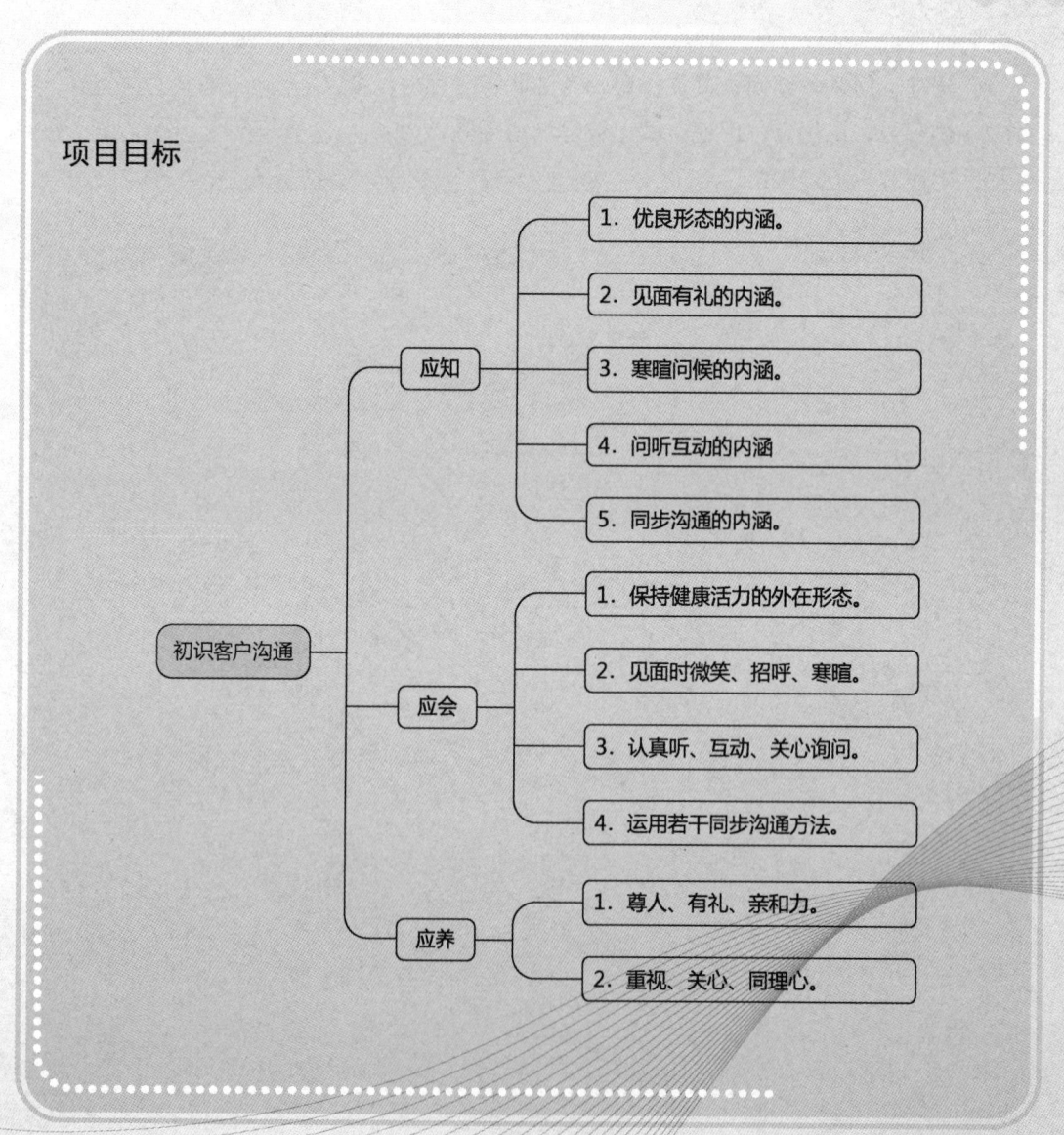

项目 5　亲和客户五措施

项目目标

- 初识客户沟通
  - 应知
    1. 优良形态的内涵。
    2. 见面有礼的内涵。
    3. 寒暄问候的内涵。
    4. 问听互动的内涵
    5. 同步沟通的内涵。
  - 应会
    1. 保持健康活力的外在形态。
    2. 见面时微笑、招呼、寒暄。
    3. 认真听、互动、关心询问。
    4. 运用若干同步沟通方法。
  - 应养
    1. 尊人、有礼、亲和力。
    2. 重视、关心、同理心。

项目 5 亲和客户五措施

情景导引

视窗主人公：亲和力不足

经过有效沟通基础培训后，邵帅在办公室表现不错，屡获主任的表扬。随后，邵帅请求调到一线营销部锻炼，经过几番努力最终如愿。邵帅兴冲冲地到一线开展业务工作，急切、热情地冲向客户，并且充满激情与自信。

经历情景：邵帅一见到客户就急匆匆地走上前，滔滔不绝地介绍产品的特性，客户稍有疑问就抢着回答，犹如背书，恨不得把他所知道的一股脑儿都说出来。但是客户低着头，面无表情，开始左顾右盼。最后客户说："小邵啊，今天我还有事，下次有空再谈吧。"

一瓢凉水浇头。

邵帅茫然了："这么好的东西，我又这么热情、真诚，客户怎么就不理我了呢？"

于是他回去请教经理，经理简单地做了几点启示，主要是邵帅一直自顾言说，没有亲和力，没有说到点子上，客户自然就不爱听、没兴趣听。

经理让邵帅自我反省，认识不足，同时多看一些客户心理、营销类的书籍。

邵帅烦恼之余，恰好一朋友告知：杭州培训大厦周末有心灵沟通大师尚老师的《用心沟通致力培养亲和力》讲座，邵帅当即报名。

在培训过程中，邵帅认真做笔记，课后反思咀嚼。

活动 5.1 亲和力测试——你令人悦纳还是讨厌？

对下题做"是"或"否"的选择，"是"则填"1"，"否"则填"0"：

现在　学期末

1．在匆忙行走的路上，当别人和你打招呼时，你会停下脚步同他聊聊吗？
___是/否___

2．在与朋友交谈时，你是否总是以自我为中心？　　　　　　　___是/否___

3．聚会中不到人人疲倦，你是否会告辞？　　　　　　　　　　___是/否___

4．不管别人有没有要求，你是否都会主动提出建议，告诉他应该怎么去做？
___是/否___

5．你讲的故事或佚事是否总是又长又复杂，别人需要耐心地去听？___是/否___

6．当他人在融洽地交谈时，你是否会贸然插话？　　　　　　　___是/否___

7．你是否会经常津津有味地与朋友谈起他们不认识的人？　　　___是/否___

8．当别人交谈时，你是否会打断他们的谈话内容？　　　　　　___是/否___

9．你是否觉得自己讲故事给别人听比别人讲故事给你听有意思？___是/否___

10．你是否常提醒朋友要信守诺言，提醒他"你记得吗"或"你忘了吗"？
___是/否___

11．你是否坚持让朋友阅读你认为有趣的东西？　　　　　　　　　　___是/否___
12．你是否经常打电话没完没了，让其他人在一旁等得着急？　　　___是/否___
13．你是否经常发现朋友的短处，并要求他们改进？　　　　　　　___是/否___
14．当别人谈论你不喜欢的话题时，你是否就不说话了？　　　　　___是/否___
15．对自己种种不如意的事情，你是否总喜欢找人诉苦？　　　　　___是/否___

现在得分____；学期末得分____

注：如果总分高于5分，则说明你在许多方面令人讨厌，在日常交往中须注意改进。

【即问即答】

- 你在哪些方面让人愉悦？在哪些方面可能会让人不舒服甚至令人讨厌？
- 为什么？如何改进？

"现在≠未来"。从现在开始吧！

情景5.1 从"菜鸟"到成熟：欠缺到拥有亲和力

对于亲和力，享有"营销之神"之名的原一平有着深刻理解。他身高1.54米，身材矮小，长相普通，毕业于东京商业专科学校。从刚毕业时的青涩躁动到日后的可爱可亲，原一平充分体验了什么叫亲和力、怎样才可以有效沟通。

原一平在进入保险公司的第一年，拜会了一家寺庙的住持。他在回忆当时的情景时说："由于对方毫无拒人之意，我就在内心浮起会心一笑。一进入寺庙，刚刚坐定，我就面向住持先生滔滔不绝地说出投保对僧人有哪些好处，当时的气氛之佳，使我不自觉地在心中告诉自己'这一趟路没白跑，缔约必成。'可是我做梦也没想到，从头到尾一声不吭地倾听的住持，突然说出的一句话，有如给我当头一棒，让我愣了半天。"

住持究竟说的是一句什么话呢？他说："人呀，还是要在初次会面时有一种强烈的吸引人的东西。如果做不到这一点，你的将来就没有什么发展可言。"

之后的原一平，用他"婴儿般纯真无邪的笑"及恭敬、寒暄、请教、聆听、互动等方式，给客户留下美好的第一印象，使他在保险行业成绩远超同行。

【即问即答】

- 如何让人一眼生厌？如何让人一眼产生好印象？
- 原一平失败与成功的原因各是什么？
- 这对你有什么启发？

导引思考

1．亲和客户有哪些措施？
2．做到亲和客户系列措施取决于什么？

只有与客户培养了亲和关系，才可以开启对方心门、继续沟通。

亲和关系是沟通者之间因为融洽、一致、调和、同族等因素而产生的一种相互愉悦、欣赏、接受的心理感受及亲近和睦的人际关系。与之相关，亲和力是指一个人或一个组织能够和他人互尊互信以消除人际沟通障碍进而培养良好关系的能力。亲和关系对于沟通的意义重大：亲和关系决定沟通成败——有则成、无则败；亲和关系奠定沟通基础——筑根基、首环节。所以说，"一切沟通的质量首先是沟通者本身的质量"。

影响与决定亲和关系的要素有多个方面，主要概括为形象仪态、招呼礼仪、言行呼应、关心询问、聆听互动、运用同步法则等。图 5.1 所示为亲和关系培养路径模型图，具体归纳为保持优良形态、见面有礼、寒暄问候、问听互动、同步沟通五项措施。其中，做对了某一言行未必显现正面效果，但如做错了某一言行则立即产生负面效果。

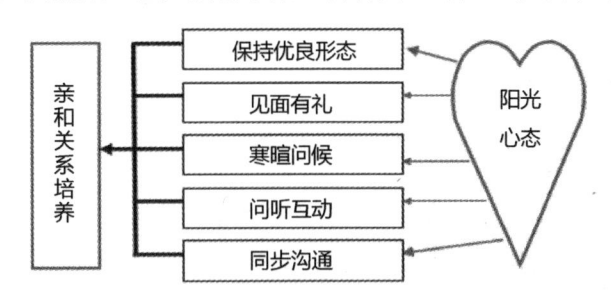

图 5.1　亲和关系培养路径模型图

模块 5.1　保持优良形态

人们感知他人是通过远观形象、近瞻容颜再交谈来达成的，一般一眼注视、一句"您好"就形成了第一印象。陌生人见面时一开始的 7 秒钟最重要，甚至有研究表明，建立良好的第一印象只需要 500 毫秒，"一见倾心"大约需要 50 毫秒，这说明建立第一印象的速度之快；"人靠衣装马靠鞍""以貌取人""三分长相七分扮"，这说明外形重要；"七秒印象、七十年影响"，这说明影响持久。建立良好的第一印象与培养亲和力的前提是保持优良形态，这就必须做到形象健康精神、仪表热情动人、举止尊敬有礼。

1. 健康精神的形象

衣着、头发整洁、得体（见图 5.2），体态挺拔、稳重，给人美好的第一印象，这是有效沟通的开端。

图 5.2　整洁得体的衣着、头发

1）衣着：整洁、得体

（1）衣着整洁即衣着整齐、清洁。衣服干净、穿戴整齐，这是对衣着的基本要求。尤其是对于学生、初入职场的人士而言，衣着无须贵重，但必须整齐、洁净。

（2）衣着得体即符合身份场合。在商务活动中适宜着正装：男性一般着深色西装（黑色、灰色或藏青色）、白色或浅蓝色衬衫、黑色袜子和黑色系带皮鞋，全身服饰颜色不超过三种，领带适宜打严谨的商务结（俗称"温莎结"）；女性一般选择西装配裙，色泽除了庄重的深色，也可选择较明快的色调，西装裙不能太短，着长筒丝袜。另外，有地位、年龄较大的女性对衣服的质地要求较高，这与年轻人重款式、轻质地有较大的区别。

温莎结

2）头发：整洁、得体

（1）头发整洁：忌头发蓬乱、油污、纳垢，让人不忍直视。头发整洁是基本要求之一。

（2）发式得体：发式须与自己的脸型、肤色、体形相匹配，与自己的气质、年龄、身份相吻合，即合适。

3）体态：挺拔、稳重

人款款走来，远观或近看，或行如风，或立如松，令人望之而心生好感，正可谓"挺拔平添精神，稳重滋生优雅"。

（1）挺拔：随时挺胸收腹以保持挺立。站则挺胸收腹、上下垂直、双眼平视前方，形象要求"立如松"；走则身体正直、脚步轻盈、不拖拉，形象要求"行如风"。

（2）稳重：整个人稳定，没有大动作。不晃、不扭、不摇、不东张西望、不东倒西歪、不耸肩驼背、身体不靠桌椅、不做过多手势，如此显现自信、淡定、优雅，易让人亲近。

2. 热情动人的仪表

基于人类的生存本能，人类对发自内心的情感信息有着本能的感知与反应——或者生出积极情感而亲近和睦，或者感觉危险而心生防御排斥。所以，热情动人的仪表可瞬间打动人心，给人留下深刻的印象，如真诚友善的微笑、亲切注视的目光。

1）微笑：真诚、友善

真诚的微笑是"社交的通行证"。不管是在商界还是在普通的人际交往中，微笑都是叩开对方心灵最好的方法。"营销之神"原一平说："当你笑时，整个世界都在笑；一脸苦相的人，没有人愿意理睬你。"

怎么微笑？唇部向上移动、呈弧形、微露齿，此时最美、最有感染力。微笑不仅是嘴两边的肌肉呈"U"形，更关键的是发自内心，以传达友善、热情的信息；否则脸部众多肌肉就会不协调，出现"皮笑肉不笑"。

2）目光：注视、亲切

"眼睛是心灵的窗户"，瞳孔是心理活动高度灵敏的显像屏幕。人类本能地通过目光来感知对方以判断安全还是危险，因而形成了习惯：要注视但不等于盯视，安于亲切有神的眼光。注视有要求：时间长短适宜，部位务须得当，角度、方式适当。

（1）时间长短适宜：以占全部相处时间的 1/3～2/3 为宜。不到 1/3 的时间，此时目光游离，显示轻视、不诚实或企图撒谎；占 1/3～2/3 的时间，不时注视对方，表示友好与尊重；超过 2/3 的时间，如凝视甚至盯视，会让人不安、心生疑惑。

（2）部位务须得当：注视不同部位显出不同信息、代表不同关系，故不同场合、不同对象、不同部位须匹配。注视部位分为三个：以两眼为底线、额中为顶角构成"注视上三角区"，称为"正视三角区"或"公务凝视区"；以两眼为底线、唇心为下顶点构成"注视倒三角区"，称为"亲和三角区"或"社交凝视区"；双眼及从唇心到胸部的区域，称为"亲密三角区"或"亲密凝视区"。

① 注视上三角区：表示严肃、认真、公事公办，这属于公务注视，让人觉得有诚意，适用于业务洽谈、贸易谈判等正式场合。

② 注视倒三角区：表示礼貌、尊重对方，这属于社交注视，适用于酒会、舞会、茶话会等社交场合。

③ 亲密三角区：这属于带有感情色彩的亲密注视，只适用于关系非常亲近的亲人与爱人之间，而其他人如此注视会让人感觉受到冒犯。

（3）角度方式适当：直视是比较通行的，凝视、盯视会让人感到不安，虚视显现无神，扫视表示好奇，俯视更多显现傲慢。

① 直视：表示认真、尊重，适用于多种情况。

② 凝视：表示对交往对象的专注、恭敬，但会令对方感到不安。

③ 盯视：不眨眼地、目光集中地看，会使对方感到被冒犯。

④ 虚视：目光游离，表示胆怯、疑虑、走神、疲劳、失意、无聊等。

⑤ 扫视：表示好奇、吃惊。

⑥ 俯视：居高临下地看，既可表示对晚辈的宽容、慈爱，也可表示轻视、傲慢。

（4）目光亲切、有神：目光亲切、有神，则让人感受友善、专心；相反，目光冷漠、失神，则让人内心抗拒、心门关闭。

3. 尊敬有礼的举止

秀外还须慧中，外在美固然重要，内在美才是本质。举止大方得体、有内在涵养更为人们所喜爱。具体要求是身姿端正、尊人，举手优雅、礼敬、投足稳重、致礼。

1）身姿：端正、尊人

面对客户近坐或站立沟通，必须身姿端正以显自信、正气、端庄，同时对客户表达礼貌、尊重。这就是自尊、尊人，自重、重人。

（1）端正：身体正直、稳重端庄、目视对方。形象要求坐如钟、立如松、眼看对方。

（2）尊人：倾身示敬、点头示意、前移示情，表达对客户的尊敬、赞赏及被吸引。

2）举手：优雅、礼敬

（1）优雅：两臂自然下垂、顺势动作。具体要求是坐时双手放在膝盖上，站立时双手轻握置于身前；以肢体动作来辅助传达信息，如摊开双手、向下挥手、竖大拇指、摇手等，但动作幅度不宜过大。

（2）礼敬：施之以礼、尊之以敬。举手招呼、握手、抱拳，以及展开双手欢迎、拥抱，都是在施礼、表达尊敬（见图5.3）；竖大拇指、鼓掌，则表达认同、赞赏、钦佩。

图 5.3　握手、施礼

忌讳与须避免的几个手部动作：双手交叉在胸前、将手插入裤装里、手上不停把玩其他物件，这显示出对客户的淡漠、不信任、对抗或自己的内心紧张不安；摆衣角、咬手指甲、摆弄小物品及手摸后脑勺等小动作，这样既不庄重，也显得缺乏自信。

3）投足：稳重、致礼

坐或站立沟通时，一般人会有无意识的小动作，如抖腿、晃腿等，这会被客户潜意识负面感知到，从而影响亲和关系的建立。投足要求稳重、致礼。

（1）稳重：淡定不动、跨距不张。具体要求：坐须两腿垂直或双双斜放（见图5.4）、间距不宜过大、腿不晃抖、不跷二郎腿、腰挺直、后不靠背，坚决禁止如图5.5所示的坐姿；站须两脚跟相靠，脚尖分开45°～60°，重心落在两脚间，两腿并拢直立、臀部上提。

(a) (b)

图 5.4 正确的坐姿

(a) (b)

图 5.5 不当的坐姿

(2)致礼：停步施礼、趋近致意。到面前或路遇时停步，招呼以施礼；面对面就座或站立沟通时须趋向对方、拉近距离，具体要求：脚尖朝向客户、椅子移近坐，以表示尊重、关注。

保持优良形态要求我们拥有健康精神的形象、热情动人的仪表、尊敬有礼的举止。简单要求就是得体、整洁、人精神，点头、微笑、眼交流，大方、有礼、尊重人。

模块 5.2　见面有礼

"不学礼，何以立？""非礼勿言，非礼勿听，非礼勿视，非礼勿动。"

——《论语》

远观近看之后就开始了行动接触——打招呼、握手、递接名片、寒暄，这个见面过程内含诸多礼仪，合乎对方心理需求则令其感受到尊重、温暖，其自然开启心门、激发愉悦、产生亲近感，进一步培育亲和关系，如情景5.2，之后就可以顺畅地沟通洽谈。

情景 5.2　见面有礼

音乐家朱先生第一次来酒店，门厅服务员向他微笑致意："您好！欢迎光临我们酒店。"朱先生第二次来酒店，这位服务员认出他来，边行礼边说："朱先生，欢迎您再次到来，我们经理有安排，请上二楼。"随即陪同朱先生上了楼。时隔数日，当朱先生第三次踏入酒店时，这位服务员脱口而出："欢迎您又一次光临。"

朱先生十分高兴地称赞这位服务员："不呆板，不机械。"这位服务员受表扬，缘于其并非只是鹦鹉学舌般见到客人说一句"欢迎光临"，而能根据交际情景变化活用不同的待客礼仪。

由于场合、身份、年龄、性情、情绪等因素，我们需要运用不同的言行礼仪，但这些言行礼仪也有共同之处——约定俗成的见面礼仪规范。一般情况下的见面礼仪如下（虚线框内的内容）：

点头、微笑、眼交流→｜尊敬招呼→握手→递接名片→顺致小礼｜……→正式沟通

1. 尊敬招呼

恰当地称呼别人，是给他人留下良好印象的重要一步，可以拉近上下级、同事、客户

和朋友之间的关系；反之，运用不当则很有可能带来不必要的障碍。打招呼须合乎礼仪，要注意肢体语言、声音语言、文字语言的恰当组合运用，以体现自身的教养和对对方的尊重，以及双方的关系。在沟通实践中我们应做到，肢体动作尊重有礼、语音语调热情自信、尊称问候内容恰当。

1）肢体动作尊重有礼

正确的肢体动作具体如下。

（1）停步站立，身体微微前倾，或者点头、鞠躬，发自内心愉悦地笑。

（2）眼睛注视客人，与客人进行眼神交流，目光保持亲切、柔和。

（3）一般在相距客人1.5米左右时进行问候，这会让人感觉比较舒适。

2）语音语调热情自信

打招呼时须语速适中、音量较高。不同的语音语调传达出不同的情感信息与含义，呈现出不同的效果。比如，与王经理打招呼："王经理，您好！"，附着于文字语言"王经理""您好"这五个字之上的语音语调非常重要。

（1）语速适中：针对不同客人调整语速，尽量与客人的语速保持一致。语速过快，客人会觉得你不耐烦、不在意；语速过慢，客人会觉得你漫不经心。

（2）音量较高：保持音量适中，以使对方听清为宜，也可以适度升高音量以显示热情。声音过高是情绪激动（兴奋或愤怒）的表现，如此打招呼会令客人产生不安而导致误会；声音过低则显得懒散、敷衍，客人会感觉你缺乏热情与尊重。

3）尊称、问候内容恰当

以尊称加问候来表达对对方的尊敬，如"王总，早上好！"

（1）尊称。称呼对方时，一般以"姓+尊称"来称呼。商务中一般分为职务、职称、泛尊称，如"张董事长""王副经理""李工程师""赵老师""周医生""吴伯父""郑女士""黄先生""陈大姐"……"经理好"与"王经理好"只有一姓之别，但传递的信息截然不同：前者说明不熟悉、姓名不知；后者说明知悉姓名来历、有备而来。

（2）问候。见面时打招呼的用语须礼貌，注意时空感，避免千篇一律。在沟通实践中，可在一般性问候的基础上加入一些变化与应景的话语。

① 一般性问候。

比如："您好！""很高兴又见到您！"

② 个性化问候。

问候语中加入时间内涵。比如："早上好！""中秋节快乐！"

问候语中加入性别内涵。比如："先生早上好！""王女士，很高兴又见到您！"

对于熟识的客人，可以采用个性化问候。比如："好久不见了，李总。"

对对方的工作、生活、身体等具体情况做关心问候。比如："好久不见了，王经理。最近您的腰可好些了吗？"

③ 问候中带上客人的姓氏。

姓名被人记住会立即产生好感，姓名被人忘记油然感到不快。所以务必记住别人的姓名，招呼中带上他的姓氏。如乔·吉拉德能准确无误地叫出每一位客户的名字，这帮助他成为全球"第一汽车销售大王"。

比如，前台服务员说："很高兴再见到您，王先生，没过多长时间，对不对？"

比如，负责引导的侍应生一见客人过来就说："李总好！请往这边走。"

2. 握手

俗语说："说 100 句话不如一次用力握手。"握手是沟通心灵、交流情感的有效方式之一，但不同国家、不同民族有着各自的规范要求，须万分注意、不能触犯。一般性握手规范如下。

握手

1）握手次序：尊者为先

遵循"尊者为先"原则：上级在先、长辈在先、主人在先、女士在先。当朋友、平辈见面时，主动伸出手者则表现得更有礼貌。

2）标准姿势：自然亲近

（1）身体空间要求：握手时两人相距约一步（约 75 厘米），上身稍向前倾 15°，右臂自然向前伸出与身体呈 50°~60°。

（2）手掌部位要求：伸出右手，四指并齐，拇指张开，掌心向左，手掌与地面垂直。

（3）握手时间要求：上下轻摇，一般以 2~3 秒为宜。

（4）握手力度要求：感觉到的力度大约为 2 千克，忌轻、慢、冷的"死鱼"式握手。

（5）握手注视要求：友善地看着对方、微笑致意，切不可东张西望、漫不经心。

3）规矩要求：尊重合礼

（1）用右手握手，严禁用左手握手。如果是"双握"式握手，则应等双方右手握住后，再将左手搭在对方的右手上，以表示更加亲切、更加尊重对方。

（2）握手前须脱帽、摘手套。切忌戴手套握手，若实在来不及脱掉，则应向对方说明原因并致歉；不过在隆重的晚会上，女士如穿着晚礼服并戴着通花长手套，则不必脱下。

（3）男女握手时，女士只需轻轻地伸出手掌，男士稍稍握一下女士的手指部分即可，不能握得太紧，更不可握得太久。

（4）拒绝对方握手属无礼，但手上有水或不干净时，应谢绝握手，并解释及致歉。

4）禁忌避讳

有若干握手禁忌须避免。

（1）不尊人：不讲先后，不脱手套，目光游移。

（2）违习俗：左手相握，滥用"双握"式握手。

（3）显鲁莽：掌心向下，用力过猛，时间太长。

（4）缺精神："乞讨"式握手，"死鱼"式握手。

"双握"式、"乞讨"、"死鱼"式

边学边练

模拟客户接待、聚会等场景，练习握手，点评之。

3. 递接名片

名片是一个人身份的象征，是一个人的信使。递名片与接名片的动作透露了一个人的教养、情绪等信息，客户会因此对你产生喜好或嫌恶的情感。在什么时候、什么地点、向什么人、怎样递接名片是一门学问，不得马虎随意，且须遵循"尊敬""方便"原则。

1）递名片：像手捧金砖一样送出名片

递名片的流程：微笑注视对方，欠身、双手、正面递送，同时说一些客气话。具体要求：趋前、立定、脚并拢，微微欠身做鞠躬状，如果是坐着则起立欠身；用双手的拇指和食指分别持握名片上端的两角递给对方；名片应正面朝向客户（对自己而言是反向的），以便于客户阅读；递送时说一些"我叫×××，这是我的名片，请笑纳""您好，王经理，非常荣幸拜见您，我是×××公司的×××，这是我的名片，请多多……"等客套话。

2）接名片：像领奖状一样恭敬地接名片

接名片的流程：尽快起身，面带微笑，用双手拇指和食指接住名片下方的两角，并说"谢谢""能得到您的名片，深感荣幸"等尊敬语，随后微笑阅读名片。阅读时可将对方的姓名、职位念出声来，并抬头看看对方的脸，使对方产生一种受重视的满足感。

接名片后不能随便乱放，先放在桌上，在洽谈时顺便放入名片夹；如果自己没有名片或没带名片，就先向对方表示歉意，并如实说明理由。

3）交换名片：记住姓名、珍重名片

在与他人交换名片时，要养成记住对方姓名的习惯，如默念对方的名字及名片上的内容、寒暄一下姓氏典故。此外，要保持名片的整洁，不要在自己或他人的名片上随意涂改或做笔记，以免让人心生不快。

避免细节错误：

（1）急着放入口袋，这是既不尊重又没了解客户的行为。

（2）随便放、塞、折名片，这些都是怠慢客户、会让客户感觉受到侮辱的行为。

边学边练

模拟拜访客户的见面礼中的递接名片：同学们先相互练习、相互点评，然后推举同学上台演示，并进行点评。

4. 顺致小礼

与客户初次见面时，顺便带点适当的礼物可表示对对方的礼貌与尊重，一般情况下会给对方留下良好的印象。但凡事都有两面性，也存在令对方尴尬、感觉被误会而产生反感的风险。所以要合情合理，以让人感受真心、不让人承受压力为原则。

1）礼物饱含情意

礼物重在表达情意与真心，"礼轻情意重"，那些特别显现自己心意的东西会让人感受到真情。比如，自家公司生产的工艺品或经营的小产品、出差时带回来的小礼品及对方喜好的物品，会让人感受到真心情意、觉得有价值。贵重物品反而会让人承受莫大的压力，有碍于沟通开展。

比如："王经理，这是我们公司最新出厂的毛笔，听说您喜欢书画，就带了几支过来，还请您点评点评，给我们提些意见。"

2）致礼自然大方

带有情意的小礼物，应落落大方、双手奉上，并附带问候语，这能让人感受到你内心的诚意、品行的端正、良好的修养，进而产生好感，易于亲近。

模块 5.3　寒暄问候

"您好，先生/女士"，这是一般人经常用的日常招呼语，然后就开始直奔主题："我是×××公司的×××，想跟您说一下我们公司的×××。"这样的开场白过于公事公办、没有感情，这会让人疏远、没有亲和感，之后直奔主题会让人觉得很突兀。心门未开启、心灵未悦纳时，就如此直奔主题，这样的沟通会让人心烦、拒绝。

有没有让人特别有感觉的见面招呼呢？当然有，这就是寒暄。

寒暄直译就是嘘寒问暖，今泛指宾主见面时所说的让人感觉暖心的话语。寒暄能够在人际交往中打破僵局、缩短距离、拉近关系。尤其是在与客户第一次见面时，若能选用适当的寒暄语，往往会为双方进一步的交谈做好铺垫——先暖心、缓和气氛以打破僵局。

视频：寒暄

怎么做？开始的三五句话必须以热忱的语音语调、合乎客户心理的话题让对方产生好感，从而抓住对方、打动对方，尽快建立融洽与友好的气氛。具体做法：首先是饱含热情的非语言（表情动作与语音语调）；其次是留意双方异同，从共同话题引入。

1. 调整情绪以激发热情

通过积极自我沟通来调整情绪、激发热情状态，让自己微笑注视、身体前倾、声音饱含热情。

2. 引入共同话题以暖心启扉

共同话题既可以是谈论天气、新闻、旅游、体育运动等，也可以是自我暴露、赞赏等，目的是打开话题、拉近距离、开启心扉、交流情感、获得信息，促使双方顺畅沟通。范例如下。

1）谈论天气

谈论天气是日常生活中常见的寒暄方式。特别是初次见面，一时难以找到话题，可以通过谈论天气来打破尴尬的场面。

比如："这鬼天气，天天阴雨连绵，都快'馊'了。"

2）以新闻、事件、气候等开口

比如："最近油价上涨，对你们的影响还好吧？"

3）真诚赞美

正如马克·吐温所说："只凭一句赞美的话我就可以充实地活上两个月。"每个人都希望得到别人的肯定和承认，需要别人的诚意和赞美。

比如："老奶奶，您今天的气色很好啊，这么精神，您这衣服也很'衬'您啊！"

4）关心人

每个人都希望被人关心、关切，包括自己、子女、公司等相关事务。

比如："听说令郎这次高考考得很棒啊，被哪所大学录取了？"

5）攀亲拉故

以家庭成员或者双方共同的"亲""友"关系作为话题。

"攀亲拉故"赢人缘：采访陈景润的记者与陈夫人由昆的第一句话是"听说您是我们

湖北人，怎么普通话讲得那么好啊？"（拉故中含赞扬，一举两得）

比如："听说您是金华人，我也是金华人——金华女婿。"

6）触景生情

针对具体的场景使用问候语，如对方刚做完的事、正在做或将来要做的事。

比如："王经理真是大忙人啊，难怪贵公司业绩那么好。"

7）表达敬慕之情

这是对初次见面者尊重、仰慕、热情有礼的表现。

比如："王经理啊，真是久仰了！坊内一直在传说您的事迹，一直想拜访请教却苦于不得其便，今日得见真是荣幸！久闻不如见面啊！"

8）从口音等攀老乡、诉乡情

比如："伍总啊，听您的口音，是天津的吧？"

9）以办公室装饰的物品为话题

个人的兴趣爱好体现在办公室的装饰上，每一幅书画、每一个物件、每一张图片都与主人有着千丝万缕的关系。一般而言，照片体现了亲情关系，装饰物体现了个人兴趣爱好（如战斗机模型显示主人是飞机迷、放了许多盆盆罐罐则显示主人是古玩迷甚至是"玩家"），书法对联与挂画体现了主人的思想与感悟。因此，寒暄时以办公室中的物品为话题，一般是比较适合的。

比如："哇，应院长，那么多宝贝啊，那些古董都是哪个朝代的呀？"

"哎呀，潘老，这幅画很有境界啊，一只猴子坐在树下，拿着一只蟠桃，有味道啊！"

10）请教对方

请教是非常让人得意、让人感受到尊敬的行为，让人在侃侃而谈之时感觉"过瘾"与畅快，那么之后便有"还情"的心意。所以懂得请教的人容易获得赏识。

比如："王经理啊，有个问题一直困惑我，问了很多人也没彻底弄懂，大家说只有您能搞得明白，所以特地来请教。问题是这样的……"

边学边练

- 训练Ⅰ：在大厅遇到熟识的客人，先寒暄。客户情况如下：他的儿子在国外留学，很优秀。
- 训练Ⅱ：拜访客户，见面后寒暄。客户的办公室里挂了歼20、歼31、歼15等战斗机模型。

模块 5.4　问听互动

这里有一个非常容易让人心悦、瞬间让人对你产生好感、培养亲和力的简单而有效的方法,即专注聆听、关心询问、反馈赞赏。

1. 专注聆听

专注地、用心地聆听,这会让客户感受到极大的精神满足——尊重感、成就感,自然也就回报以喜欢、接受。一次专注的聆听就可以简单、高效地培养亲和关系,表现为专注、眼神交流、做记录等。

2. 关心询问

设身处地地关心、了解客户的心理与需求,这会让人感受到温暖、心生好感与信任,消除对立与防御情绪,进入一种心门开启、心愿沟通的状态。因此,说之前先询问,如"您有什么想法与具体的要求呢?"

3. 反馈赞赏

有反馈表示在聆听、在思考,显现了尊人、重事,如应和以"嗯嗯""对啊""然后呢"等语词及点头等动作;认同与赞赏更可在无意识中培养亲和感,如身体前移、当面记录、应和以"太对了""太棒了"等语词。

模块 5.5　同步沟通

情景 5.3　车上巧遇老乡

一个人在杭州至金华的高铁上,临座坐着一位男青年,他拿着一份《世界军情》,正在翻阅 J20 试飞的有关消息,于是这个人凑过去询问:"J20 牛啊,这下 F22、F35 也就没什么好炫耀的了。唉,这是试飞的第几架了?""第四架。估计很快就要量产了,东亚的天空也该由我中华家翱翔了了。"男青年以很金华腔的普通话答道。这个人应和道:"该是啊!看样子你对飞机很内行啊。"男青年说:"喜欢战斗机,从小就喜欢。曾经参加过空军的招飞，可惜没成。空军要求太高了。你也喜欢啊？"这个人回答："嗯。平时会关注。听你的口音是金华人？"男青年说："是啊。"这个人说："啊，那是老乡啊！金华哪里？"男青年说："汤溪的。"于是这个人换用汤溪话说："正宗老乡！真是难得！难得！"同时与男青年握手。这个人又问："高中哪里毕业的？"男青年回答："汤中。"这个人说："啊，校友！我也是汤中毕业的，应该比你早。"男青年问道："啊，老乡贵姓？"这个人回答："免贵姓邵。"男青年说："姓邵？真巧啊！我也是。"这个人问："那你是汤溪哪里的？"男青年回答："山坑井上。"这个人问"莫非你们家族是早年从节义邵分出去的？"男青年回答："听老人说好像是。你怎么那么了解？"这个人激动地回答："就是！我是节义邵人啊！真正的同村亲戚！回去好好排排辈分，在我家还有一本家谱，能够查出我们的亲缘关系。今天真是凑巧，真是高兴。"于是他们互留电话，相谈甚欢，从老家、汤中聊到各自的工作，直至下车还意犹未尽。

【即问即答】
- 他们为什么相谈甚欢？
- 虽说该案例有些太巧，但也是途中可遇。类似的巧妙事件发生的原理是什么？还有哪些方法可达成？

"亲和力=共同点"。相似或相同决定着亲和力，影响着亲和关系。人类喜欢和与自己相同或相近的人交往，从浅层次说是拥有了安全感，从深层次说是为了获得认同。由于相同或相似，人们有了亲近感，容易建立起亲和关系。其原理即物理世界中的"同频共振"——同一个频率会形成共振。基于此原理来促进亲和关系的沟通，称为"同步沟通"。

有一个事实是，"你像我，所以我喜欢你"。人际交往中比较简单易行的方法是在寒暄中、初步闲聊时切入对方感兴趣的话题，或者在形象衣着、言行动作等方面与对方相同或相似，如此可使对方情感愉悦、心门开启、话语滔滔，从而促进亲和关系。具体措施有同缘同好、情绪同步、语音语调同步、肢体动作同步等。

1. 同缘同好

如同情景5.4，由于兴趣相同、籍贯相同、血缘相同、母校相同，于是两人相谈甚欢、分别时依依不舍。这是简单易行的培养亲和力的高效方法——在话题上与对方找到共同点，主要是缘故（血缘、地域、求学、年龄）、爱好、观念等方面的共同点，如同宗、同乡、同学（校友）、同亲（亲戚）、同好（兴趣爱好）、同年（年龄）、同识（认识相同、价值观相同）、同志（志向相同）等。

（1）同宗。以共同血缘、同姓等作为话题，这对于一些姓氏比较罕见的人群较为有效。

比如："经理您也姓邵啊，同宗哎……"

(2) 同乡。以来自同一个地方、同祖籍作为攀谈的话题，找到共同点。

在北京或纽约，见到义乌老乡、浙江老乡甚至同是江南人，都会滋生别样的"老乡见老乡，两眼泪汪汪"的老乡情怀，故而生出关照之心。

(3) 同学。以曾经就读的母校为共同点展开话题。

比如："我是汤中毕业的……"

"啊，好巧，我也是呢。"

(4) 同亲。以某人是共同的亲戚作为话题。

比如："××是我姑父哎。""啊，真巧，××是我表姐夫。看起来我们还是亲戚呐！"

(5) 同好。以共同的兴趣爱好为共同点展开话题。

比如，电影《茜茜公主》中的一段对白，一对陌生的男女主人公因此相互心仪。

茜茜说："我最喜欢的运动是骑马。"

弗兰茨王子情不自禁，由衷感叹道："哎呀，真是太巧了。我也是。我最喜欢骑马。"

视频：《茜茜公主》之同好

茜茜："我最喜欢的食物是苹果饼。"

弗兰茨王子："我也是。我最喜欢苹果饼。"

弗兰茨王子："我最喜欢红玫瑰。"

茜茜银铃般笑道："我也是！我最喜欢的花朵是红玫瑰。"

(6) 同年。以共同出生年月或共同毕业、共同开始工作的那一年为话题。

比如："我今年也刚好24（岁），同是本命年呢！"

(7) 同识。以共同的观点、认识展开沟通，促进相互认同、相互吸引。

比如："很同意你刚才的观点——知道不如做到！学而不用不如不学！学做事更要学做人，不会做人，学什么都是白费！"

(8) 同志。因为共同的志向，因而甘愿抛头颅、洒热血。

比如，革命战争年代的那些革命志士，为了共同的信念与理想——解放人民大众而甘愿奉献自己，为了同志而牺牲自己。当今，人们也会因为共同志愿而引为同志："为了考过六级，我们好好复习！""嗯，好好复习！一起加油！"

既要以共同喜欢的话题切入以使双方谈得投缘，也要避免触犯他人的禁忌。比如，如果你知道约会对象是一名动物保护组织的志愿者，那么千万不要滔滔不绝地炫耀自己儿时猎鸟、打野兔或捕猫的"壮举"，否则只能让对方厌恶。

边学边练

- 课后，学用上述方法找同学、亲友或初相交者寒暄。
- 运用上述方法，在日常生活中与陌生人搭话，直到聊得投机。

2. 情绪同步

情景5.4 "秃瓢"鹦鹉与商人

有位商人养了一只鹦鹉。一天，这只鹦鹉打翻了一只油瓶，商人非常生气，训斥了鹦鹉并打了鹦鹉的后脑勺。从此以后，这只从前聪明嘴巧的鹦鹉就再也不说话了，整天没精打采的，它头上的羽毛也开始脱落，最后竟成了一个"秃瓢"。一天，鹦鹉正站在商人账房的书架上，见一位秃头的客户走进了商店，便兴奋起来，使劲拍打着翅膀，大声叫着。令人惊奇的是，它突然又说出话来了："大秃瓢！大秃瓢！你怎么也成了大秃瓢？"

鹦鹉为什么激动开口？因为鹦鹉对"秃头"客户"心有戚戚焉"，有共同的心理感受、"同病相怜"，于是心情激动、心门开启、主动开口打招呼。

"理解万岁"，折射出每个人都期望被人理解、心情被人体悟。而当我们站在对方的角度与立场看待问题，想其所想、感其所感时，就会明白其真实所说，明白其情绪情感与隐藏的真实"意思"，这就是同理心。基于此，对方就能感受到被关心、被理解，感慨"知我者××也"，从而"心有戚戚焉"，如此自然拉近距离、相互亲近。

同理心

如何表达同理心？如何让对方"心有戚戚焉"而致知己、亲近、融合？有效措施是配合其心情与面部表情，专业术语称为情绪同步。具体如下。

（1）同表情：对方表情严肃，我们也跟着严肃；对方爽朗地笑，我们也随之爽朗地笑。

（2）同心情：对方心情快乐，我们也跟着快乐；对方郁闷，我们也随之郁闷。

"伸手不打笑脸人"——微笑是人际交往的敲门砖，这在一般情况下是对的，但是否放之四海而皆准呢？这要视具体情况而定。比如，当对方心情不好、阴沉着脸时，微笑或开心大笑就不合时宜了。原则是微笑对微笑、"阴脸"对"阴脸"，这就是情绪同步——配合心情和表情。更专业的方法见情绪同步五步法。

情绪同步五步法

【即问即答】

一位臂缠黑纱的客户垂着头满怀悲痛状地走向商场纪念品专柜，此时商场服务员满面灿烂笑容地迎上来并热情地打招呼。

- 问题Ⅰ：服务员此时的灿烂笑容是否合适？客户的心里会有什么感受？
- 问题Ⅱ：服务员的得体做法是什么？

边学边练

学期末，有位同学因得知自己的高数（微积分）或客户沟通课程不及格而闷闷不乐，无心复习。你作为他的好朋友，如何劝解他？

"视觉型""听觉型"
"感觉型"

3. 语音语调同步

一位订票人员说，有意识地呼应打电话进来查询信息或要求服务的客户说话的速度，使得他的业务增长了50%。所以，呼应对方说话的语调、音量和语速，可以有效地增加亲和力。为什么呢？声音语言信息是一种非语言信息，人类在传达与接收声音语言信息的过程中，若感受到信息发送者与自己相同或相似，便能通过潜意识感知到心灵契合，感觉对方进入了自己的内心世界。人类对外界信息的感知方式不同，包括"视觉型""听觉型""感觉型"三种类型，各有特点，需要匹配个性化的沟通方式——保持与对方语音语调的相同与相似，这就是声音同步，即语音语调同步，这样可以迅速培养亲和力。具体的实施方法如下。

（1）呼应语速：对方说话快，我们便加快语速，像"机关枪"般激情"扫射"，并手舞足蹈；对方语速很慢，我们便如对方那般想一想、停一停，并慢慢说。

（2）呼应语调：对方语调高亢，我们也语调高亢；对方语调下降，我们也语调下降。

（3）呼应音量：对方声音很轻柔，我们也应轻柔地说话；对方大嗓门，我们也不妨适当提高音量。

边学边练

课后，学用如上方法与同学、亲友、陌生人沟通，并体会、反思。

4. 肢体动作同步

情景5.5　老板与三员工

见图2.4：老板与三员工，试问：老板会比较待见谁？比较烦谁？为什么？这对你有什么启发？

在面对面沟通时，人与人之间通过语言文字传达内容、通过语音语调传达态度、通过肢体动作传达内心情感。很多时候，肢体语言便足以传达所有信息，语言文字反倒是多余的，肢体语言的影响力超过语言文字的影响力。人际沟通顺畅时会显现显著的非语言沟通形态，两个人相互映现彼此的动作——同样垂下手、同样侧身、同样摆动头部、同时移动身体等。这种两个人之间的动作与姿态的互动不断传递着亲疏甚至爱恨的信息，呼应对方的肢体动作越多、越契合，这两个人就越亲和。这种肢体动作的呼应表现为配合对方的肢体动作，如下。

（1）对方经常理理头发，我们也可以做类似动作。

（2）对方经常整整领带，我们也可以拉拉衣领。

（3）对方经常推推眼镜，我们也可以摸摸鼻子。

（4）对方经常跷着二郎腿抖动，我们也可以动动腿。

（5）对方说话时挥手，我们也不妨挥一挥手。

需要注意的是，不能直接，要交叉；不能同时，要稍候片刻；不能模仿对方的生理缺陷，如绝不能模仿口吃、瘸腿走；避免生硬模仿，力求自然、发自内心。

亲和客户则能顺利地开启客户心门，从而愉悦地开展沟通。通过保持优良形态、见面有礼、寒暄问候、问听互动、同步沟通等措施，可有效地培养亲和关系。在沟通实践中，其中某一措施做对未必会显现正面效果，但某一措施做错、某一言行不当，则会立即产生负面效果。

要点回放

亲和客户是有效沟通的前提，包括沟通中保持优良形态、见面有礼、寒暄问候、问听互动、同步沟通等方法，可有效培养亲和关系。

项目检测

一、自我检测与观察

1. 亲和力检测：勾出下表中与自己言行表现相似的内容；客观评价自己，并给出建议。

	亲和关系培养要素				
肢体语言表现	阳光、健康的形象	微笑、眼神交流	提拔、稳重	身体前倾、趋前坐	准时到
	看着不阳光	板着脸、不看人	佝偻、猥琐	倨傲后仰、躲角落	迟到
见面有礼表现	问候、打招呼	让座、给人拉椅	递茶水、征询	寒暄、谈得热络	自我介绍、递名片、赞赏
	低头、不打招呼	自顾自、不顾人	不让茶、不理人	不寒暄，公事公办	不自我介绍、不赞赏人
问听互动表现	先关心询问	专注倾听	热情地互动	赞赏："棒啊""有理"	简单复述对方所说
	不关心、不询问	不专注听、走神	没有言行回应	不肯定、不赞赏	对方说完后没有反应
同步沟通表现	话题同步	爱好同步	声音同步	情绪同步（同乐同悲）	价值观同步
	话题不同步	没有共同爱好	声音不同步	情绪不同步	价值观不同步
优良品行表现	尊重人、有礼貌	有公德、爱惜公物	保护环境	宽容、乐于助人	注重细节，如物归原位
	不尊人、不礼貌	没公德、破坏公物	乱扔物、不清理	待人苛刻、不助人	不收拾、不恢复原状

2. 观察：观察身边的同学、老师、亲友在日常人际交往中的言行举止，观察有亲和力的人、让人嫌恶的人各有怎样的言行举止与言行习惯，记录数则。

- 对比自己：亲和力要素是否做到？能做到哪种程度？
- 学而习之：尝试微笑问候、聆听点头、肯定赞赏、多听少说、聊共同话题等方式，看看这样言行之后的结果、对方的心情与反应，并进行记录与反思。

二、应知知识问答

1. 培养亲和关系对沟通有什么作用？
2. 哪些因素影响亲和关系的培养？
3. 在下面情景中，适合采用哪些具体措施？

（1）情景：秘书小孔（孔令杰）在办公室，一位客人来访，客人递上一张名片，上面写着姓名"孔令雄"。

问：此时，小孔可如何言行？

(2) 情景：老王有事去办公室，办公室小王正坐在电脑前写东西，急于交稿。

问：小王应如何言行？

(3) 情景：某应聘者到人力资源经理办公室应聘，办公室摆放着许多古董、字画。

问：应聘者应如何言行，以瞬间孕育亲和力？

三、亲和力技能训练——开展"三人行"角色扮演

开展"三人行"角色扮演：基于如下情景事务，三位同学分别扮演观察员、服务员/文员、客人，观察员记录并以"3WEBI"方式进行评点；开展三轮，每人都须扮演每个角色。

	A 同学	B 同学	C 同学
第一轮：	观察员	服务员/文员	客人
第二轮：	服务员/文员	客人	观察员
第三轮：	客人	观察员	服务员/文员

供角色扮演的情景事务：沟通事务 1.1、沟通事务 5.1、沟通事务 6.2、沟通事务 7.2 等，以及下述二情景。

- 太白金星劝说孙大圣：太白金星到花果山孙大圣家劝说孙大圣去天庭任职"弼马温"，大圣嫌当官不自由，而且嫌官衔不够大（比不上二郎神），不如在家做"大圣"过瘾。

此时，太白金星应如何与大圣进一步沟通，使大圣回心转意？

- 柜台接待客户：某客户在酒店商品部选购特产"西湖龙井茶"，品种多但价格不低，听过服务员的介绍后，客户正在犹豫中。恰逢今日酒店店庆有 8 折优惠并赠送小礼品。

此时服务员可以如何言行？

四、作业

1. 在日常学习与生活的人际交往中，各位同学恰当地尝试运用亲和客户的某些方法、措施，感受其效果，进行小结。

2. 在课堂中，请以"总分总"结构来组织内容，并分享、表述你的收获与受到的启发。

项目 6　了解客户的"二域四径"

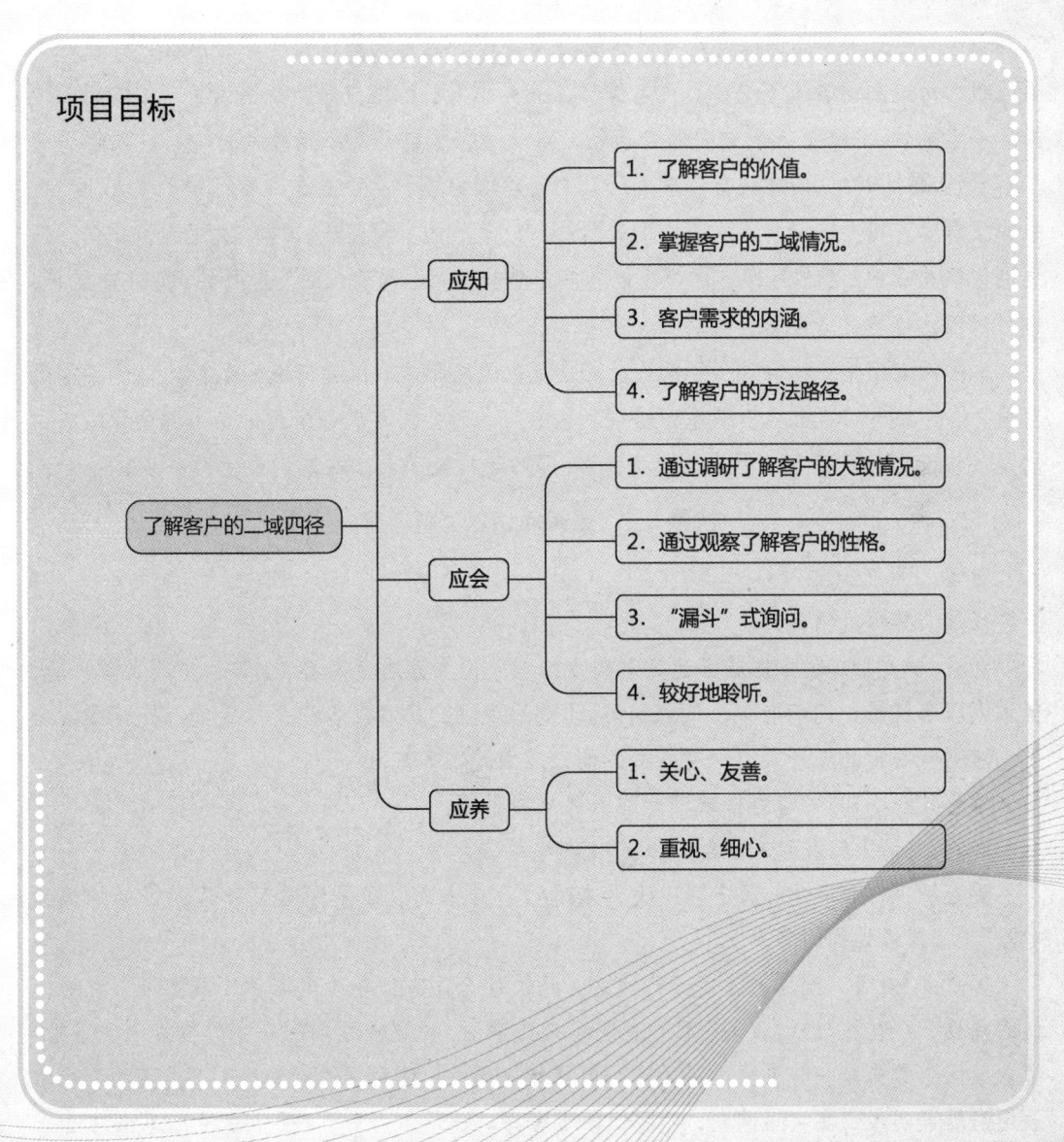

项目目标

了解客户的二域四径
- 应知
  1. 了解客户的价值。
  2. 掌握客户的二域情况。
  3. 客户需求的内涵。
  4. 了解客户的方法路径。
- 应会
  1. 通过调研了解客户的大致情况。
  2. 通过观察了解客户的性格。
  3. "漏斗"式询问。
  4. 较好地聆听。
- 应养
  1. 关心、友善。
  2. 重视、细心。

情景导引

视窗主人公：认识人、了解人，你就可以无所不能

经过一段时间的历练，邵帅长进了不少，性子沉稳了许多，也会与人寒暄了，越来越受客户喜欢，与同事交往及完成事务开始顺畅起来，业绩也开始提升。但仍有许多让他困惑不解的地方，他越来越认识到学习的力量、修炼的价值，对公司的前辈、业绩能人更加心怀敬意、谦恭请教。

部门中有一位能人，平时话不多，口齿也不伶俐，也并非起早贪黑者，但其业绩一直名列前茅。经过观察，邵帅发现他与人交往有一个特点：虽然说话不多，但双方往往聊得很投机，对方总是滔滔不绝、眉飞色舞。在一次业务检讨中，邵帅特别请教，这位能人透露了一点秘诀："每个人最关心的是自己，本能地在乎自己是不是被人关心、别人能不能了解自己、对方的说话方式与态度是否让自己感觉舒服、能不能说到自己的心坎儿上。故须先了解客户需要的是什么、关心的是什么，以及他的言行偏好，这样才能让客户真正感觉到你很关心他、急他所急，这样才能与客户聊得尽兴、沟通顺畅、达成共识。即使无果，也可以因此培养良好关系，等待下一次机会。"

邵帅深有感悟：认识人、了解人，真是可以无所不能。但如何做到呢？他仍然不是很理解。恰好公司网站上列出了系列培训，其中有名列全国培训师十强的余大师的课程，主题是《认识人、了解人，你就无所不能》。邵帅趁机报了名，在培训中受益多多。

情景6.1　望闻问切以了解客户

时间：下午三点。

场地：某楼盘销售部。

场景：这时，有客户提着旁边竞争楼盘的袋子说今天路过来看看。该客户的衣着一般，但本人器宇轩昂、炯炯有神、气色很好。（通过观察，了解到客户是中年人，拎着楼盘袋子，感觉有一定的经济实力，有购买意向，应该是准客户。）

置业顾问小邵："您好！欢迎光临×××项目。"

客户："好啊！我过来了解一下。"

置业顾问小邵："先生是第一次过来吗？看您拿的袋子是刚看过旁边×××的楼盘吧？"（试探性地询问客户）

客户："对啊，刚才初步定了那边的，还没签合同呢！今天逛着玩，顺便过来看看你们的项目。"（结果：通过询问，客户表明了来访意图，为置业顾问下一步接待打下了基础。

置业顾问小邵先是一阵失望，买了呀？但突然一想，心理窃喜，也好！反正没签约，既然敢定房那说明经济实力没问题，是我们的准客户。好好介绍一下我们的产品，从各方面来

讲，肯定我们是最好的啊。于是热情自信地进一步沟通。）

置业顾问小邵："恭喜啊，先生！要买新房子了!这真不容易。再多了解了解楼盘的情况吧，以确保买得正确、放心。请问先生贵姓啊！"（寒暄、同理心，再询问客户姓名。）

客户："免贵姓'邵'。"

置业顾问小邵："哎呀，本家大哥啊！幸会，幸会！（握手）非常荣幸接待本家大哥，那就让我好好地给邵大哥介绍介绍买房的情况，毕竟我干这一行也有几年了。让我好好给您服务服务、做些分析建议，以让本家大哥买房买得放心、实惠、不后悔。先了解一下大哥您的需求情况，再让小弟我给您分析建议，好不好？"（寒暄，建立了亲和关系，获得了沟通机会。）

客户："谢谢了，小邵。真是荣幸今天有本家小弟给我热心服务。"

置业顾问小邵："应该的，应该的，本家嘛。邵大哥啊，您买房主要考虑的是什么需求啊？比如房型、大小、位置、用途等。"（系列询问——而且是高获得性询问，以引导客户就不同情况——表述，以了解几个重要方面的需求信息。）

于是客户就顺着小邵的话较详细地说了他的需求与用途情况。小邵从中了解到一个非常重要的信息：客户其实内心更想要的是洋房，但他在×××楼盘定的是高层。这就给了置业顾问小邵难得的机会。接下来小邵就十分有针对性地根据的需求，把他们楼盘的情况——介绍了一下，非常符合客户的需求，很贴心细致，客户很满意，觉得小邵这里的楼房才能正好满足自己的需求。他要回去再与家人商量商量，明天与家人再过来看看，合适的话就签合同。（了解到客户的核心需求，有的放矢、说到客户心坎，让客户真正满足、心动。）

【即问即答】

以上两则案例说明了什么问题？沟通的有效措施是什么？

继续赏析视频《伙计接待客人》。

导引思考：

1. 了解人重不重要？
2. 需要了解人的哪些情况？
3. 应如何来了解人？

视频：伙计接待客人

在与客户的沟通中，是否了解客户决定了沟通的效果。只有知晓对方的人格与内心需求，才能有针对性地运用让客户舒服的沟通方式、讲述契合客户需求的语言内容，即"说对话""对地说"，如此才能"方式让他舒服""内容挠他心坎"，于是客户觉得中听、觉得有效，沟通才可以很好地开展，才有可能促成共识。所以，了解客户的性情、知晓客户的需求是有效沟通的前提条件。这说明认知人很重要，包括了解人的需求及人的性情领域的情况。认知人可以采取调研、观察、询问、聆听等方式。

模块 6.1　客户的二域情况

6.1.1　需求

客户的需求既可简单地归类为两方面的需求，也可详细地归类为五个层次的需求。

1. **两方面需求**

需求可简单归类为物质性需求与精神性需求。

2. **五层次需求**

人类的需求包罗万象，可以根据不同的标准划分。按照需求层次由低到高划分为五层次需求：生存需求、安全需求、社会交往需求、尊重与爱的需求、实现自我价值的需求。

（1）生存需求：衣、食、住、行等需求，这是人类最基本的需求。比如，来住店的客户要求有一床可睡、有食物饱肚。

（2）安全需求：确保身体不受伤害的需求，确保明天依然健康的需求。比如，来住店的客户要求旅店能保障其身心安全、求职者要求有劳动保险、客户要求街边小店保障其饮食安全等。

（3）社会交往需求：能够融入社会群体、被社会群体承认的需求，这属于精神性需求。比如，火热的"广场舞"极好地满足了中老年人的社交需求，微信、QQ等聊天交友软件也能满足人们的社交需求。

（4）尊重与爱的需求：受嘉奖、被众星捧月、受到关爱等需求，这是高等级的精神性需求。比如，住店客户受到铺红地毯欢迎、被尊重隐私、被赠送生日蛋糕等。

（5）实现自我价值的需求：创造发明、梦想实现、为社会创造价值等，这是人类高等级的精神性需求。比如，客户被邀请参加企业管理研讨会、提出方案建议、培养学生成才等。

6.1.2　性格

每个人的性格、价值观不同，因此每个人都有自己的行为偏好、决策偏好，以及独特的人格模式，表现为不同的性格类型、决策类型、行为方式。

1. 四型性格

以内向和外向为一个维度，以工作业绩导向与人际关系导向为另个一维度，构成四象限，形成 4 种不同类型的性格：活泼型、和平型、完美型、力量型，如图 6.1 所示。四型性格各有特质、各有优缺点，没有完美、各存瑕疵，可以与当下的"四色性格"较好地对应：红色的活泼型、绿色的和平型、蓝色的完美型、黄色的力量型。另外，大家还可研修更加详细的"九型人格"，建议学习。

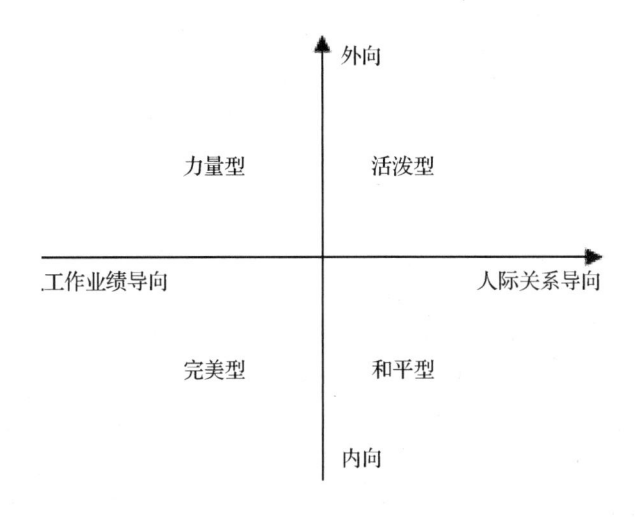

图 6.1 四型性格图

四色性格　　　　　　　　　　　　　　九型人格

（1）活泼型：人际关系导向兼外向型，属于"交际人员"。他们关心别人，非常喜欢与人交往，希望获得别人的认同，自我感觉良好，爱表现，说话滔滔不绝，感染力强，兴趣点多，没有耐心，也不持久。《西游记》中的猪八戒是典型的活泼型性格。

与之沟通的恰当方式：恭维与肯定他的建议与看法，强调该方案将对他及其周边亲友取得成绩会有很大帮助，他会因此而大受赞誉，并趁热打铁促成合作。

（2）和平型：人际关系导向兼内向型，属于"好好先生"。他们希望与人和睦相处，在意别人的感受，喜欢安静，做事慢吞吞，容易举棋不定，常会感受到压力。《西游记》中的沙僧是典型的和平型性格。

与之沟通的恰当方式：强调该方案将对其周边亲友有重大好处，其周边亲友会对此有良好评价，沟通说服中要温和、有耐心，给他充足的时间考虑。

（3）完美型：工作导向兼内向型，属于"分析人员"。他们关注工作的开展与业绩的好坏，努力把工作做好，强调逻辑、条理性，注重精确度，注重细节，决策速度慢。《西游记》中的唐僧是典型的完美型性格。

与之沟通的恰当方式：注重细节、理性与精确分析，提供非常精确的数据资料与各种决策要素，沟通中要温和、有耐心，保持联系等待他的反馈。

（4）力量型：工作导向兼外向型，属于"指挥人员"。他们关心目标的达成，讲究重点，喜欢主导与控制，直截了当，缺乏耐心。《西游记》中的孙悟空是典型的力量型性格。

与之沟通的恰当方式：告诉他该方案对工作会有帮助，会有高效益，表述重点信息，直截了当地提出要求。

还有两类极端者：自我实践型、冷漠型。

（1）自我实践型：非常了解自己的需求，经验丰富，决策速度快，行动迅速。

与之沟通的恰当方式：拿出方案、提出建议，直截了当、速战速决。

（2）冷漠型：凡事否定、挑剔，其实没需求（无能或无权），且爱找碴、打击人。

与之沟通的恰当方式："三十六计走为上计"，同时赞赏与感谢他，以免得罪他。

边学边练

按照上述特点，观察你自己及同学、亲友，分析你们各属于什么性格类型？应采用何种方式沟通？

2. 决策行为模式

客户在进行决策时，按照偏好可将决策行为模式分为求同型与求异型、自我判断型与他人引导型、追求快乐型与逃避痛苦型、过去型与未来型、成本型与品质型、随机型与依序型、一般型与细致型、自我型与顾他型等行为模式。下面了解一下几种职场中经常遇到的决策行为模式。

1）求同型与求异型

（1）求同型：看到事物的相同点。比如，口头禅似地回答"是啊""对啊"，或者回应"形状相同啊""颜色一样啊""差不多啊，都是圆圆的，没有什么不一样啊"。

与之沟通的恰当方式：引导关注相同点。比如："都是……的。是吧/对吧？"

（2）求异型：敏锐地看到事物之间的差异性，但看不到事物之间的相同点。一般会口头禅似地回答"不见得吧""未必吧""好像不是这样的吧";或者回应:"它们之间没有什么关系啊,形状不同、颜色不同、新旧不同、大小也不同……"

与之沟通的恰当方式:有意识地提出反面建议,待他说完后,再征求意见。比如:"这个方案费用很高,估计不太符合你们的要求,你认为呢?"

2)自我判断型与他人引导型

(1)自我判断型:根据自己的思考来决断,主观性强,不受他人影响。比如:"流行的不一定符合实际情况,我觉得还是庄重些的款式更好。"

与之沟通的恰当方式:先肯定与赞美他的观点,随后提供相关信息与建议,建议中要提供决策要素,然后静候客户决策。比如:"大家都知道您是这方面的权威,您肯定会很科学、理性地做出最佳决策,同时您肯定知道需要考虑的最关键因素有四个,一是……、二是……、三是……、四是……"

(2)他人引导型:很容易受他人意见影响,别人的看法及观点常会左右他的决定。比如,他会习惯性地说:"噢,今年流行这个款式吗?那我也……"

与之沟通的恰当方式:运用他人的话或经验来说服客户。比如:"×××公司的李总就购买了10台,他说经过比较,觉得还是我们公司的设备最可靠,您看这是李总的感谢信。"

3)追求快乐型与逃避痛苦型

(1)追求快乐型:做让他快乐的事,使他敏感、有动力。比如,积极思维、追求梦想的年轻经理,以及点菜时说"我要这个、我要那个"的人一般是追求快乐者。

与之沟通的恰当方式:告诉他好处,让他了解未来收益,简单来说就是造梦引导。比如:"选择本酒店,您将会享受到……"又如:"只要采用我们的设备,那么贵公司的收益将年增长30%以上。"

(2)逃避痛苦型:避开让他痛苦的事,使他敏感、有动力。比如,只求保有工作不求进步的人、点菜时说"不要辣、不能咸,其余无所谓"的人、找工作时认为"这家公司可养家且压力不大"的应聘者一般是逃避痛苦者。

与之沟通的恰当方式:让他了解到如果不做则会造成损失或不利后果,做了就会减轻痛苦、减少损失。比如:"现在是旅游旺季,房间真的非常紧张。如果现在不订下来,明天就不好说了。您看订单人间还是双人间?"

4)成本趋向型与品质趋向型

(1)成本趋向型:决策时偏重于成本因素。比如,客户说:"关键是要实惠、住得舒服,所以……"

与之沟通的恰当方式:强调成本低、性价比高、很实惠。比如:"401房间最实惠了,环境、硬件都好,这两天还搞特价,正符合您的要求。"

（2）品质趋向型：决策时偏重于品质因素。比如，客户说："一定要最好的，环境、视野、楼层等都要最好的，价格不是问题……"

与之沟通的恰当方式：强调东西好、有质量保证，而且独一无二。比如："808 房间是总统套房，是顶级的，可以清楚地观潮，最符合您的高品质要求了。"

边学边练

- 分析你自己的决策行为模式。
- 判断你亲友的决策行为模式，分析原有沟通不顺畅的原因。你认为如何沟通会比较有效？

知道客户的需求、人格、相关背景至关重要，但如何知之？

孔子通过"视其所以，观其所由，察其所安"来辨识一个人；现代医生治病通过观察、询问、机器检查、化验等手段来了解病情；中国古代大夫通过望、闻、问、切四术来确认病情。古今中外，了解人有一系列可行的方法。按整个沟通过程的时间先后，可通过事先调查研究、面对面观察、针对性询问、专注地聆听与记录等方式来全方位地了解客户，简单概括为调研、观察、询问、聆听 4 种方式，简称研观问听。

模块 6.2　了解客户的四个路径

了解客户应该是全息的、各种各样的。在一般沟通中，人们会通过调研、观察、询问、聆听 4 个路径来了解客户。

6.2.1　调研

"战争未起，情报先行。"情报这项工作就是调研，没有进行充分调研便开展工作，后果不堪设想。尤其是在当前的信息社会，信息搜集、处理技术非常齐全与先进，人们可以更加高效地开展调研工作，以确保对客户的充分了解。

（1）调研方式：通过互联网搜索、文献调研、访谈询问、实地考察、参加展览会与各种行业年会、查询原有客户资料等方式，都可有效地了解客户。

（2）调研内容：包括客户的基本背景、内心思想、生活状态、需求概况、性格与行为偏好等。如果客户是一家公司，则需进一步了解其历史、业绩、文化、战略、策略、市场、竞争对手、竞争情况、发展前景、行业状况等信息。

6.2.2 观察

情景 6.2　点菜惹恼客户

梁先生请一位英国客户到上海某高级宾馆的中餐厅吃饭。一行人围着餐桌坐好后，服务员走过来请他们点菜。

"先生，请问您需要什么饮料？"服务员用英语首先询问坐在主宾位置上的外国人。

"我要德国黑啤酒。"外宾答道。接着，服务员又依次询问其他客人需要什么酒水，最后用英语询问坐在主位的衣装简朴的梁先生。梁先生看了他一眼，没有理他。服务员接着用英语询问坐在梁先生旁边的外宾想点什么菜。外宾却示意请梁先生点菜。

"先生，请您点菜。"这次服务员改用中文讲话，并递过来菜单。

"你好像不懂规矩。把你们的经理叫来。"梁先生没有接菜单。

服务员感到苗头不对，忙向梁先生道歉，但仍无济于事，无奈只得把餐厅经理请来了。

【即问即答】
- 服务员具体错在哪里？这体现了他哪些方面的不足？
- 上述情景说明了什么？这对你有什么启发？

与客户面对面沟通时，需在开口前就对客户有一个初步的判断——不管之前是否对客户有过了解，此时都须以最快的速度对客户有一个感性判断，使得招呼、寒暄基本契合客户心理，形成良好的第一印象。这种观察力是沟通者尤其是销售员、服务员、办公室干事、经理、公关人员等所必须具备的。通过眼看、耳听、感觉，以及观察客户的衣饰外形、言谈举止来了解客户的身份地位、内心世界，该方式概括为"察颜观色"、察行品性、闻声辨言、兴趣考志等。

1. "察颜观色"

"相由心生""眼为心窗""衣为心之外在语言"，古今中外都认识到面部表情、外形、衣饰等是内心的外在语言，故可由外而知内，通过观察客户的五官、脸形、脸色、喜欢的色彩、衣饰等来揣测对方的心意。

比如，看客户的眼神。眼有神则心正，清澈明亮显得聪明伶俐，眼光注视则表示有兴趣或有亲近之意。孟子曰："存乎人者，莫良于眸子。眸子不能掩其恶。胸中正，则眸子瞭焉；胸中不正，则眸子眊焉。听其言也，观其眸子，人焉廋哉？"

比如，看客户的衣饰。衣饰是人的第二张皮肤、是性格外衣，表现心灵追求、展示或掩饰性格，配饰的款式、形状、颜色代表了不同性格。一般而言，爱穿暖色调和"跳眼"色彩的，自信、外向，希望引人注目；反之，内向、自信不足、害怕被关注。

2. 察行品性

"听其言而观其行"，行为是最真实的内心语言传达；长久形成的习惯性行为，则反映了一个人的品德修养。

1）观体态

坐、立、行，每种姿势都在传递信号，动态地表现一个人的性格。

（1）坐得"张扬"者会自然地将两腿张开；坐得懒散者会在坐定后将两腿张开且姿态懒散；双腿并拢而双手交叉放于大腿两侧者通常较保守、传统，有完美倾向。

（2）站立时习惯于双手插入裤袋者，内向、保守、不善言语，较封闭内心；一手入袋、一手在外者，性情多变，时而开放，时而自我保护；双目平视而挺立者，自信、开朗、乐天；弯腰曲背显佝偻者，较封闭、保守、不安与自我防护，显消沉；双手叠于胸前者，性格坚强、自信；谈话时身体向一边倾斜者，表明不喜欢对方。

（3）步伐急促者是有力量的行动主义者；步伐平缓者，务实、稳重；走路时身体前倾者，温柔内向、修养良好、诚实真情，但易受伤害和生闷气；军事步伐者，意志力坚定、信念强、专注；踱方步者，稳重、清醒、了解人情温暖，但易感觉孤独、压抑。

2）看动作

从心理学的角度来说，一个人无意间流露出来的动作会显现一个人的心性，如下。

（1）边说边笑：一般性格开朗、知足常乐、富有人情味。

（2）常做有力量的手势：一般果断、坚决、有能量。

（3）爱掰手指节：一般精力旺盛。

（4）说错话而捂嘴：感觉不好意思，多为性格内向腼腆。

（5）手势动作多：说明心情紧张。

（6）手指轻轻敲打桌面：意味着陷入困境或思考进入犹豫期。

（7）双手紧抱胳膊、身体后仰：意味着不赞成、有较大怀疑。

（8）双手插进口袋：显现不礼貌、不信任。

在营销中，有些动作暴露了客户内心的想法，如下。

（1）"试着衣服久久不愿脱下来，在镜子前不停地看"——表示很喜欢这件衣服。

（2）先严肃后慢慢笑容——内心正在"冰融"。

（3）身体微微地凑了过去，瞳孔似乎同时放大……但客户却说："这是你们的新产品，我怎么知道效果会不会好？"——说明心动而故意掩饰或仍心有不安。

3）察细节

无意识状态下的言行，如在等待电梯时待人有礼、在过路时维护环境、对前台服务人员态度友好、在公司与办公室时捡起垃圾或扶起倒下的椅子、按时或稍早到现场、在外面吃完点心而不在他人办公室（或会议室）吃零食、洽谈完毕将桌椅归位、带走垃圾、沟通前把手机关机等，充分展现了一个人良好的修养、品行，让人喜欢、亲近、悦纳。

3. 闻声辨言

情景 6.3　林黛玉进京都

一语未了，只听后院中有人笑声，说："我来迟了，不曾迎接远客。"黛玉纳罕道："这些人个个皆敛声屏气，恭肃严整如此，这来者系谁，这样放诞无礼。"心下想时，只见一群媳妇丫鬟围拥着一个人从后房门进来。这个人打扮与众姑娘不同，彩绣辉煌，恍若神妃仙子……一双丹凤三角眼，两弯柳叶吊梢眉，身量苗条，体格风骚，粉面含春威不露，丹唇未启笑先闻。

【即问即答】

- "放诞无礼"的朗声笑语，这语音语调显示了来者是什么性格？什么身份地位？
- "我来迟了，不曾迎接远客"的话语又揭示了什么信息？
- 这一段对王熙凤打扮的描写，揭示了什么信息？

视频：林黛玉首见王熙凤性情

根据一个人的语音语调可判断出其性情、心情、态度，即"听锣听声，听话听音"；从一个人说话的内容中可辨识他的人格、需求。

1）听声音

一个人的语音语调，如说话方式、速度、音调等揭示了他的性情，故可听音识人。

（1）方式。决断明了，表明自信心强；爱用命令式口吻，显现办事主观、心怀优越感；声调高，显现浮躁、任性。

（2）速度。说话速度快而急，一般是脾气急躁、雷厉风行但粗枝大叶的人；说话速度快而不急，一般是办事果断、富有远见、不易改变主张的人。

2）辨言语

一个人谈话的话题、重点、口头语等，反映一个人的性格喜好，故可通过听言语来识人。

（1）说话内容。喜欢讲自己的经历、故事、观点的人，自我意识强烈、外向，反之则是内向、不注重自我表现、能够关注他人；总涉及自己话题的人支配欲与表现欲强，反之宽容、谦虚有礼。

（2）谈话重点。谈话是概括性的，注重结果，关心宏观问题，有领导力；叙事具体，注意细节及过程，顺从、独立性不强，适合事务性工作。

（3）口头语。常说"差不多"者随便、圆滑；爱说"说真的""老实说""不骗你"的人，其内心有多种想法：求信赖、怕误解与性急躁；常说"应该""不该"者自我、自信，或者长期居领导位置；爱"听说"者处世圆滑或决断力不够；常说"可能是吧"者防护心理强，爱隐藏真实想法；常说"但是"者任性、好辩解；常说"不过"者相对委婉。

4. 兴趣考志

从一个人的兴趣爱好、业余生活、结交朋友等状况可以看出一个人的志向品行。

1）兴趣爱好

有的人爱好高雅，如琴棋书画；有的人爱好流行，如追求时尚、追星；有的人好运动，如各种球类运动、野外活动；有的人喜欢喝酒、打牌、玩游戏等。这反映了不同的人拥有不同的价值观、志趣。了解一个人的兴趣爱好可以很好地找到共同话题、促进沟通。

2）业余生活

业余生活决定了一个人的成长与成功，看一个人的业余生活可以了解一个人的情趣、志向、观念。有的人业余学习充电，有的人游玩放松，有的人喝酒赌博……各不相同。

3）结交朋友

"近朱者赤，近墨者黑。"从一个人的交友状况可以大致判断一个人的性情、品行、价值观、地位。

6.2.3 询问

情景6.4 无奈地撤掉"清蒸鲩鱼"

徐先生带着客户到北京某星级饭店吃烤鸭。这里的烤鸭很有名气，座无虚席。由于没有预订，徐先生一行八人被服务员热情地引到休息室。等了一会儿，服务员招呼他们入座，并表示歉意："让您久等了。"服务员给了徐先生一份精美的菜单，站在徐先生身边，介绍了招牌菜并提出了点菜建议。徐先生为8个人点了烤鸭及其他菜肴，其中有一道"清蒸鲩鱼"。

过了好一会儿，一道道菜陆续上桌了。客人们品尝着鲜美的菜肴，颇为惬意。吃到最后，桌上仍有不少菜，但大家却已酒足饭饱。突然，同桌的小康想起还有一道"清蒸鲩鱼"没有上桌，就忙催服务员上菜。

鱼端上来了，大家都吃了一惊。好大的一条鱼啊！满满一大盘，足有5斤重。这怎么吃得下呢？

"服务员，谁让你上这么大一条鱼的？我们根本吃不下。"徐先生生气地说道。

"可您也没说要多大的呀？"服务员反问道。

"在点菜时须向客人问清楚要多大的鱼，加工前还应让我们看一看。这条鱼太大，我们不要了，请退掉。"徐先生毫不退让。

"先生，实在对不起。如果这鱼您不要的话，餐厅要扣我的钱，请您务必包涵。"服务员的口气软了下来。

"这菜的钱我们不能付，不行就叫你们的经理来。"小康插话道。最后，服务员只好无奈地将鱼撤掉，并汇报领班，将鱼款划掉。

【即问即答】

- 在这次接待中，沟通好的地方有哪些？
- 不当之处是什么？导致了什么后果？
- 如果我们遇到这种情况，应该怎么做？

除了通过调研与观察来获得有关客户的背景信息、人格与部分需求，非常具体的需求信息还需要由客户具体表述，这样才能准确、全面地获知。那么，怎样才能让客户具体表述呢？

那就是进行有效发问！

1. 询问的意义

询问不仅可以引导客户说得全面，从而充分地了解客户，更重要的是让客户感觉被关心、受重视，从而进一步培养亲和关系。

2. 询问的方式

活动6.1 猜出背后的词语

请一名同学上台背着黑板就座，老师在黑板上写词句（如"李伟""木牛流马""客户沟通"等），由该同学来猜测判断。该同学不能回头、只能询问，但不能问字音，台下同学只能按照该同学所问来针对性地回答（针对问而答，所回答的内容不允许超过问题所涉范围）。

【即问即答】

- 本次活动运用了哪些询问方式？
- 所获信息少的是哪种询问方式？所获信息多的是哪种询问方式？所获信息具体的是哪种询问方式？所获信息泛泛的是哪种询问方式？
- 怎么问低效？怎么问比较高效？

沟通中常用的询问方式有封闭式询问、开放式询问、高获得性询问。

（1）封闭式询问：即"特定地问"，获得"是""否"或特定信息。

比如："你喜欢他吗？" 回答："不。"

比如："您第一次发现商品有瑕疵是在什么时候？" 回答："周五。"

这种询问没有自主性，让人有如被审问，让人不悦。

例如以下情景：

- 销售者：您现在使用的是什么牌子的车？ ◆客户：江淮骏马。
- 销售者：您已经使用几年了？ ◆客户：四年了。
- 销售者：对江淮骏马满意吗？ ◆客户：还可以。
- 销售者：您是不是想看新车呢？ ◆客户：是。（表情已经有些不耐烦了）
- 销售者：您期望看东风小霸王吗？ ◆客户：是的。（声音突然大了起来）
- 销售者：您期望多少费用的预算呢？ ◆客户：我考虑考虑。（脸色明显僵硬了）
- 销售者：先生，对不起，我再问一个问题，您一般拉什么货呢？

◆客户：你是警察吗？（说着，愤怒地离开了，关门时还发出巨大的响声）

（2）开放式询问：问题宽泛，即"泛泛地问"，回答的自由度大，但让人"泛泛地答"，抓不住重点、不好组织、难以具体深挖。

比如："有什么要求吗？" 答："找一个适合的……"

比如："王经理，您对培训有什么要求？" 答："希望有实用性、针对性、时代性。"

比如："先生，您需要什么样的房间？" 答："宽敞、明亮、感觉舒爽的房间。"

比如："请问王老师，贵班李钰同学的情况怎么样？" 答："各方面都挺好的……"

（3）高获得性询问：限于某个方面的开放性提问，其询问的问题指向明确，同时内容开放，即"细细地问"，让人容易回答，且回答具体而有针对性，所得信息较准确。

比如："请问王经理，对于培训，您在内容方面有哪些具体考虑？"

比如："先生，您对房间的洗浴有什么要求？"

比如："请问王老师，贵班李钰同学在学习方面表现如何？"

比如："在款式方面，您有什么具体的要求？"

【即问即答】

- "您觉得我们的产品的质量怎么样？"——这是哪种询问方式？
- "您觉得我们的产品的质量好还是不好？"——这是哪种询问方式？
- "您觉得我们的产品怎么样？"——这是哪种询问方式？

3. 询问的策略

有效的询问让人愿意回答，容易回答，答得具体、细致。

怎么询问呢？从人的本性来看，让人感兴趣与关心的话题很容易激起人说话的欲望，而让人感兴趣与关心的话题多半是发生在身边的事；从人的本能来看，每个人都喜欢被尊重、亲和的询问而不喜欢质疑性的询问；从人的思维来看，先泛泛后具体的询问方式较符合人类的心智模式。故要求：问对方感兴趣的问题，友善礼貌地问，采取先宽后窄的"漏斗"式询问。

1）为客户着想

设身处地地站在客户角度、关心客户、为了客户利益而询问，询问的问题须是对方感兴趣与关心的，如此可促使对方说出想法。

比如："您有什么需要吗？""您的要求是什么？""您想要什么效果呢？""您喜欢什么？"

2）询问须礼尊

询问须有礼、尊敬，多礼节性询问，少问"为什么"，禁忌反问句。

常礼节性询问："您好，贵姓？""您近来怎样？"

少问"为什么"："为什么……呢？"

禁忌反问句："你就不能……吗？""你为什么不……呢？"

3）"漏斗"式询问

与客户沟通时比较有效的系列询问组合是开放式询问→高获得性询问→封闭式询问→想象式询问→封闭式询问→……→封闭式询问，简单的就是"开放式询问→高获得性询问→封闭式询问"，形似上大下小的漏斗（见图6.2），故称"漏斗"式询问。

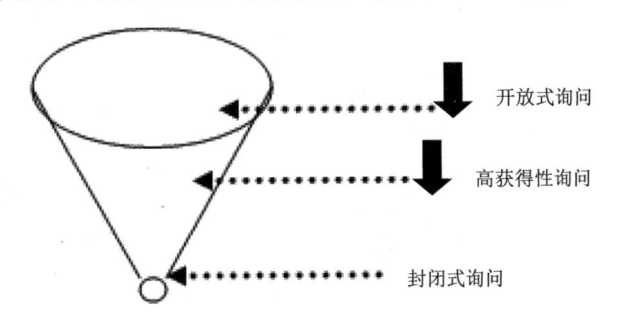

图6.2 "漏斗"式询问

比如，酒店服务员的一般询问模式为"先生/女士，您好，有什么可帮到您？"→"哦，住店，好的。请问您对住宿有什么要求？"→"那么，您对床铺有什么具体要求？"→……

比如，"推优"代表访谈班主任以了解班中若干同学，其提问流程一般是"王老师好，受团支部委托须了解您班李钰等同学的情况。请问李钰同学近期表现如何？"→"在学习方面表现如何？"→……→最后，"请问李钰同学、王林同学、天天同学谁表现得更突出一些？"

比如，营销中一般的系列询问流程："先生/女士，您好！请问您有什么需求？（或有什么可以帮到您？）"→"哦，这样啊。那么请问您有什么具体要求（或您给谁买呢）？"→"太棒了（或这真是太有爱了，或这真是太有创意了）！那请问您在款式、外形上有什么具体要求？喜欢什么颜色？在大小方面有什么规格要求？"

边学边练

- 招聘模拟演练：分别以封闭式询问、开放式访问、高获得性询问方式来询问应聘者，各问一句。
- 招聘模拟演练：按照"漏斗"式询问方式开展招聘沟通，见沟通事务6.1。
- 销售模拟演练：按照"漏斗"式询问方式开展柜台销售，见沟通事务5.1。

6.2.4 聆听

活动6.2　聆听素质测试

根据自己在学习、生活中与他人沟通时的表现，对下述题目选"很少""有时候""总是"，再赋分（很少=-1，有时候=0，总是=1），写在□左边（学期末再测试一下，写在□右边），完成后加总。

	现在	学期末
（1）我注视着说话的人。	____	□
（2）我耐心聆听。	____	□
（3）我以空杯心态聆听。	____	□
（4）聆听时我能够控制自己，很放松、冷静。	____	□
（5）聆听时我不会分心。	____	□
（6）别人说话时，我会做笔记。	____	□
（7）我聆听时发出附和声。	____	□
（8）我让说话的人把话说完。	____	□
（9）我聆听重要的论点。	____	□
（10）我确定自己了解了对方的观点之后再回答。	____	□
（11）我试着去了解对方的感受。	____	□
（12）即使对方是一个无趣的人，我也会听他说。	____	□
（13）我问问题以确定自己了解情况。	____	□
（14）我想到解决方法后再发言。	____	□

现在得分_____；学期末得分_____

注：12～14分＝优秀的聆听者；8～11分＝不错；5～7分＝马马虎虎（以为自己很好，其实很需要接受聆听训练）；4～6分＝差，根本没有在听；<3分表示极差，人格有缺陷。

【即问即答】
- 对比自己：以上课为例，表现不佳的地方有哪些？
- 自我反思：应如何改正？

情景6.5　正反聆听：哈里的助听器

销售员哈里因为听力不好，每次面对客户的时候，只能根据客户说话时的口型来判断客户说的是什么，然后再做出回答。

一次，哈里在老约翰的办公室里进行业务拜访，是关于一批钢铁的采购合同。在老约翰提到对这批货品的品质要求、运输要求及到货期限等问题时，哈里眼睛眨也不眨地盯着老约翰的脸，生怕错过了一个字，甚至还时不时地在笔记本上做记录。这时，正是春暖花开的季节，窗外景色明媚、阳光灿烂，几只鸟儿在欢快地叫着。

可是，哈里因为听力欠佳，无心这一切，只是专注地看着老约翰在动的嘴唇，连漂亮的女秘书端咖啡进来也没有注意到。直到会谈结束，哈里才松了口气，老约翰也很满意地从座位上起身，双方约定了下次见面的时间。

一段时间后，哈里获得了很多客户的认同、赏识，获得了很多订单，佣金不菲、收入大涨。于是哈里就去看了耳科医生，医生给他配了一副助听器，告诉他这种仪器可以使他的听力变好。哈里用了一下，果然如此，于是他每天都戴着这副助听器。

某一天，哈里如约来到了老约翰的办公室。这天，他听得很清楚，所以注意力不知不觉就分散了。一会儿他看着窗外的景色发呆，一会儿他被清脆的鸟叫声吸引住了，过了一会儿，有推门声，哈里探头看了一下，原来是老约翰的女秘书端咖啡进来，于是哈里的目光一直追随着女秘书婀娜的身影。

老约翰很生气，说："我一直很欣赏你工作时的专注劲儿，你可以一小时一小时地看着我，听我说话而不分神，让我觉得受到了尊重，这是其他销售人员所不曾做到的。可是，今天你却很不在意地听我说话，这让我觉得很诧异，虽然我们的合同已经谈得差不多了，但我还是要等到下一次再做决定。"

哈里听了，很是吃惊，他本来以为这副助听器能够给自己的销售生涯带来帮助，没想到却使客户大为恼火。现在他才明白，原来专注地聆听对他的工作如此重要。

【即问即答】
- 哈里成功是因为什么？失败是因为什么？这说明了什么？
- 对比自己，差距是什么？该情景对你有什么启发？

1. 听的价值

聆听不但可以培养亲和关系，让人很受欢迎，而且可在短时间内获知准确信息。卡耐基在《人性的弱点》一书中说："只要成为好的聆听者，你在两周内交到的朋友，会比你花两年功夫去赢得别人注意所交到的朋友还要多。"因为倾听是在成全对方"成为一个重要人物"与让对方感觉"受尊重"的精神需求，是诚挚的奉承、爱的体现，由此可简单地孕育亲和关系。如果一个人总是谈论自己及与自己相关的事，那么他将难以赢得真诚友谊，会越来越令人厌烦。所以说"大人物独揽聆听，小人物垄断讲话"。（大卫·舒瓦兹《大思想的神奇》）

2. 听的艺术

活动 6.3　折纸

取一张正方形的纸，对同学们说：将它"对折"→"再对折"→"再折成三角形"→"旋转180°"→"撕左角"→展开。看看你自己得到的结果，再对比其他同学得到的结果，图案形状有什么不同？

【即问即答】

- 指令信息相同但结果不同，这是为什么？
- 如何做才可以确保结果相同？

在"听"这门功课上许多人是不及格的。一般表现：如果谈话的人没有自己的学历高，人们就会虚与委蛇地听；如果谈话冗长烦琐、内容无趣味，人们就会私底下说话开小会；如果谈话的人言不及义，人们就会明显地露出厌恶的神色；如果谈话的人缺少真知灼见，人们就会讽刺挖苦、令他难堪；如果人们听得很轻松，其就会情不自禁地开始一心多用、神游天外——回忆昨晚看的电影、考虑明天怎样穿戴、幻想这个单子搞定后拿着丰厚酬金出去旅游等。此时说者是以心、以本能来灵敏感知的，于是说者感到不悦，甚至愤怒，自然会沟通停止、共识无望。

听需要学习，听需要修炼。"听"的古体字是"聽"，由耳、王、十、四、一、心组成，含义是用耳、目、心来听才是王者的、最高贵的行为。所以，听需要耳到、眼到、口到、心到，需要倾身、倾心地用尽力量去听，整个听的过程包括专注、反馈回应、记忆、理解、整理、复述，如此全身心地聆听才可以确保获知客户真实的内心信息。我们可以综合从互动反馈、信息完整、先行准备三方面把握。

1) 身心互动、积极反馈——心动要通过外在行动表现出来

(1) 点头、微笑、眼交流，倾身、专注、做笔记。

（2）嗯嗯、对对、语应和，询问、复述、肯定人。

（3）禁玩手机、忌接电话，忌看手表、忌小动作。

其中复述包含先肯定赞赏，再小结要点或将自己对话语的理解反馈给对方。

比如："邵经理，您的要求真是务实而全面啊。我简单复述一下，刚才您的要求有三点，第一是……；第二是……；第三是……您看，还有没有遗漏？"

情景6.6 心动就要行动——肢体反馈

一个人前去拜访客户万经理，请教万经理是如何创业与开拓市场的。万经理不由地畅谈起了他当初在深圳的创业史。此时，此人眼睛看着万经理，面带崇敬的表情，适时点头并将椅子移向万经理，嘴里不时地应和着"嗯嗯""太棒了""然后呢"等词语。于是万经理眉飞色舞、滔滔不绝、兴奋异常。

2）信息接收务须准确——听全、问询、辨识、核对

（1）听全：不插嘴、不打断、不猜测、不中途判断，聚精会神地把话听完。

（2）问询：聆听中若有没听清楚或意义不理解、不确定的疑惑之处，则待说话稍停时询问。

（3）辨识：细心觉察声音语言信息与肢体语言信息的细微变化，比较其与文字语言信息的吻合与不吻合之处，从而辨析客户的真实内心——读出"弦外之音"。

（4）核对：当对方表述完毕后，不论是否已经听清楚、听周全，都须简单复述一遍，以核对所听是否正确，如下述简单复述。

例如："王先生，刚才您对住宿的要求我来重复一遍，您听一下我有没有了解清楚，如有遗漏或错误请您帮我纠正。您的要求是第一……；第二……；第三……对吗？"

3）心态环境先行准备——心态平和、环境无扰

（1）心态平和：平静、"空杯"、专心。

① 平静：心情平静，不激动（不过于兴奋或情绪低落）。

② "空杯"：保持空杯心态，没有先入之见、不先下定论。

③ 专心：集中注意力，内心专注于与客户的沟通，而不是想着自己的利害得失。如情景6.7，用心来感知对方。

情景6.7 用心来听

有一次，一位公主在大师讲道的时候，听着听着就心不在焉了，对着外面鸣叫的鸟儿发起呆来。

大师见状，便问："我们听外面的鸟叫声，是用什么来听的？"公主说："用耳朵啊。"

大师接着问道：“死人也有耳朵，为什么听不到鸟叫声呢？"公主说：“我知道了，人是用灵魂来听的。”

这时大师又问：“睡着的人也有灵魂啊，为什么听不到鸟叫声？"公主想了半天，终于明白了。原来，听是需要用心的。

（2）环境无扰：关机、无人、优雅。

① 关机：在与客户沟通时，必须确保手机关机或静音，禁忌发出声音或看手机。

② 无人：沟通中避免声音干扰、人员出入等以确保无人干扰，如安排在会客室。

③ 优雅：在清净、雅致的环境中洽谈，促进心门开启、亲和融洽，促进沟通共识。

3. 听的层级

根据听的行为与所接收的信息，听分为3个层级：听清事实、听到关联、感同身受。我们至少要听清事实，尽力听到关联，最好能够感同身受，以确保了解客户并亲和客户。

（1）基础层：听清事实——正确地接收到对方所表达的文字信息，这是最基本的要求。

老师说了一道题目："一列火车上午7点离开甲地，行驶了100千米到乙地，车速是每小时100千米。同样是上午7点，另一列火车离开乙地，行驶了100千米到达甲地，车速是每小时50千米。它们碰头的时候，哪列火车离甲地更近呢？"

有没有听明白？

（2）较高层：听到关联——辨析语言与非语言信息中所隐藏的深层含义。除了听清楚文字信息，还要听清楚语音、语调及其细微的变化，看到各种细微的肢体动作及表情、眼神变化等，这就是要"听到关联"——"弦外之音""话中之义"。

比如，客户对营销者说："嗯，你说得挺好的"，然后就借故客气地走开了——客户真实的意思是"你的话我不感兴趣，你的产品我不要。"

（3）最高层：感同身受——细心体会对方的情绪情感并做出反应。当说话者说到悲伤处时，聆听者为之感叹、嘘唏不已；当说话者谈到开心处时，聆听者也为之欣喜；当说话者低声轻语时，聆听者能够领会其中的隐情；当说话者说到兴奋时，聆听者也情绪激昂。这就是聆听的最高境界"感同身受"——用心体会对方的情感，并积极反馈、应和。

认识人、了解人才可以"对地说""说对的"，而且这个关心、了解人的过程是非常让人心动愉悦的。通过调研、观察、询问、聆听可有效地了解客户。

要点回放

了解客户才可以进一步亲和客户，从而促进沟通。了解客户的需求与性情，以确保正

确地说正确的话。通过调研、观察、询问、聆听等方式来了解客户需求与客户性格，会问、会听至关重要。

项目检测

一、学习知识检测

1. 了解客户的两大意义是_____、_____。
2. 了解客户，须了解客户的_____、_____。
3. 了解客户的四路径是_____、_____、_____、_____。
4. 询问策略中的"漏斗式"询问：_____询问→系列_____询问→……→_____询问。
5. 高效的聆听须怎么言行？

二、自我言行检测

1. 以下述言行规范对比自己，客观评价；给自己提出建议。

	• 表现良好处	• 表现不好处	• 完善建议
（1）点头、微笑、眼神交流。			
（2）听时倾身、做笔记。			
（3）应和："嗯嗯""对对"。			
（4）不插嘴、不打断，等停。			
（5）不猜、不误判，等说完。			
（6）有询问，则等稍停时。			
（7）会简单复述，进行核对。			
（8）不玩手机、不做小动作。			
（9）平静、空杯、专心。			
（10）其他。			

2. 听有如下不同的表现状态：

状态1：认真倾听，保持目光接触，专注不走神，不轻易打断对方谈话。

状态2：给予适当的反馈应和，如点头、摇头、应和以"嗯""对"词语等。

状态3：分析、消化所听到的内容，弄懂发言人真正的意思并适当提问，而非听听就算了。

状态4：客观倾听，心态摆正，不存偏见。

根据所达到的表现状态，分成四层级听众。

- 初级听众：做到状态 1——表面上已经做到了"听"，但内心不一定认真专注。
- 中级听众：做到状态 1 与状态 2——表面已经做到了"听"，且进行了反馈、互动。
- 高级听众：做到状态 1、状态 2 与状态 3——不但"听"了，还理解了，并激发了新思考。
- VIP 听众：做到全部状态——认真听、做反馈、再思考，心平和、没有先入之见。

（1）检测自己：自己属于哪一级听众？

（2）检视自己：何处不错？哪里不佳？如未达初级听众，怎么办？

三、知人技能训练：认识人性格，了解人需求

1. 观察与判断：观察身边的同学、老师、亲友、事务交往者，判断其性格、需求。

2. 分析刘备、关羽、张飞、赵云、曹操、司马懿等人物的性格。

3. 分析沟通事务 1.1、沟通事务 1.2 中客户的内心需求。

四、作业："亲和与知人"实践训练

1. 与身边人沟通：以身边亲友、同学、老师及事务交往者为对象，运用调研、观察等手段了解他的性情、需求内容；关切与有效地"问"、专注地"听"，让他多多地说、说得开心，同时了解他的内心需求。

2. "三人行"演练：演练"知人与亲和"环节，情景对象可选沟通事务 1.1、沟通事务 5.1。

项目 7　有效表述的"三要四步"

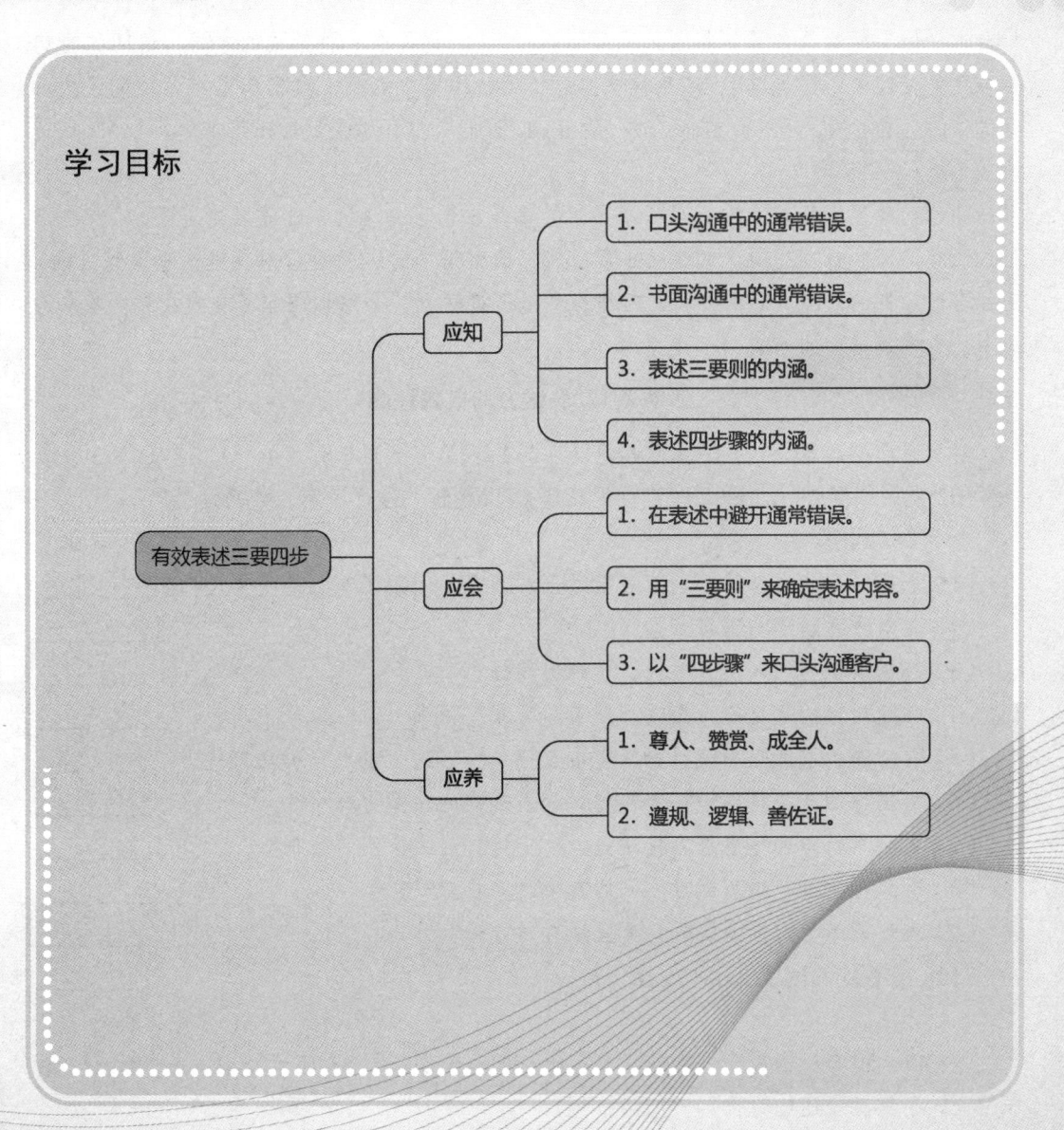

学习目标

- 有效表述三要四步
  - 应知
    1. 口头沟通中的通常错误。
    2. 书面沟通中的通常错误。
    3. 表述三要则的内涵。
    4. 表述四步骤的内涵。
  - 应会
    1. 在表述中避开通常错误。
    2. 用"三要则"来确定表述内容。
    3. 以"四步骤"来口头沟通客户。
  - 应养
    1. 尊人、赞赏、成全人。
    2. 遵规、逻辑、善佐证。

情景导引

视窗主人公：有的放矢

邵帅自接受了系列培训后，辛勤工作，以"勤能补拙"的态度不断进行电话邀约、拜访客户，渐渐取得了一些成绩，但被拒绝率仍然很高，因此他感觉困惑、郁闷。他请教经理，经理看到了他的努力态度和工作量，看到了他自信、热情、富有亲和力的表现，一时无语。

一次到家电城逛店，邵帅琢磨着手提电脑对拜访客户时进行产品介绍很有帮助，于是想看看，合适的话就买一台，但价格不能太贵，最好能小巧一点、"炫"一点。他刚凑近柜台，一位年轻的服务员就热情地迎了上来："我们这里有各种款式的电脑，请问先生您要台式电脑还是手提电脑？""手提电脑。""哦，手提电脑啊，我们店里有各种型号的。有进口的、国产的，还有目前很'炫'的iPad，这台是美国原装的，采用×××技术……"滔滔不绝。

邵帅感觉很有压迫感，而且听了半天大多是自己不关心的，于是就走开了。

此时，邵帅对表述有了领悟——太自我、太滔滔不绝、没有针对性是很令人讨厌的，正如自己日常的表现。回到公司，邵帅看到公司将举办一个培训课程《有的放矢：客户沟通中的有效表述》的消息，于是报名参加。

活动7.1 表达力的自我评测

对下面问题客观评测，不要思考地以"非常好"（5分）、"好"（4分）、"较好"（3分）、"差"（2分）、"很差"（1分）、"完全无此能力"（0分）进行评测，数据加总。

现在　学期末

（1）表述时泰然自若吗？面部表情运用适当吗？使用了有利的手势吗？　____　____
（2）与对方互动吗？语言亲切吗？　____　____
（3）多听少说吗？顺应不辩驳、不抢话题吗？　____　____
（4）听众对你的题目感兴趣吗？题目与听众有关吗？　____　____
（5）有清晰的重点吗？演讲材料与重点相关吗？这个重点与听众有关吗？　____　____
（6）有强力的支持材料吗？支持材料吸引听众的注意力吗？　____　____
（7）支持材料与表述重点直接相关吗？支持材料的证明力强吗？　____　____
（8）听众听得清楚吗？观点之间的转换过渡自然吗？　____　____
（9）表述易于为对方理解吗？语言适合对方吗？　____　____
（10）有效地表达了自己的观点吗？　____　____

现在得分____；学期末得分____

注：45~50分，非常好；36~44分，好；26~35分，及格；15~25分，差；0~15分，非常差，不具备表述能力。

项目 7 有效表述的"三要四步"

活动 7.2　同款衣服的两种表达，哪一种更让你心动？

- 营业员 I："该款衣服是 FALY 牌，是国外的品牌，是由史丹奴设计的，款式是世界流行款式，衣料是 100%棉花制成的……衣服很好吧？那就来一套吧。"
- 营业员 II："您家宝宝是 2 岁的小宝宝，皮肤娇嫩啊，特别敏感、受不得汗，所以这款衣服非常合适，因为它是全棉的，非常柔软，而且吸水性特别强，在夏天也可让宝宝的皮肤保持干爽，所以您家宝宝穿上会感到很舒服、睡得香香，这可让您少操心、让您放心、让您安睡。同时，该款式是目前世界上流行的设计款式，非常时尚，穿上它会让您家宝宝更加可爱。它是 FALY 牌，是童装中的 LV 啊。那就蓝色、白色的各来一套换着穿吧？"

【即问即答】

- 假如你是客户，面对营业员 I 与营业员 II 的产品介绍，对哪个比较心动？
- 营业员 I 表述的内容是什么？有什么特点？存在哪些不足？客户听后有什么感受？
- 营业员 II 表述的内容是什么？有什么特点？营业员 II 与营业员 I 表述的区别是什么？

导引思考

1. 人们在日常表述中，经常会犯哪些错误？
2. 表述应遵从什么原理、要则？
3. 向客户陈述观点时，应如何组织内容？
4. 要让人由衷感慨说"你真会说话啊"，应如何言行？

有效表述让客户认识到利益、感受到重视。在日常表述中，人们经常会犯某些错误，以致沟通低效、无效，主要是因为表述内容与表述方式不当。这要求人们在表述时践行有效表述三要则、四步骤。

模块 7.1　表述中的通常错误

情景 7.1　王医生介绍针灸——吓病人半死

病人身体不适。医生建议病人针灸一下，这样效果会好一些，于是就给病人介绍针灸。

王医生对病人说："一会儿我就在你头顶上下左右各扎 10 针，每根针 2 寸长。扎针时先把针直刺到头皮下，然后贯穿上下左右，向对侧沿头皮平刺过去，然后再左右捻动，上下拔插，最后通上电，让针随着电流搏动，加强刺激。怎么样？准备好了吗？"

病人听后，惊恐地说："不要了，不要了，谢谢。"

【即问即答】

- 王医生所说的内容，都是关于什么的内容？有什么特点？
- 王医生所说的内容，与病人的需要直接相关吗？病人听后的第一感觉是什么？

日常沟通中经常存在类似问题：内容不正确，如不准确、少答了或多答了不相干的内容；内容不完整，少了"5W1H"中的某些要素；更多讲述事务本身而不是对方问题的解决与所得好处；泛泛而答，不具体、无佐证；没有分段分点来表述，各段落组合不合乎人类思维。这些表述的通常错误，会让人感受到不被尊重、被怠慢、被侮辱，以及感觉思维混乱、不明，所以让人头晕，感觉不懂、不爽甚至愤怒，这严重阻碍着沟通的进行与共识的达成。具体表现如下。

7.1.1　口头沟通中的通常错误

1. 口头沟通中通常的非语言错误

（1）好当"话霸"：喜欢自己滔滔不绝而不让人说，被称为"话王""话痨"；讲自己认为对的观点、眉飞色舞地说自己的事情，对对方不管不顾，让人生厌。

（2）喜好辩驳：不但只想着自己说、不让人说而霸控话语，更是老想着辩驳对方、让对方哑口无言，整个沟通过程充满火药味，岂不知如此伤人至极。

（3）方式不当：说话态度不端正，没有热情、不自信；只按照自己习惯的方式来讲，如"扫机关枪"式、"慢郎中"式，不管对方是慢性子还是急性子。

（4）欠缺积极互动：听完客户所说或提问没有表示认同（如"嗯，这个问题真好"）与简单复述（如"刚才您的问题包括三点，一是……、二是……、三是……，对吧"），就急匆匆地顾自说话；表述完毕，没有再简单强调其中要点、没有与对方互动以征询其反馈意见。

2. 口头沟通中通常的文字语言错误

（1）内容不讲益处：只讲述事务本身的特点、优点，而不讲事务可带给对方的益处，这是人们通常所犯的大忌。比如，很多同学在竞聘班委时经常会说："该工作对我而言是一个很好的机会，想借此很好地锻炼自己"；或者在应聘营销岗位时自我介绍："我叫马小文，今年21岁，文秘专业毕业，爱好诗词、游戏、旅游，平时比较宅、爱上网……"这样的表述其实是无效的。

（2）没条理、没逻辑：说话没有条理，表现为不分段、不分点，无意识地用"然后""然后""然后"来进行前后串联，让人听着眩晕、好似被催眠；没有逻辑，段落之间欠缺逻辑关系而显现混乱，如前后没有因果关系、横向不属于同级关系；只讲泛泛观点，没有佐证支持。

7.1.2 书面沟通中的通常错误

职场写报告文案、学生写文稿与作业时，问题多多。总结如下。

（1）内容不对：答非所问、文不对题，不按要求来回答。比如，问题是"您在人际沟通中所表现的优点与不足是什么"，有人回答是"认真、肯吃苦、大气"，这就是典型的答非所问。

（2）内容不准：不围绕客户需求来说，不讲述客户所在乎的利益及利益实现的方案，只讲述事务本身的特点、优点。

（3）缺斤短两：少答问题，信息不完整。比如，问题是"如何理解先情后理，并给自己的日常人际沟通提出建议"，但回复信息中只写了对先情后理的理解与解释，而缺少了建议内容，这就是少答问题；如情景描述，只写了"5W1H"中的若干要素，即信息不完整。

（4）回答虚泛：只有泛泛观点。比如，只是说"很优秀""成绩丰富"，但没有具体解释、没有数据、没有事例、没有佐证；只是给出了原则性要求，没有具体化措施，让人无从明了，不能受到启发。

（5）没有条理：不分段、不分点、不加段落符号或段落符号错误，一大堆文字挤在一起，令人眼花、头晕，从而本能厌弃。纵使内容如珍玉，枉自费心白费力。

（6）欠缺逻辑：段落与段落之间欠缺逻辑关系，两个没有关系的段落硬生生地放在一起，让人看不懂；段落符号标设错误或不规范，让人理解错误或难以理解文本的内容、相互关系；观点、建议与后续内容即佐证材料之间不相关；如主题是"我适合营销岗位"，但所说内容一是"我毕业于高职行政管理专业"、二是"爱好广泛且体育好"、三是"计算机技术不错且曾经获得省 ERP 比赛三等奖"。

（7）晦涩难懂：内容多是分析原理，用了许多专业术语，让许多读者无法理解。

（8）态度不恭：迟交，不交，抄袭；非常潦草，敷衍，没有内涵；载体随意、不郑重。这些情况都是不尊人、不重事、态度不好的体现，不论是在职场工作中还是在学生的作业文稿中，后果都很严重。

成败有因，上述错误主要是由表述内容不当与表述方式不当所致，总结如下：欠缺同理心而没有与客户充分互动、没有关注客户的需求而忽略讲述利益、表述内容欠缺逻辑与条理性、表述内容庞杂啰唆、声音犹豫不肯定、肢体语言欠缺力量等。

模块 7.2 有效表述三要则

情景 7.2　万医生介绍针灸：让患者欣然接受

病人来就诊。万医生诊断后，觉得最有效的方法是针灸，于是给病人介绍了针灸。

万医生对病人说："刚扎进去时会有点儿痛，不过是很轻微的，就像蚊子叮了一下似的。　　然后用刺激性不强的手法行针，这有助于病气从体内排出。

最后用到的波形电流能有效地使您紧张的神经松弛下来，让您充分地放松和休息。经过这样治疗，您今天晚上就可以睡个好觉了。"

病人欣然同意。

【即问即答】

- 万医生解说针灸时，用了什么方式？
- 万医生解说针灸时，主要讲的是什么？
- 万医生解说针灸时，在内容组织上有什么特点？
- 万医生解说针灸时，他的态度表现是怎样的？

如情景 7.2 中万医生对针灸的解说，用了比喻"像蚊子叮了一下似的"，形象地让人了解针灸带来的痛感；介绍了针灸对病人的益处——排出病气，神经松弛，睡个好觉；整个解说的内容组织也是很有序的——"刚……→然后……→最后……"；另外，在整个解说过程中，万医生一直微笑着、语气亲和，这让病人感觉温暖、放松。

启发：有效表述应该是讲益处、有佐证、易理解、有条理，同时态度亲和。总结为三个方面：态度亲和、内容精准、形式规范。

7.2.1　态度亲和：居客户立场、友善语气、动心话语

（1）居客户立场：站在客户立场考虑问题、开展沟通，做客户的顾问。

站在客户的立场来思考，以客户价值观来沟通，以客户偏好的方式来表达。实践中表现为关心询问、专注倾听、趋近互动、运用对方的语言等。比如，克林顿在竞选演讲中走向提问者，问对方问题，从普通选民的角度来思考与回答，很好地获得了选民的认可。

视频：克林顿 PK 老布什

（2）友善态度：微笑友善的肢体语言、耐心亲切的语音语调。

学生 A（客户）："看上去不错，价格挺贵吧？"

小叶（服务员）："我也刚毕业不久，算是过来人，明白学生没有什么收入，这样吧，给你一个VIP的价格，660元，祝你六六大顺，再赠送你一个耳麦，好吧？"

一般情况下可如上应对，但特殊场合需要特殊处理。

（3）动心话语：先对客户给予赞赏、关心等情感语。

赞赏：如"您考虑得真是周全细致啊，敬佩！"

关心：如"我很尊重您的要求与建议，所以要充分、细致地明晰您的要求。您的要求是……"

7.2.2 内容精准：围绕客户价值、翔实佐证、通俗易懂

在与客户洽谈中，要讲的内容非常多，包括事务自身客观属性的系列特征信息、比其他事务更好的系列优点信息、事务可能带给客户的利益信息等。其中对客户而言，最让他心动的信息是利益——客户感觉到利益可以实现、需求可以被满足等，所以该表述的核心内容就是与客户利益相关的内容。

比如：

"这款沙发是真皮的，可以让您享有舒服、省心、显品味这三方面的益处。

一是坐着舒服，因这款沙发是真皮的，很柔软；

二是让人省力，因这款沙发是真皮的，易擦洗，易保养；

三是显现品位，真皮沙发让您家的大客厅更气派、为房增色，展现您的品位。

总之，这款沙发让您舒服、省心、显品。"

"利益促成客户心动，利益促成客户购买！"

真正与客户有直接关系的、令客户心动与下定决心的是这能给客户带来的"利益"，如赚钱、增加销售额、心安、有面子、有成就感等。故表述中须遵行"内容精准"要则：围绕客户价值，翔实佐证。

AUDI：赋能

（1）围绕客户价值：核心讲述客户可以获得的利益，通过讲述事务的特征与优点等内容来加以说明。

比如：

"这个讲台是用木头做的，搬起来很轻便，使用起来很方便。"

"这件衣服很适合您，您穿上去显得身材很棒，既显得丰满又体现了线条美。"

视频：离题与扣题

"您的皮肤不是特别白，但很匀称，要是用了这款产品，坚持一段时间，您的皮肤会

变得不仅匀称而且白皙。"

"给怀孕的儿媳妇买水果需要买有营养的……猕猴桃号称水果之王……最适合孕妇吃了，对您的儿媳妇及宝宝最有帮助了。"（见情景4.1）

如上表述，让客户感觉他的需求可以被很好地满足、利益得以达成，于是认同你的观点。

视频：内容不符合诉求　　　　　　　　视频：二利一害

（2）翔实佐证：核心内容需要落到实处、需要翔实佐证。

将利益以价值量化、具体化，并且以材料佐证。

比如："可以增加100万元的效益，具体而言是60万元的销售额增加、40万元的营销费用节省。为什么会有这个效果，是因为……"

（3）通俗易懂：使用一般人可正确理解的词语。

语词要求通俗易懂、词可达意、接地气，如情景2.3。

7.2.3　形式规范：文字组织有条理、有逻辑、标题化

表述内容须有条理、有逻辑地组织，并且标题化。

1. 有条理

文字内容须明晰地分章节、分段落、分点组织，如采用"总分总"结构。

比如："包含三点，一是核心德教以孕德，二是分流培养以专精，三是先悟后文育'全人'。

一、核心德教以孕德：……

二、分流培养以专精：……

三、先悟后文育'全人'：……

总之，……"

2. 有逻辑

表述内容的结构须有逻辑：整体而言是总括与分述的上下层级关系，具体分段可采用"情景、问题、分析、建议"的前后段落顺序。以"张辽劝说关羽降曹"（见《三国演义》第二十五回：屯土山关公约三事）为例，介绍有逻辑的表述方式，如图7.1所示。

项目 7 有效表述的"三要四步"

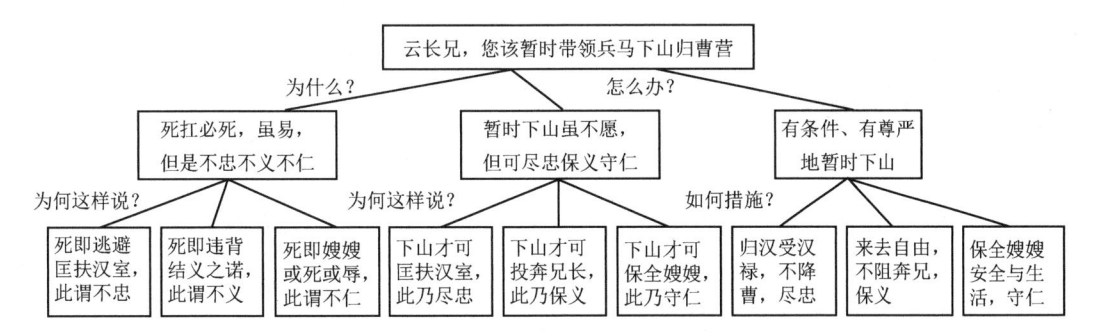

```
                    云长兄,您该暂时带领兵马下山归曹营
          为什么?                  怎么办?
   死扛必死,虽易,        暂时下山虽不愿,        有条件、有尊严
   但是不忠不义不仁      但可尽忠保义守仁        地暂时下山
 为何这样说?           为何这样说?             如何措施?
┌────┬────┬────┐  ┌────┬────┬────┐  ┌────┬────┬────┐
│死即│死即│死即│  │下山│下山│下山│  │归汉│来去│保全
│逃避│违背│嫂嫂│  │才可│才可│才可│  │受汉│自由,│嫂嫂
│匡扶│结义│或死│  │匡扶│投奔│保全│  │禄,│不阻│安全
│汉室,│之诺,│或辱,│  │汉室,│兄长,│嫂嫂,│  │不降│奔亲,│与生
│此谓│此谓│此谓│  │此乃│此乃│此乃│  │曹,│保义│活,
│不忠│不义│不仁│  │尽忠│保义│守仁│  │尽忠│    │守仁
```

图 7.1 张辽劝说关羽话语的逻辑结构

有逻辑要求：上下内容之间是总括与分述的层级从属关系，左右内容是各分点内容，同属一个范畴的平行关系，通过分章节、分段、分点来表述；而且前述观点，须在后面详细说明、佐证。

3. 标题化

每个章节、段落、要点须提炼出一个简单的标题，标题词前需要标注规范的标题符号。在书写文稿中，按层级规范，段落符号由高到低是"一""（一）""1.""（1）"；口说，一般是"第一方面""第二方面"……或"第一点""第二点"……或"首先""其次"……"最后"，如此可让阅者一眼便明白文章的内容与框架、让听者一听则明白文章的内容大意与框架。

小结：态度好才能让人听，简洁条理才能让人听得懂，说到心坎才能让人动心。

赏析邵帅前后两则应聘书：见情景 1.6 与情景 1.6 续。

情景 1.6　邵帅应聘书

邵帅，籍贯浙江金华，1998 年出生，身高 1.80 米，学校的体育长跑健将。爱好广泛，球类、唱歌、喝酒、钓鱼、下棋都有兴趣，具有一定造诣；A 型血，开朗大方，热心于人，有良好的组织能力，实践能力不错，曾经做过运动鞋销售员，取得了不错的成绩，有一定经验。在校期间读书认真，不旷课、不迟到，成绩优良，获得过三等奖学金，任过班级学习委员。学习期间热衷于课外学习与实践，有多次社会实习的经验，也获得过老板的赞许。同时，我这人肯吃苦耐劳，有不达目的誓不罢休的坚毅心。

总之，我人际交往不错，也有较多实践经验，较为适合营销岗位。

情景 1.6（续）　邵帅应聘书

邵帅，籍贯浙江金华，1998 年出生，身高 1.80 米，性格较外向，喜欢营销类岗位。

1. 亲和力助我亲和客户。爱笑，开朗大方，热心于人，有分享心态，让我较易融入人群、结交朋友、结交客户，与客户培育良好亲和关系。

2. 销售经验确保好业绩。上大学时摆过地摊、做过寝室销售，卖掉了约 500 双运动鞋；在大二时组织过班级义卖，寒暑假做过商场促销。这些经验让我可以较快地开展销售工作，再加上公司的专门培训，我自信可以较快地进入状态、取得优良业绩。

3. 耐挫折有毅力助成功。我是 A 型血，凡事好琢磨、求完美、析规律，非常明白做销售是很锻炼人的、须不断经历挫折打击的，但高耐性激励我坚持、积极面对挫折，直到成功。

4. 体健能跑确保高拜访。身体不错，喜欢东奔西走，出差、寒暑都不畏惧，以大工作量、高拜访量来确保成交量，勤以补拙、笨鸟多飞，相信我会突破、会取得优秀业绩。

总之，亲和力与分享心让我长于营销，不怕吃苦与"吃苦当吃补"让我坚毅，有经验与好身体让我胜任。

边学边练

你去某公司应聘文员,撰写并简述自我介绍,须逻辑结构和内容框架清晰、纲要标题明晰。

模块 7.3 有效表述四步骤

以情景 2.3 的沙发解说为例,解析销售员对客户讲述沙发的过程。

在经过寒暄、询问与聆听客户的要求后,明晰客户"坐着舒服、用着省心、展现品位"这三个主要需求。

明晰客户的需求后,接下来就该是销售员向客户解说沙发,以让客户心动。总体内容包含对客户所诉要求的肯定、赞赏,简单复述客户的要求,总扩客户价值,分点详细解说,并进行说明、佐证,最后总结与强调。具体表述内容,范例如下:

- "您的想法前卫哦,让我学习到了。您的要求有三点:舒服、省心、显品味,对吧?"
- "据此,特别给您推荐这款沙发。这款沙发是真皮的,可以让您非常好地享有舒服、省心、显品位这三方面的益处。"
- "一是坐着舒服,因为这款沙发是真皮的,很柔软;
  二是让人省力,因为这款沙发是真皮的,易擦洗,易保养;
  三是显现品位,真皮沙发让您家的大客厅更气派、为房增色,展现您的品位。"
- "总之,这款沙发让您舒服、省心、显品。"

于是,客户听了后心动,决定购买。

总结整个口头表述的过程,归纳如下(见图 7.2)。

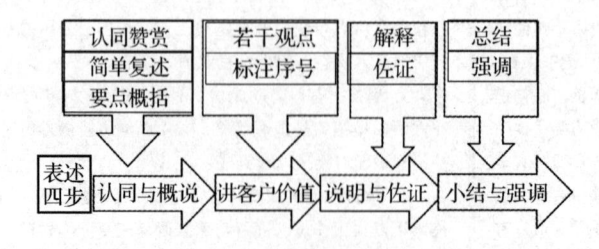

认同赞赏	若干观点	解释	总结
简单复述	标注序号	佐证	强调
要点概括			

表述四步:认同与概说 → 讲客户价值 → 说明与佐证 → 小结与强调

图 7.2 口头表述四步骤

项目 7
有效表述的"三要四步"

第一步：认同与概说。听完客户讲述需求，须先对客户的需求与想法及其本人表示认同、赞赏，并简单复述，征询是否有遗漏，同时配合肢体语言与声音语言来表达认同。

比如："您刚才对您的需求做了细致的讲解，这说明您真的非常用心与细心。我们非常重视您的要求，概括而言是……、……、……这三点，对吧？"

比如，微笑、注视客户，同时身体倾向客户，不时点头……

第二步：讲客户价值。讲述事务对于客户的价值、利益，分几点来讲述，这是整个表述内容的核心主题。一般以总述、分说来展开，分点用短语、词句高度概括为标题词，在分点之前标注段落符号。

总体而言："按照……，那么您将收获……"

具体分析："收益具体包括三方面，一是……、二是……、三是……"

第三步：说明与佐证。分点标题词需要说明与佐证，先做进一步的解释说明，然后以数据、证书、图片、故事、演示等方式进行佐证，以充分解决客户（听者/受众）"何以见得呢"的疑问。

- 分点论证范例 1：

张辽大笑道："云长兄，你这样说话，不是让天下人耻笑吗？"

随之张辽细说其三大罪状。

第一，不义：坚持不降而死，则不能同生死、共效力，违背誓言，此为不义。

第二，不仁：如死，则两位嫂嫂或守节而死或归他人，都是辜负刘备之托，此为不仁。

第三，不忠：如今逞匹夫之勇牺牲性命，则不能匡扶大汉社稷，此为不忠。

- 分点论证范例 2：

柜台服务员："这款童衣……省心、安心。为什么这么说呢？因为这款童衣是由上等新疆棉织的，所以非常柔软、亲肤、吸汗。"

- 材料佐证范例 3：

"王总，请放心来我们酒店开公司年会，我们承办过各种大会，如×××公司的年度颁奖大会……"

- 材料佐证范例 3：

"大姐请您放心，我们这里 80% 的衣服都是为那些总裁夫人们准备的。"营业员微笑着回答。"喏，刚刚走的那两位就是××公司总裁夫人，她们经常来我们这里买衣服，都是我们的老客户了。"

第四步：小结与强调。表述完毕，简单地小结内容要点，对核心利益点再做强调，同时征询对方的意见与反馈。

比如:"简言之,将帮助你实现……的目标,具体可达成……、……、……的系列效益。尤其是……"

根据口头表述四步骤,举例如下。

- 第一步:"哦,这么有情意啊,而且考虑得挺周全。小姑娘真有心啊!简单复述一下,你刚才的要求是作为同学的生日礼物,要独特一点、价格实惠,对吧?"
- 第二步:"针对你的要求,我建议你选一只夜光手表,这个可以满足你独特、有效、实惠的要求。"
- 第三步:"因为现在须限时大量刷题,故刚好用到手表;在夜晚或早晨,荧光可以帮助你的同学看时间;有多个闹铃,有女孩们喜欢的铃声或歌曲;你的同学把表天天戴在手上,可以天天想着你,效果多好啊;而且这款夜光手表的价格仅为99元,不仅便宜,还意味着友谊长久。"
- 第四步:"简单说,这款夜光手表功能独特、刚好用到、天天用到,还实惠。"

边学边练

- 前厅接待客户,演练事务沟通1.2。
- 柜台接待客户,演练事务沟通5.1。

视频:柜台接待销售

技能训练

有效地进行口头表述与书面撰写。

- 口头模拟、演练事务沟通6.1、事务沟通6.2。
- 要创业,想说服爸爸投资,演练事务沟通6.3。
- 选家乡某一特产,制作一段广告宣传短视频。

要点回放

视频:奔驰,自动侦测刹车

口头与书面表述中都存在系列问题,沟通实践中须遵从态度亲和、内容精准、形式规范三要则,遵从"认同与概说→讲客户价值→说明与佐证→小结与强调"四步骤。

项目检测

一、自我言行检测

1. 分析自己在下述言行（表述）方面的表现。

	客观评价（良好或不足）	给自己提出建议
（1）抢话，"话霸"。		
（2）语气、态度、语速。		
（3）认同、倾听、顺应或相反。		
（4）关心客户及其需求。		
（5）核心分析、讲述客户利益。		
（6）充分的材料佐证与支持。		
（7）分段分点地讲解。		
（8）简洁不啰唆、语句通俗。		

2. 观察：观察身边的同学、老师、亲友、事务交往者，看看他们的表述的有效性和不足之处。

学而习之：运用"好态度、说对方利益及其感兴趣的问题、有条理"的方式来与其沟通。

二、应知知识问答

1. 在日常沟通中，一般人通常会在表述时犯什么错误？
2. 有效表述须怎样开展？

三、应会技能训练

1. 太白金星劝说孙大圣去天庭任职"弼马温"，大圣嫌当官不自由，而且官衔不够大（比不上二郎神），不如在家做"大圣"过瘾。此时，太白金星应如何与大圣进一步沟通，使大圣回心转意？

2. 综合训练：你带着一本书去拜访学院的某位领导，向他讲述你学习《客户沟通技巧》的收获、感受，并请他对你此次拜访沟通进行评分、提出建议。

3. 就下述情景，撰写一则文稿。

（1）撰写一份自己班级团支部的宣传文稿，以供五四红旗团支部比赛演讲用。

（2）撰写一篇浙江经济职业技术学院企管专业的招生简介，以吸引考生及家长投报。

（3）撰写一则华为 P9 的宣传软文。

（4）据所应聘岗位（58 同城来校园应聘，共有 4 个岗位，包括客服、活动策划、校园招聘代理、运营助理），撰写一篇约 400 字的自我介绍文稿。

项目 8 促成共识的"三要九招"

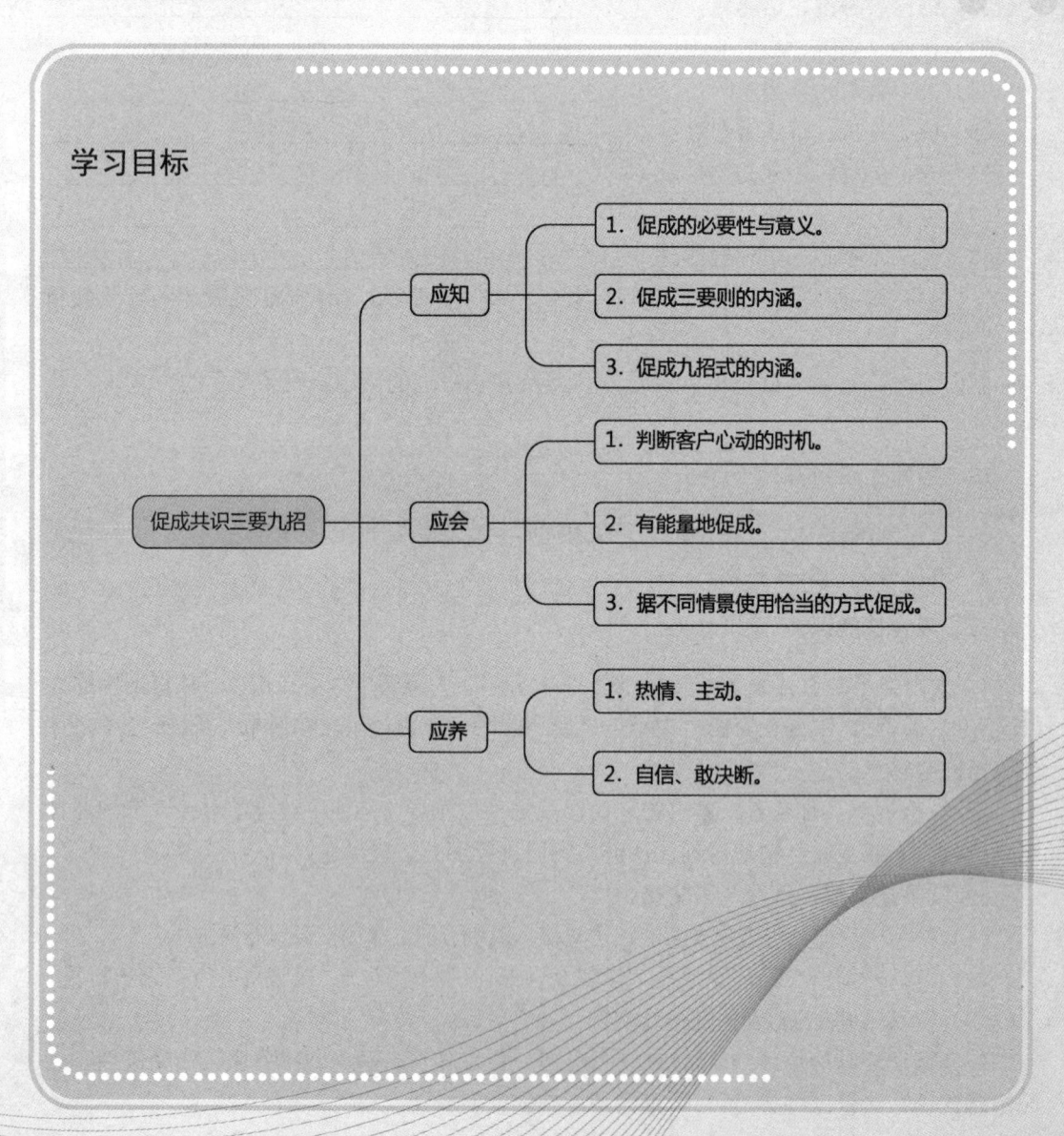

学习目标

促成共识三要九招
- 应知
  - 1. 促成的必要性与意义。
  - 2. 促成三要则的内涵。
  - 3. 促成九招式的内涵。
- 应会
  - 1. 判断客户心动的时机。
  - 2. 有能量地促成。
  - 3. 据不同情景使用恰当的方式促成。
- 应养
  - 1. 热情、主动。
  - 2. 自信、敢决断。

项目 8 促成共识的"三要九招"

情景导引

视窗主人公：临门一脚欠缺

邵帅经过一段时间的历练与不断学习，有了长足的进步，与客户沟通的素养有所提升，沟通能力初步掌握并日渐娴熟，因此成绩也逐渐提高。可随着客户洽谈数量的增加，各种不如意的情况不断出现。比如，整个沟通过程中的寒暄、询问与倾听、需求了解、对问题的针对性讲述都很顺畅，双方互动一直不错，可最后双方都犹犹豫豫地不敢提出成交要求，于是很多原本很有希望的业务因此耽搁下来，但过一段时间后客户的热情便冷却了，稍不注意就被竞争对手抢了机会。

邵帅为之非常苦恼。哪里出了问题？

他请教经理，经理认为是"临门一脚"出现问题，建议他搜索、阅览相关书籍或参加培训。邵帅登录公司网站看到一则培训信息——《有效促成共识：临门一脚的艺术》。

于是邵帅参加了培训，结合实践经验和教训，获得启发、突破。

情景 8.1 麦当劳餐厅的最佳员工

有一名在麦当劳工作的服务员，他的营业额总是名列前茅，他的照片总被贴在最佳员工的位置上。大家都很奇怪，想知道他成功的秘诀。在一次经验交流会上，这名服务员告诉了大家一个技巧。客户来餐厅消费时往往会比较明确地点明要某种汉堡或某种套餐，但是对于饮料，却往往不会明确地点明要中杯、大杯还是小杯，而只是说一杯可乐或一杯牛奶。面对这种情况，他便问客户："您要大杯还是中杯？"结果他发现竟有70%的客户会在这两个选项里面做选择，而很少有客户主动提出要小杯。这样一来，他的营业额自然就提高了。

情景 8.2 最后时刻支支吾吾

销售工程师 A："这幢大楼如果要达到您所要求的"智能化"配备，则您需要和几家设备及软件供应商联系呢？"

客户："五家。"

销售工程师 A："我们公司提供的系统集成全面解决方案，包括您所需的各种硬件及软件，能妥善地使您得到更全面的服务并节省很多时间和精力。"

客户："这个我明白。不过，这五家公司的产品在其各自的领域都是出类拔萃的。"

销售工程师 A："这个毋庸置疑，我也认为它们的产品各有千秋。但是，由于他们都有各自的规格标准，容易产生互相排斥而不兼容的现象，也许还会造成软件使用上的障碍，影响以后的长久、顺利使用。"

客户:"这种情况我们也考虑过。"

销售工程师 A:"而我们可以从全局考虑,统一所有的标准和流程,能出色地确保无论是硬件还是软件,都能像一个有机的整体那样配合得极为紧密而又完善。而且您只需要与我们一家公司打交道,就可以解决所有问题。"

客户:"听起来很有吸引力。那么你们的费用是多少呢?"

销售工程师 A(很紧张的样子):"费用?哦,费用。费用嘛(藏在桌子底下的手很紧张地攥着一张报价单,就是不敢拿出来)可能不会是一个小数目。"

客户:"什么?你说什么?到底是多少钱?"

销售工程师 A:"没,没多少钱。我回去再算算。"

【即问即答】
- 前后两则情景的结果有什么不同?
- 前一则情景的正确之处是什么?后一则情景的不当之处是什么?
- 这两则情景对你有什么启发?

导引思考:
1. 促成的价值、意义是什么?
2. 促成须遵行什么要则?
3. 我们可以应用哪些促成方式?

"没有射门,没有进球。""没有促成,难以共识。"在日常人际沟通、职场情景沟通事务中(如接待客户、商谈、酒店前台服务、营销等),虽然前面沟通得很顺畅,但因为方法运用不当,往往在最后一刻表现得迟疑或底气不足,提出要求但客户没有认同。这个对客户提出成交要求或达成共识的行为就是促成,促成的质量如何,直接决定着双方能否达成共识。

在客户沟通中,促成这一行为具有二重意义。一是通过促成来探析客户的真实心理。比如,对客户说"那就定那辆黑色的?"之后客户自然会做反应——好或不好、同意或不同意,如此便明了客户的真实心意。二是通过促成来帮助达成共识。一般而言,客户心动之时也是客户彷徨不定之时,这时客户很需要外力的助推,以下定决心。尤其是在有说服性的沟通商谈中,一般而言需要由沟通发起者做出主动、热诚的促成行为,如此才可较好地促使双方达成共识。反之,如不能适时地、有效地促成,就无法最终达成共识,在营销中就无法达成协议,从而使得此前的努力付之东流。调查表明,在即将达成共识的沟通中,如果沟通发起者没有主动提出要达成协议,则约 60%的沟通最终没有达成协议。这就如同足球运动员好不容易把球从后场传到中场、过了对手传到了前场,却待在门前不射门,结果自然不得分。

项目 8 促成共识的"三要九招"

模块 8.1 促成三要则

当客户心动时,须不失时机地以良好的状态和恰当的方式来促成,确保达成共识。

情景 8.3　自自然然提建议

客户服务专员 C(简称客服 C):"夏天到了,自来水供应正常吗?水质如何?"

家庭主妇:"供应不正常,水质也不好。"

客服 C:"哦,这样啊!那真须改进了。如果有一种既纯净又甘甜的饮用水,您会接受吗?"

家庭主妇:"可以考虑。"

客服 C:"如果我们每周两次送水上门,既经济又方便,这样的服务方式您会满意吗?"

家庭主妇:"很好啊。"

客服 C:"那您先来多少?"

家庭主妇:"那我就先订三个月的用量吧。"

【即问即答】

客服 C 的沟通言行中值得称道的地方是什么?

8.1.1 时机恰当

"心动就要行动"。这就是说心动了即刻就要行动,不能早,也不能晚。行动早了,客户还没有感觉,还没有感知到利益,还没有心动,此时的促成行动就犹如"霸王硬上弓",使客户徒增反感、厌烦,反而不利于沟通;行动晚了,客户期盼多时等不来成交或共识的要求,其热情也就逐渐冷却了,于是失去了共识或成交的心思动力,这就是"黄花菜凉了"。总之,促成的时机把握很重要、很敏感,既不能早也不能晚,要适当——"趁'热'打铁"。这个时机应如何判断呢?

恰当的时机就是客户心动时。客户心动时一般是其肢体语言变化时、语音语调变化时、质疑与提要求时、对促成做肯定回复时。具体如何判断?参见下述情况。

1. 客户的肢体语言变化时

(1)眼神:环顾四周,忽然凝视你;听完后眼神发亮,专注地阅读材料或说明书。

(2)表情:脸上露出轻松、愉快的神情,微笑、脸颊微微泛红。

(3) 点头：聆听时或听完后，点头表示同意。

(4) 趋前：聆听时身体前倾或前移。

(5) 动作：反复看样品，紧紧地拿着产品；询问品种是否齐全、品质如何，直接拿出计算器或在纸上计算；重新审视样品；拿起订货单；一阵紧张后身体顿时松弛下来。

2. 客户的语音语调变化时

当客户的语音语调（包括语气、语速、节奏、音量等）发生变化时，如声音变得热情、语速加快等一般是其心动的表现。

3. 客户质疑与提要求时

(1)"嫌货才是买货人"，故客户在价格、服务、质量及某些条件等方面做出纠缠、指错、追问不停等行为时，则表示客户有心"购买"或接近认同；反之，沉默不语、不表态、不质疑，则说明客户没动心甚至没听。

(2) 质疑、怀疑、疑问。

比如："怎么那么贵？""你看这里有问题呢！"

"据说你们的那个×××品牌产品，前一阵子传出了一些安全问题啊……"

(3) 反复地讨价、还价。

比如："我都多要了那么，必须得便宜些。""这太贵了，打4折我就要了。"

"这个价格我们觉得还是偏高了，我们领导肯定不会同意的，这样吧，你再……"

(4) 忽然不断地询问。

比如："保修期有多长？""通过什么途径送货？""安装怎么办呢？"

"这个问题是怎么回事？给我说说。"

"假如按照……的思路来开展，结果是什么？"

4. 客户对促成做肯定回复时

询问客户是否满意或建议客户选择方案，此时客户的反应是做出肯定的回复。

比如："那么您看，咱们就订405房或306房？"客户："那就306房吧。"

"您还有别的要求吗？"客户："我希望……"

那么，如何判断客户是否心动了呢？

有若干种方式，包括观察客户肢体语言的变化、细辨客户语音语调的变化、聆听客户质疑及所提要求、询问以试探客户的反应等。

8.1.2 须有能量

促成是一种助推行为，须有强大能量才会有影响力，才会触动客户心灵，从而使客户做出决断。故需要以积极思维、自信热情、主动有力的方式，做到激情状态、主动促成。

1. 激情状态

对客户进行促成时，必须做到声音自信有力且热情爽朗，给予客户赞赏性的眼神交流，如此可有效地促使客户下定决心；反之，有气无力、低声犹豫、目光游离地给客户提建议，客户自然会犹犹豫豫、没信心做决定。

2. 主动促成

一旦察觉客户心动，就要主动促成。千万不要坐等客户主动提出成交要求，因为让客户主动地说出"我要……"，是很让人为难的。

8.1.3 方式恰当

不同的人格、不同的情景必须配以相应的促成方式。比如，对于力量型客户须配以直截了当的促成方式，对于和平型客户须配以先试用的初步式促成方式等，如此才有良好效果。

当客户心动时，不失时机地推他一把——提要求、提建议以促成共识。职场沟通中经常采用的促成方式有直接式、选择式、假设成交式等，但具体采用何种方式要根据客户的人格与情景而定。

模块 8.2 促成九招式

1. 直接式

直接式是指直接提出成交要求的一种促成方式。这种方式简单易行，但有一定风险，若遭遇否定回答则易失去机会，一般对力量型客户比较适用。

比如：服务员微笑、自信、热情、炯炯有神地看着客户，声音充满激情并且果断地对客户说："那么，咱们就住405房间吧。"

比如："这是一份1000单的合约，王总，请您过目一下，您觉得可以的话请在这里签字。"

或者："王总，在这里签下您的大名，这儿就属于您了！"同时顺势靠近王总，把钢笔递给他："就签在这里。"

视频：简洁、暴力促成

2. 选择式

选择式是指给客户多种选择的引导的潜意识说服的一种有效促成方式,各种场景普遍适用。

比如:"先生,您看,您是要单人房呢,还是标准间?"

或者:"您希望我们在什么时候送货呢?下周一上午还是下周二下午?"

视频:选择式

3. 假设成交式

假设成交式是指当客户发出的"购买"信号比较强烈时,服务员可以假定客户已经决定做某决定或者购买某产品,然后针对某些客户做了决定后会考虑的细节进一步询问客户意见,从而取得客户真实反馈的一种促成方式。此时不要问客户"要不要",而要问"要多少、怎么办理手续等",跳过"要不要"的环节而直接进入决定要了之后下一步怎么办的环节,这有助于促成共识。假设成交式适合客户已经明显动心且急欲做决定的场景。

视频:假设成交式

比如,服务员微笑、自信、热情、炯炯有神地看着客户,充满激情并且果断地对客户说:"那王先生,您看先给您登记几天呢?是先暂时登记一天还是三天?"

或者:"王总啊,您真幸运,今天刚好是店庆日,搞了一些赠送活动,有A礼包、B礼包、C礼包,可任选一样,您看,您选择哪个礼包呢?"

情景8.4 及时促成交易

某办公用品销售员到某办公室去销售碎纸机。办公室主任在听完产品介绍后摆弄起样机,自言自语道:"东西倒是挺合适,只是办公室这些年轻人毛手毛脚,只怕没用两天就坏了。"销售员一听,马上接着说:"这样好了,明天我把货运过来的时候,顺便把碎纸机的使用方法和注意事项给大家讲讲,这是我的名片,如果使用过程中出现故障,请随时与我联系,我们负责维修。主任,如果没有其他问题,我们就这么定了!"

【即问即答】

- 这位销售员使用了什么促成方式?
- 还可以采用其他什么方式来促成?请演示一下。

4. 初步式

初步式是指以小批量的交易作为开端的一种促成方式,因为这对客户的压力不大,容易取得承诺,从而取得突破口。初步式适合于不敢冒风险、比较保守的人,如完美型、和平型客户。

视频:初步式

项目 8
促成共识的"三要九招"

比如:"您先住一天看看吧,如果感觉舒适,不妨多住几天。"

或者:"您就先订两箱销销看,如果销售状况好就再多订一些,如果销售状况不好就退回来,您看怎么样?"

5. 比较式

比较式是指通过和客户的同行做比较或者和同类事务做比较,利用客户的攀比心理来获取客户的认同并使其做出决定的一种促成方式。

比如:"B商店销售我们的产品有一段时间了,销量非常不错,您不妨也订一些销销看?"

6. 特卖式

特卖式是指利用客户希望得到优惠而害怕失去优惠的心理,告诉客户当前政策或活动的唯一性、稍纵即逝、"过了这个村就没这个店",促使客户抓住时机、做出决定的一种促成方式。

比如:"本周我们酒店店庆,所有服务的费用打6折并附送VIP卡,机会很难得的。你们的活动定在我们酒店是很明智的。那就这么定下来?"

或者:"大出血呐!现在我们正在进行优惠促销活动,力度很大,机不可失啊。来多少?"

7. 摘要式

摘要式是指将前面讨论过的问题再复述一遍,特别是客户感兴趣的部分,然后再尝试促成的一种促成方式。

比如:"概括来说就是,第一,……;第二,……;第三,……这正是您所需要的。那么我们就这样定下来吧。"

8. 想象式

当客户还在犹豫时,可以进一步引导客户思考与感受某个场景画面——当客户拥有它或身处其中时,想象那时所看到、听到、感觉到的,及其给自己带来的需求满足、内心深处的抚慰——这正是客户内心深处所梦寐以求的。将这幅画面栩栩如生地、感性动情地展现在客户眼前,一旦客户心动显现,就做出促成言行。这就是想象式促成方式。

视频:想象式

比如,服务员微笑、自信、热情、炯炯有神地看着客户,声音动情而感性地对客户说:"您看啊,这两幢房子是多么的漂亮、宽敞且具有欧式风格,尤其是这宽敞的、欧式的、阳光洒满的阳台,是多么地合乎您家'公主'的审美。'公主'回家一看这阳台、卧室,一定会喜欢得不得了。想象一下,当您家'公主'回家看到您给她布置的这一切时,她会多么兴奋啊。那么,王总啊,您看这两幢带大阳台的房子,订哪幢呢?"

或者:"万经理,想象一下,接受了这次培训之后,您公司(部门)的销售业绩增长会是怎样地令您的同行与领导惊讶和惊喜啊!那是怎样的效果啊!您觉得安排在什么时间合适呢?"

9. 恐吓式

恐吓式是指利用不利于客户的情景,给客户以压力的一种促成方式。具体做法是把可怕的后果、客户最担心的结果展现给客户,让客户深深体会其痛苦,促使客户为逃避该痛苦而下定决心。但这种方式不宜多用,一般在客户非常渴望但仍然犹豫不决时尝试运用。

比如:"就剩这两款了,而且安佳公司的老李明天要来取一款,您看订哪一款?"

或者:"王总啊,您也知道现在的竞争是多么激烈,而企业的竞争力从本质上说是员工的竞争力,体现为员工的素养、心态,所以对员工素养的培育、心态的修炼是涉及企业竞争力的根本问题。贵公司现在遇到发展瓶颈、业绩下滑,从根本而言是人的问题,如果人的问题不解决,则一切方法都是无效的,而且问题肯定会越来越严重。王总,您看我们先运行哪个方案?"

对不同的客户适合采用不同的促成方式,只有促成方式与场景、客户相匹配,才会有效。一般而言,和平型客户较适合采用初步式、活泼型客户适合选用选择式或想象式、完美型客户适合选用比较式或特卖式、力量型客户适合选用直接式。

边学边练

- 观察判断心动时机:游说他人(开展某一事项),细细观察其动作、表情与言语变化。
- 促成实施:自选某一情景,以某一同学为沟通对象,以恰当的方式实施促成。

小结:要成交须促成。临门一脚需要在客户心动时分,激情与主动地采取适合当时场景的促成方式。

技能训练

- 尝试促成——进行"临门一脚"。
- 模拟、演练沟通事务 1.1、沟通事务 1.2、沟通事务 5.1。

要点回放

一旦客户心动就采取行动——促成,此时需积极心境、激发能量,实施合适的促成方式。

项目检测

一、自我言行检测

1．分析自己在下述言行方面的表现。

　　　　　　　　　　　　　　　　　　良好或不足　　　　　给自己提出建议

（1）表述完毕则提具体的建议。　　_____　　　_____

（2）提建议、要求时主动、有力。　　_____　　　_____

（3）提建议时为对方着想。　　　　　_____　　　_____

（4）当觉得对方心动时立即促成。　　_____　　　_____

（5）针对不同人使用不同的促成方式。_____　　　_____

2．观察：观察身边的同学、亲友、事务交往者，看看他们在日常沟通中的"临门一脚"状况——是磨磨唧唧还是主动有力？

二、应知知识问答

1．促成的二重意义：_____、_____。

2．促成须遵行的三要则：_____、_____、_____。

3．促成的方式有哪些？

三、应会技能训练

1．各适合采用哪种沟通方式？

2．业务员表述后，客户做如下反应——客户传达了什么意思？业务员该如何应对？

（1）客户说："那也不见得"，并板着脸、抱胸……

（2）客户说："待会就要开会，今天就这样吧，再联系。"

（3）客户说："挺好的，先这样吧"，然后人就走开了。

（4）客户说："太贵了吧""这个不太让人满意哦"，同时人不走、手里拿着东西。

3．"表述与促成"环节演练。选择如下沟通事务来实践演练：沟通事务1.1、沟通事务5.1、沟通事务6.2。

4．当需要让对方做出决定时，自己尝试以"激情、主动"的方式进行促成，会得到什么效果？

项目 9　化解异议的"二心四步"

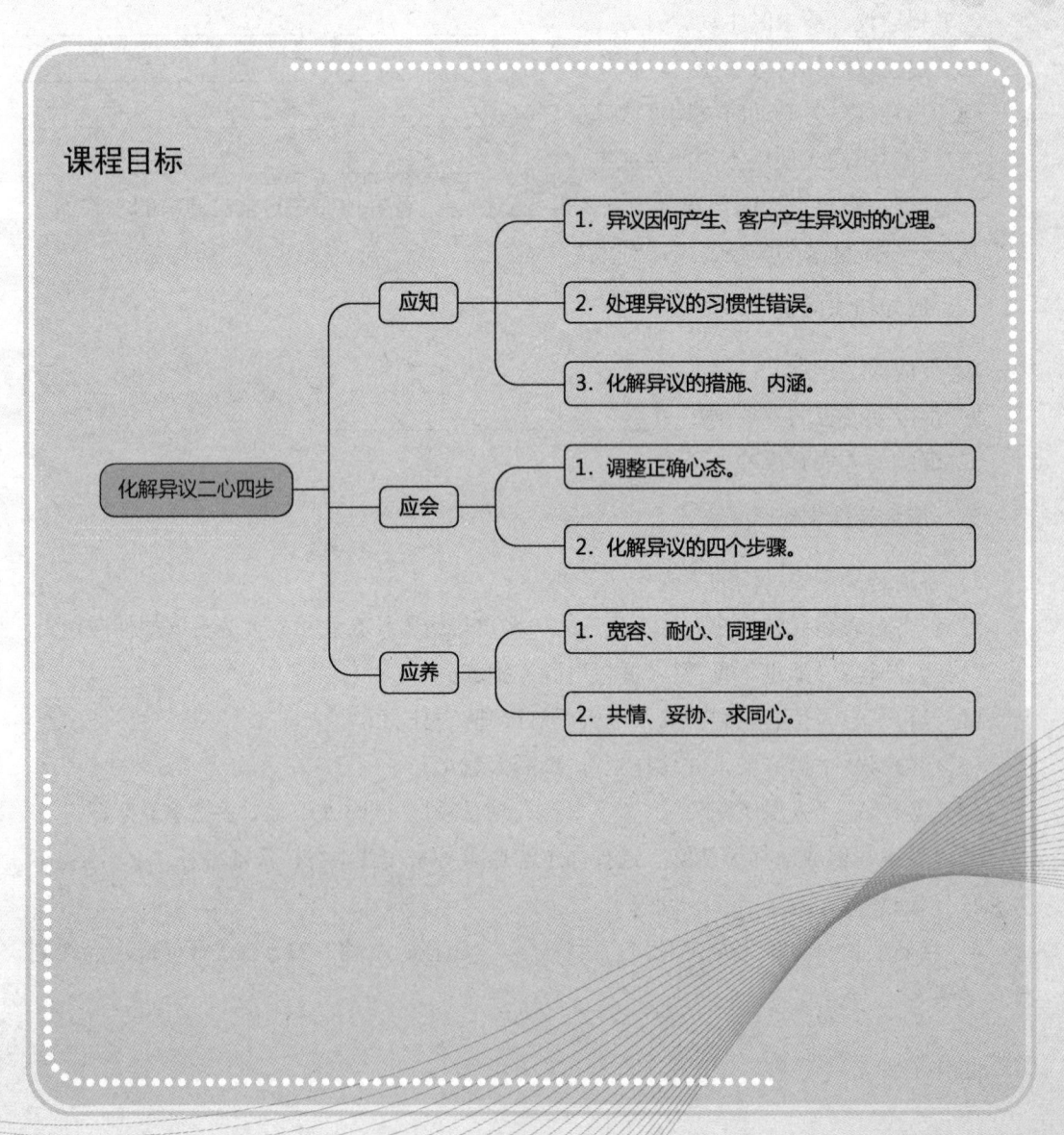

课程目标

化解异议二心四步
- 应知
  1. 异议因何产生、客户产生异议时的心理。
  2. 处理异议的习惯性错误。
  3. 化解异议的措施、内涵。
- 应会
  1. 调整正确心态。
  2. 化解异议的四个步骤。
- 应养
  1. 宽容、耐心、同理心。
  2. 共情、妥协、求同心。

项目 9
化解异议的"二心四步"

情景导引

视窗主人公：令人"发毛"的客户系列问题

通过前面的亲和客户、了解客户、有效表述、促成共识等系列培训与不断实践，邵帅沟通客户已经很顺畅了，可是当提出成交要求时，客户总是犹犹豫豫不肯下定决心，有时还会提出许多问题，有的问题闻所未闻、刁钻奇怪，让人无法回答、几欲崩溃，这是最令邵帅发毛、心脏病似乎都要发作的时刻。邵帅为之深深苦恼：是自己的问题，还是普遍存在的问题？

他请教经理，经理回复这是沟通中的自然现象——异议，因此须施行"异议化解"去除之。异议，人人不可避免，当然，有的人遇到的多些，有的人遇到的少些。异议化解是沟通中非常关键的一环，异议化解须遵行相关要则与方法。

要则与方法可通过专门学习来理解与掌握。公司组织了相关训练课程《"顺毛捋"：高效异议化解》，邵帅参加了培训。

情景9.1　扁鹊劝治蔡桓公

春秋战国时期有一位"名医"扁鹊，有一次谒见蔡桓公，他站了一会儿，看看蔡桓公笑着说："国君，您的皮肤有病，不治怕是要加重了。"蔡桓公笑着说："我没有任何病。"扁鹊告辞后，蔡桓公对他的臣下说："大夫就喜欢给没病的人治病，以便显示自己有本事。"

过了十几天，扁鹊又前来拜见蔡桓公，他仔细看看蔡桓公的脸色说："国君，您的病已到了皮肉之间，不治会加重。"蔡桓公见他净说些不着边际的话，气得没有理他。扁鹊走后，蔡桓公还没有消气。

又过了十多天，扁鹊又来拜见桓公，神色凝重地说："国君，您的病已入肠胃，再不治就危险了。"蔡桓公气得叫人把他轰走了。

再过了十几天，蔡桓公出宫巡视，扁鹊远远地望见他，转身便走。蔡桓公很奇怪，派人去追问。扁鹊叹息说："皮肤上的病，用药物敷贴就可以治好；皮肉之间的病，用针灸就以治好；在肠胃之间，服用汤药就可以治好；但是病入骨髓，那么生命已掌握在司命之神的手里了，大夫是无能为力的。如今国君的病已深入骨髓，所以我不敢去谒见了。"蔡桓公听后仍不相信。

五天之后，蔡桓公遍身疼痛，连忙派人去请扁鹊，这时扁鹊已经逃往秦国躲起来了。不久后，蔡桓公便病逝了。

情景 9.2　触龙说赵太后（内容详见情景 0.1）

【即问即答】
- 扁鹊劝说蔡桓公、大臣劝说太后、触龙劝说大臣，方式有何不同？结果有何不同？
- 什么因素导致这种不同的结果？
- 以上情景案例说明了什么？对你有什么启发？

导引思考

1．异议因何产生？异议是什么？
2．如何有效应对异议？

异议就是客户的不同意见、不认同，一般会直接说"那也不见得""好像不太合适"，或者说"没兴趣""太贵了"，或者找个借口说"待会要开个会，那就先到这里"或"需要再商量商量，回头再联系吧"等。在与客户沟通时，客户提出疑惑、不认同，这是沟通中常见的现象。

客户对某些方面的不认同，其实显现了正面信息——对整体基本认同、但对某些要素不认同，这就是"大同小异"。所以，异议传递出非常积极的信息：客户基本认同，想"购买"，但仍有不满意之处；有望达成共识，但还须针对异议进一步解释、修正以去除不满。因此，要积极面对异议，先致同理心，再关心询问，换个角度进行针对性解释。

模块 9.1　认知异议

9.1.1　异议因何产生

异议产生源于多个方面，总体而言是情感方面不满意、利益方面不满意。异议具体包括客户觉得需求未满足、利益未实现、证据不充分、论证不逻辑。尤其是在沟通过程中，客户没有产生亲和感反而产生厌烦等，以至于抗拒、产生异议。

9.1.2　客户产生异议时的心理

心有异议，客户自然觉得自己当下的疑虑与不认同是客观的、真实的；客户都希望被理解、被认同，即希望"被抚慰"，希望对方能够关心、正视、解释并修正异议，从而消除异议。

视频：辩驳而失败

9.1.3 异议处理不当

因为对异议消极认知,如视异议为拒绝、有异议等于达不成共识、对方是错的而自己是对的、"争盈"才会赢等,导致习惯性错误处理异议——"说服""压服"但无效。

(1) 性子急:一有异议,就急着争辩、抢先说话。

(2) 辩驳:只想着驳倒客户、击败客户,让客户哑口无言。

(3) 无同理心:没有对客户的心情感同身受,不关心、不了解异议的内涵、产生缘由。

(4) 强势态度:居高临下,甚至摆谱奚落,没有平等地互动、商讨,让人感受不到尊重。

(5) 滔滔不绝:自己滔滔不绝地说、不断地解释,不让客户说,不听客户说。

(6) 低声下气:与强势态度相对应的是面对异议时没自信、没底气。

从本质上说,每个人都不愿意被"说服",每个人都希望被理解与平等互动沟通,所以合适的方式是致"双赢"的,是对异议进行"化解",而不是让客户"单方面退让"的"说服"或"压服"。客户所希望的是同理心与针对性解释:对异议表示理解,对客户表达关心与抚慰,站在客户角度来了解客户产生异议的缘由,解说时态度平和;站在客户角度、围绕客户价值展开分析与解说,让客户感知到利益,有逻辑、有条理。这就是有效的异议处理——化解异议。

异议须化解,异议可化解,这须通过积极思维、阳光心态及有效的方法、措施来达成,通过"先同理心"→"明晰异议"→"有的放矢"→"促成"四步骤展开以及不断循环,最终化解异议,如图9.1所示。

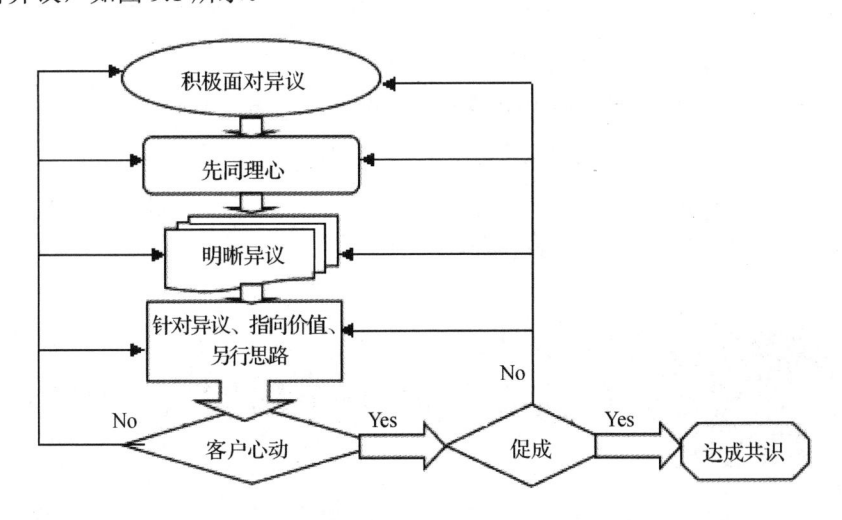

图 9.1 异议化解流程图

模块 9.2 积极面对异议

面对异议时，以积极思维让自己看到异议的正面价值、认知异议化解的助人意义，以阳光心态让自己充满亲和力与正能量，从而具有感染力。孕育积极思维、阳光心态，如此才能面对他人的异议带来的强大负能量。

9.2.1 积极思维

以积极思维看待异议与化解异议，认知它们的正面价值。

（1）异议传递的信息"大同小异"，表明客户对事务基本认同与感兴趣，只是还对若干细节存有不满，所以有异议是好事，给人以共识的希望，这是有利信息。

（2）客户提出异议的实质是"邀请"——欢迎再次沟通，但要换个角度来解释。

（3）化解异议是在帮助客户——为客户答疑解惑、消除疑惑，让客户充分感知到利益。

9.2.2 阳光心态

（1）平等交流：以平等态度交流，即化解而非说服、分析而非教导、平等互动而非居高临下。

（2）平和态度：态度柔和，严禁咄咄逼人、强势迫人，声音要柔和、热诚、语速适中、语言清晰，避免音量过高、语速过快、抢话题等。

（3）自信热情：在回复异议时充满自信、不卑不亢、不低声下气，基于"助人利人"的心态让自己内心享有高大上的自我形象、葆有强大动力、保持兴奋。

（4）理性客观：就事论事、人事分开。对人要感性，要充分认同与注入情感；对事要理性，进行严谨分析，冷静面对不同意见。

模块 9.3 化解异议的四个步骤

异议须化解，异议可化解。面对异议，一般通过"先同理心"→"明晰异议"→"有的放矢"→"促成"四个步骤来化解异议，不断循环化解异议四步骤，直至达成共识。

9.3.1 先同理心

对客户与客户的异议感同身受，充分表达对客户的异议与客户当前心情的理解，以及对客户的异议与真实需求的认同，同时配合以微笑、点头、注视、倾听等非语言来表达同理心，以此展现亲和力，进一步升华亲和关系。此时，对客户的异议绝不能当场反对或辩驳。

视频：同理心范例

（1）理解。

比如："万总，您的心情我很理解，您的想法我也基本明白了。"

（2）认同。

比如："万总，我很赞赏您的思想、思路，对您现在的情况我感同身受。"

（3）禁忌当场反对或辩驳。

如下服务员 A 和服务员 B 的两种不同应对方式，哪种有效？

客人："你们的方案好是好，就是费用太高了，不但比别家高很多，而且超出了我们的预算，我们单位批不下来。"

服务员 A："这还贵啊？这已经非常便宜了！""你这样说就不懂了！""不对啊，不是这样的……""你那样想肯定不对了！""那肯定不行。"

服务员 B："王经理啊，您的心情我非常理解。谁都想节约费用，大家赚钱都不容易。关于费用呢，我觉得应该这样考虑……"

类似服务员 A 的回复，是对客户的阵阵"耳光"，让客户情何以堪？越辩驳，客户就越对抗、越反感，于是由对事的不认同扩展为对人的不认同，结果是"恨屋及乌"而失去了沟通的基础。这就是所谓的"赢了口舌，招了忌恨，黄了生意"，自然达不成共识。而服务员 B 则有可能让王经理心生谅解，进一步沟通而达成共识。

9.3.2 明晰异议

有异议说明我们所说的话没有说到客户的心坎儿上，有可能是因为我们对客户的真实内心没有了解透彻，故须进一步通过观察、询问来充分明晰异议的真实内涵——真正的问题及其产生的原因。

比如，询问客户王经理："刚才我提出的方案，可能还有些地方不符合您的要求，请问您觉得哪里不符合您的要求呢？说出来我们再进一步商讨、修正。"

比如，询问客户："您对这款笔记本电脑有什么具体意见？有哪几个方面不满意？您在性能、外观等方面有哪些更细致的要求？"

9.3.3 有的放矢

视频：郭嘉说服曹操不杀刘备

有异议，除了因为客户需求与问题没弄明白、沟通不到位，还可能是因为表述不精准，所以此时务必围绕客户价值、利益换个角度来分析、解释，要求针对异议、指向价值、另行思路。

（1）针对异议：针对异议展开，力求消除疑惑。

（2）指向价值：让客户感知到利益、需求得到满足。

（3）另行思路：换个角度来分析、解释。

范例1："关于您觉得这个费用比较高，我觉得我们可以从性价比或者从整个使用期的长远性价比来看，因为我们的产品的质量在业内确实属于高端，一是使用寿命达3000工时，比普通产品长约20%；二是出厂的正品率达99.9%，比行业平均水平高出约10%；三是速度……；四是……所以我们单件产品出厂的平均费用比行业平均水平低约14%，而且我们还负责全程的维修保养，对产品进行联网监控。所以，我们的产品真的是贵买便宜用。"

范例2：客户："我这身材穿什么都不好看。"

服务员："正是因为这样，您才需要针对性设计来修饰不足呀。"

范例3：客户："我收入少，没有钱买保险。"

业务员："正因为您收入少才需要买保险啊，以便因此获得更好的保障。"

9.3.4 促成

客户表达出异议，我们对此"先同理心"→"明晰异议"→"有的放矢"后，当发现客户有心动表现时，就立刻激情而有能量地、以适当促成方式尝试促成，以达成共识。

比如，对于活泼型、力量型客户，可用简单式，如"王总，那我们就这样定了吧。"

比如，一般情况下，都可尝试用选择式，如"赵经理，您看，您想选择时尚的这款还是经典款？"

比如，对于和平型或完美型客户，可采用初步式，如"李老板啊，您看啊，咱这产品真的是蛮适合您的、能较好地满足您的需求。这样好不好：您先拿回去用，看看效果是不是真好，我一周后再过来，您觉得用得好，再给我钱，觉得不好就退还给我。"

"先同理心"→"明晰异议"→"有的放矢"→"促成"是异议化解可遵循实施的一般流程。如下简单范例，以供参考。

- 先同理心（以亲和的非语言呈现）：关心地、热心地、微笑地、淡定地看着客户，身体前倾。

项目 9 化解异议的"二心四步"

- 明晰异议（聆听客户的不满、疑虑）："王先生，非常理解您现在的疑虑与心情，换作我，我也会这样想。所以我想确切地了解您的不同看法、要求，以修正方案。请问您的疑虑具体有哪些呢？"
- 有的放矢（进行针对性解释）："啊，您所说的问题真的很到位，也特别细致、实在。您刚才所说的在……方面的疑虑与想法，确实怪我刚才没讲清楚、没讲到位，没让您确切了解其价值及对您的利益，这是我的不对，抱歉啊。其实情况是这样的，一是……；二是……；三是……。这样就可以真正地达成您想要的……目标/意愿。"
- 促成：观察客户的脸色、动作，聆听客户的回应，综合判断，当感知到客户心动时，则进行促成。比如，"王先生啊，确实咱这产品对您是很适合、能很好满足您的需求。那么，王先生您看，咱选 A 款还是 B 款呢？"

促成之后，有"好的"与"我再考虑考虑"或"觉得还是有些贵了"两种回馈。如回复"好的"，则达成了共识，沟通成功；如未能达成共识，这也是客户沟通中的常见情况，那么继续开展"先同理心"→"明晰异议"→"有的放矢"→"促成"这一异议化解流程，不断循环，直至达成共识。

如未能达成共识，则说明了沟通中的某个环节出现了问题，所以必须从出现问题的环节重新开始沟通。每个沟通环节都有可能出问题，应对举例如下。

情景 9.3

客户一副公事公办的态度。

分析：问题在于未能与客户建立亲和关系，同理心不足，亲和力不够。

应对措施：回到亲和关系培育阶段，加强同步沟通，以建立亲和关系。

情景 9.4

客户敷衍地说："对不起，我现在实在没空！"

分析：问题在于客户没感知到利益，觉得不值得花费精力继续沟通。

应对措施：回到了解客户阶段，通过询问来精准了解客户的需求，以确保说到客户的心坎儿上。

情景 9.5

客户说："这又怎么了？""这与我有什么关系呢？"

分析：客户未感知到你所说的对他有什么好处，也没解决他的问题与疑问。

应对措施：再进行针对性解释或另行分析，必须讲客户价值，让客户感知到利益。

核心：永远亲和。

在整个沟通过程中，亲和关系的建立与保持是永远必需的，无论是正反馈时还是负反馈时，甚至负反馈时更要保持热情与殷勤。人毕竟是有感情的，友情建立在良好关系与殷勤服务的持久坚持中。只要与客户培养了良好的亲和关系，何愁沟通不成呢？正所谓"留得'青山'（亲和关系）在，不怕没'柴'（签单）烧""生意不成友情在"。

如何保持与提升亲和关系呢？

日常保持联系，顺便看望，得空一聚，聊聊共同话题，参加共同爱好的活动等。

要点回放

异议可化解，化解须有术。异议不但不是末日反而是机会，所以要积极面对；异议是客户的真实感受，所以先致同理心以感同身受；异议是客户基于自己的认知与价值观所感知的利益未达成而产生的疑虑与不认同，所以我们应先问询以知晓异议内容，再基于客户价值观来进行针对性讲述。禁忌"居高临下"的态度、"说服"的方式，而应以"平等""说理"的态度及"化解"的方式来处理异议。

先同理心，同时了解异议的内容、产生的原因，进行针对性解释、说明。做好沟通的每一环节，好结果自然会到来。

项目检测

一、自我言行检测

1. 分析自己在下述言行方面的表现。

            客观评价   给自己提出建议

（1）觉得对方提异议即有希望。　_____　　　_____

（2）积极迎接对方的"异议"。　　_____　　　_____

（3）先理解对方的"异议"。　　　_____　　　_____

（4）肯定有力地回复异议。　　　_____　　　_____

（5）针对异议换角度分析。　　　_____　　　_____

2. 观察：观察身边的同学、老师、亲友等，看看他们化解异议的水平。

二、化异应知知识问答

1. 产生异议时一般会显现出哪些信息？怎样看待异议？

2. 如何面对异议？如何化解异议？

三、化异应会技能训练

1．客户说："那么贵啊！"

问：（1）此时客户是什么心态？

（2）客户的期望值是什么？

（3）应该采取什么措施来应对？

2．太白金星劝说孙大圣去天庭任职"弼马温"，大圣嫌当官不自由，而且官衔不够大（比不上二郎神），不如在家做"大圣"过瘾。此时，太白金星应如何劝解大圣？

3．情景演练——化解投诉或异议。

模拟演练沟通事务 7.2、沟通事务 7.5、沟通事务 7.6。

4．在日常沟通中，相互不认同或有矛盾时，尝试用异议化解的四个步骤来处理。

5．综合角色扮演：遵行沟通流程、演练沟通客户。

模拟沟通事务 1.1、沟通事务 2.1、沟通事务 3.1、沟通事务 4.1、沟通事务 5.1、沟通事务 6.1、沟通事务 7.1。

项目10 有效沟通六法则

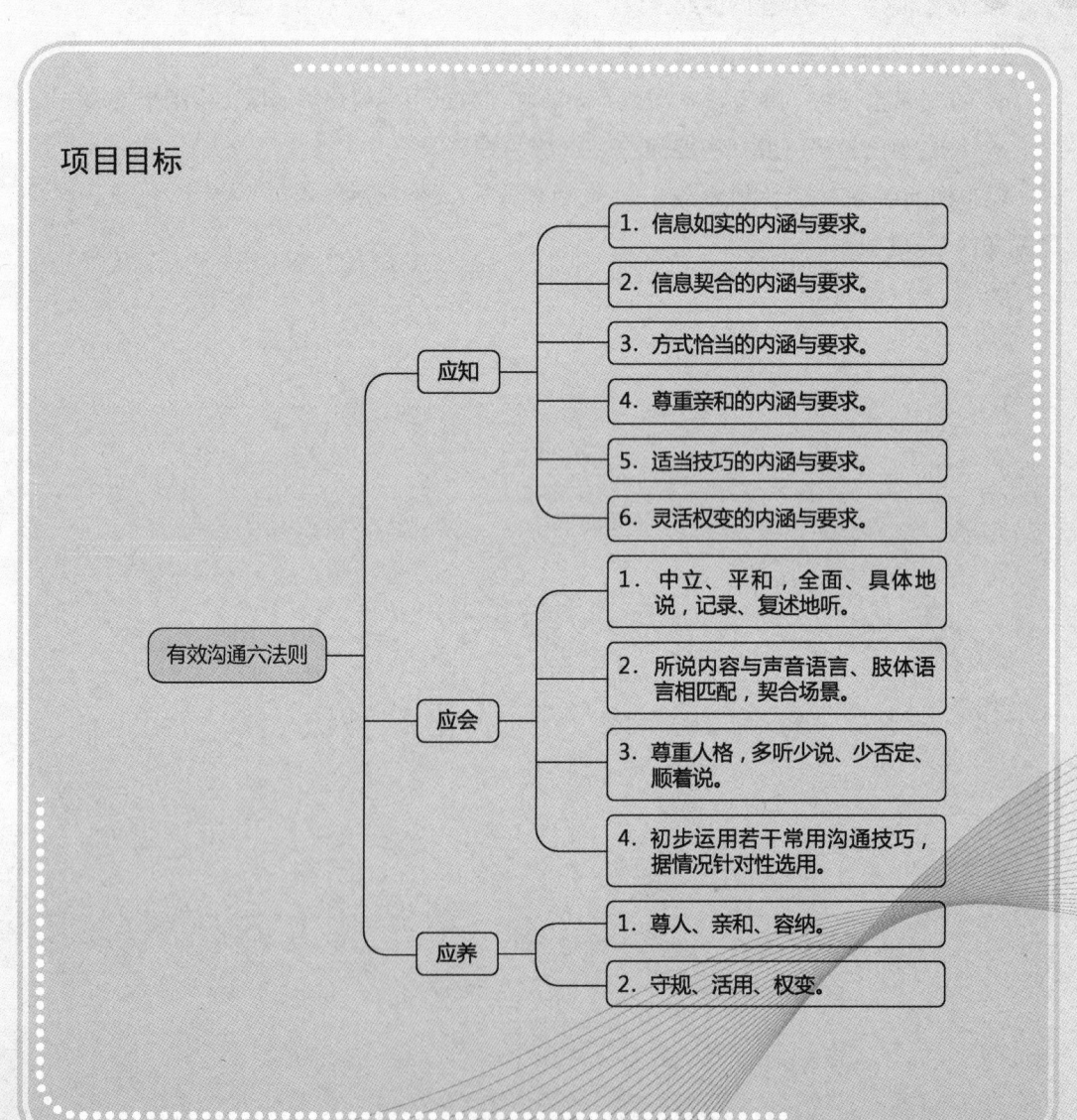

项目目标

有效沟通六法则

- **应知**
  1. 信息如实的内涵与要求。
  2. 信息契合的内涵与要求。
  3. 方式恰当的内涵与要求。
  4. 尊重亲和的内涵与要求。
  5. 适当技巧的内涵与要求。
  6. 灵活权变的内涵与要求。

- **应会**
  1. 中立、平和,全面、具体地说,记录、复述地听。
  2. 所说内容与声音语言、肢体语言相匹配,契合场景。
  3. 尊重人格,多听少说、少否定、顺着说。
  4. 初步运用若干常用沟通技巧,据情况针对性选用。

- **应养**
  1. 尊人、亲和、容纳。
  2. 守规、活用、权变。

项目 10　有效沟通六法则

项目导入

视窗主人公：习惯性应对失当

邵帅较好地领悟了先情后理原理，遵照沟通流程来开展客户沟通，取得了良好的成绩，但也碰到了一些令自己无法有效应对、手足无措的事情。比如，交代的事情经常弄错、不知为何沟通中对方态度不好、限于压力有时一着急就忍不住插嘴否定、有时对一些情景不知怎么应对，等等。

他请教经理，经理说："就如练习武术，单单学习套路、沿用套路，那肯定是不够的，这应对常规的、一般的、静态的事务也许还可以，但稍稍变化，就可能无效。所以，在沟通实践中，我们仍须遵照一些必须遵行、不可违背的法则。如果你能够基于沟通法则来开展客户沟通，那么基本上可以确保沟通顺畅、有效。"

经理推荐了一门培训课程，分为上下两则——《沟通法则（上）：基础军规》，包括信息如实、信息契合、方式恰当；《沟通法则（下）：高级技巧》，内含尊重亲和、高效方法、灵活权变。邵帅参加培训收获多多，整理如下。

导入思考

1. 有哪些法则须遵守，以确保沟通？
2. 有哪些技巧可遵行，以助力沟通？

模块 10.1　信息如实

情景 10.1　"请帮忙买点复印纸好吗？"

大马对朋友小马说："请帮忙买点复印纸好吗？"

小马爽快地买了复印纸并送到办公室。但大马发现规格不对（需要 A4 却买了 B5），数量也太少（需要两箱却只买了两包）。

这时大马对小马说："哎呀，我需要的是 A4，规格不对。"

小马回答："那你为何不说清楚呢？"

大马有些不快地答道："我是没有说清楚，不过，你也可以问我的啊！"

小马一时语塞，拂袖而去。大马日后有事找小马帮忙时，小马总是借故推诿。

【即问即答】

- 此时小马的言行有哪些不当之处？小马须怎样言行才能显现职业素养？

- 大马有哪些不当？大马怎么做才是合适的？
- 该情景启发你在日后职场沟通中应如何言行？

"地图不是实际的疆域。"同理，所知不等于事实。我们的大脑会对信息进行删减、扭曲、一般化处理，所以我们对外界事务的感知是主观、个性化的，我们所感知到的信息可能是不客观、不真实的。如此使得我们在沟通中所传达、接收、反馈的信息往往各不相同，从而导致沟通不畅甚至沟通失败。

沟通的前提是信息真实、客观，所以沟通中要理解与做到"信息如实"。要确保信息如实，则须做到中立平静、全息互动。

10.1.1 中立平静

（1）中立立场。保持客观中立的立场，不偏不倚。

（2）平静心情。以深呼吸、离开现场、激情（愤怒或兴奋）时暂停沟通等措施来平复心情。

10.1.2 全息互动

（1）发送完整信息。发送者传达信息须全面、具体、细致，尤其对于人名、时间、地点、数量、规格等重要信息更要细致、具体并加以强调。

比如："小马啊，请帮忙买两箱 A4 纸好吗？请一定记住，A4、两箱。我这样说，清楚了吗？"

（2）聆听、复述、核对。接收者要做到聆听、记录、简单复述，如此可确保所接收的信息是完整、准确的，同时会让对方感受到尊重与重视。

比如："嗯，马经理您讲得很清楚了。我复述一遍，是要两箱 A4 的复印纸，对吗？"

尤其是在职场中，如上"全息互动"开展沟通非常重要与必要，可以避免出错，确保沟通有效、事务进展顺畅，这也很好地体现了一个人的职业素养。作为主管与员工须特别注意做到以下几点。

作为主管：发布任务时除了要全面、具体，还可以让下属复述一遍任务的内容要点。

比如，发布完任务后说："对了，你复述一下刚才任务的内容要点。"

作为下属：在接受领导布置的任务时，除了专注聆听、记录，待领导讲完话须简单复述自己所接收到的任务信息，以此来核对，确保信息的准确性，而不能模糊、揣测。

比如，小马用笔记本记录信息，然后说："嗯，马经理您已讲得很清楚了，是要两箱 A4 的复印纸，对吗？"

模块 10.2　信息契合

情景 10.2　安慰

小丙情绪沮丧、低落，好朋友小乙安慰她/他，面带微笑、声音洪亮而兴奋地走近她/他说："哎呀，这有什么嘛，忘了他/她，我帮你找一个……"

小丙心情……

【即问即答】
- 小乙传递出了哪些信息？
- 小丙的感受是什么？

情景 10.3　酒店门口的服务员接待客人

"先生您好，欢迎光临"，此时服务员身体挺直、手放腹部，但眼睛向下看、声音低沉模糊。

【即问即答】
- 服务员传递出了哪些信息？
- 客人接收到了哪些信息？此时客人的感受是什么？

人际沟通中所传递的信息经常会与情境不契合（见情景 10.1），或者所传递的三类信息之间不契合（见情景 10.2），如此使得信息混乱，对方产生负面情绪，以致沟通无效。

为此，在沟通中要理解与做到信息契合。要确保做到信息契合，则须做到信息契合情景、信息相互契合。

10.2.1　信息契合情景

沟通中所传达的肢体语言信息、声音语言信息、文字语言信息都须符合当时的情景或环境，按照情景与环境要求来把握言行。比如，要入乡随俗，而不能自以为是。

（1）形象、服饰须契合场景。如郑重场合适合穿深黑色西装或礼服，不宜着休闲服饰；丧礼时宜穿黑色衣服，禁忌着红艳花衣等。

（2）肢体动作须契合场景。如客户丧考妣，此时适合带着关切的表情，靠近、拍肩、在其身边陪坐，忌讳面带笑容。

（3）特殊时刻先稳住事态。如对处于激情状态者（如愤怒者、吵架者）或者醉酒者，适合先顺应他而稳住事态。

（4）入乡随俗。到了外乡，须根据当地风俗、行为规范、语言来言语行事。

10.2.2　信息相互契合

情景 10.4　妈妈对小明的不同言行

小明坐在书桌前，有很多作业待完成，但他拿了平板电脑在玩游戏，这时妈妈过来了。

妈妈Ⅰ（面带微笑、声音柔和亲切）说："宝贝啊，好好做作业吧"。

小明没有任何反应，继续玩他的游戏，还厌烦地回复："等一会!"

妈妈Ⅱ（面含微笑、声音严厉）说："小明，好好做作业了!"

小明停下，转身看看妈妈，然后继续玩他的游戏。

妈妈Ⅲ（拉下脸、愤怒状，声音严厉，举起手打向小明的屁股）说："小明，赶紧做作业!"

小明转身看着妈妈，乖乖地放下平板电脑，然后翻开作业本开始做作业。

问题分析：为什么妈妈Ⅰ、妈妈Ⅱ没有效果，而妈妈Ⅲ有效果？

信息包括肢体语言信息、声音语言信息、文字语言信息，若三者统一，则信息的内容影响力强大，易于影响对方，从而达成共识；若三者相互矛盾，将让接收者产生困惑——哪个是真的？是不是真的？可信吗？一旦接收者脑中生出疑惑，将严重损坏沟通效果。

这要求在沟通中，肢体语言与声音语言须匹配文字内容，三信息相互契合，不得相互矛盾。一般情况下，三信息契合表现为尊人有礼、态度友善、对事郑重。比如，柜台服务员对客户热情地说："这个手机真的很棒……"，同时微笑、注视客户、声音爽朗、身体倾向客户，而不能僵着脸、低头、声音低或没中气、话语啰唆。另外，在训斥、严正声明、辩护等场景中，三信息则须表现为表情严肃、眼神犀利、声音铿锵、语气坚定、内容强硬等。

边学边练

活动 10.1

你在门口模拟接待客人："先生您好，欢迎光临"，在说话时鞠躬伸手拉门、声音热诚亲切、目光注视客人。

- 同学关注Ⅰ：演练者鞠躬了吗？微笑了吗？手伸出迎接了吗？
- 同学关注Ⅱ：演练者的声音亲切、热诚吗？

模块 10.3　方式恰当

情景 10.5　狐狸调解草原王——争强好胜的狼与孤寂的豹

狼和豹是草原上的两个霸主，各自统治一方，互不买账，于是经常争斗而闹得两败俱伤，动物们也跟着饱受争斗之苦。动物们想过平静和睦的日子，于是就推举聪明的狐狸去协调。

狐狸找到争强好胜的狼说："最近您没有听说吗？草原上都在议论您与豹谁最绅士，最佳绅士将获得无比尊敬，您可一定不能输啊！"狼心想：打架都不输给它，这方面也一定不能输，那就用"微笑"与"问好"的方式战胜对手，做最有礼貌的绅士吧。

狐狸又去找豹，豹性格孤僻，不愿与人交谈。狐狸心想，说话不行，那就写信吧。于是它给豹写了一封信，内容诚恳："狼豹相斗何时了，两败俱伤终不好，无力不过撕和咬，何不比比谁礼貌。"豹子看后，顿时醒悟，也放弃了与狼争高低的念头。

几天后，两个霸主从仇敌变成了朋友，见面时彬彬有礼、互相问好，从此草原一派和平、安详。

【即问即答】
- 狐狸采取了哪些沟通方式？效果如何？
- 为什么这么做可取得理想沟通效果？

情景 10.6　语音误事

班主任在周五晚上 9:30 通过语音给班长布置了一个临时的周末活动，涉及若干同学。班长在学院有很多任职，最近事务很忙，看到语音信息时已经是晚上 10:00 了，他简单听了一下就急急忙忙把老师发的语音信息转发到了相关小组群里。

周六，班主任早早到了现场。等到 7:40，只有两位同学匆匆赶到，还有好几位同学没到。班主任打电话给班长，班长说刚刚起床。班主任问："不是留言要求 7:30 到现场吗？"，班长回复："啊？我以为是 8:30 呐。"班主任让两位到了的同学紧急联系相关同学，但有的同学的电话关机了、有的同学还迷迷糊糊地在睡梦中。

【即问即答】
- 班主任用语音沟通、班长转发语音信息，是否适合？
- 在这种情况下，应该如何沟通？这对你有什么启发？

沟通实践中运用的沟通方式包括口头沟通方式（内含面对面的口头沟通、电话沟通、网络视频沟通等）、书面沟通方式（内含报告文案、书信、短笺、网络沟通等），它们各有特点、各有要求。在与客户沟通时，要有效地传达、接收、反馈信息，须根据沟通者的偏好与具体的沟通事务来选择合适的沟通方式：擅长口说而短于书写的就尽可能口说、擅长书写而短于口说的就尽可能书写；适合口说的情景就尽可能口说、适合书写的情景就尽可能书写。当然，最佳方案是综合运用口说与书写等多种沟通方式。

为此，沟通中要理解与做到方式恰当。要确保方式恰当，则须做到据偏好选用恰当的方式、据情景选用恰当的方式、综合运用多种沟通方式。

口头、书面、综合沟通方式

10.3.1 据偏好选用恰当的方式

（1）偏好听与说，则偏向采用口头沟通：对于偏好听的人则与他进行口头交谈，对于这类领导则更多的是口头汇报；对于擅长说的人，在与其交谈时也应当面口头表达；对于"文盲"，则只能口头表达。

（2）擅长读与写，则偏向采用书面沟通：对于偏好阅读与思考型的人，则适合呈交书面文稿，如向领导汇报工作、总结观点；擅长书面撰写的人，也可以以书面文稿来与其沟通汇报或总结观点，发挥自己会写的长处，以取得良好的沟通效果。

口头沟通

书面沟通

情景 10.7　口吃的韩非与法家的流行

战国末期，社会异常混乱，秩序崩塌，各诸侯国恃强凌弱、对其他国家进行武力兼并。韩非清楚地认识到儒家的"仁爱"思想主张在此时是不合时宜的，于是在师承荀况儒家学说的基础上与时俱进地提出了法治的思想主张与政治制度（"法、术、势"相结合的中央集权体系）。

韩非觉得自己的主张很适应社会形势，韩王一定会采纳，于是满怀信心地向韩王介绍变法图强的法治主张。一开始韩王听得很认真，不时表示认同，可听着听着韩王就不耐烦了。原来，韩非有口吃的毛病，一到紧张或得意的时候，就越发口吃得厉害。韩王实在听不下去了，就把韩非打发走了。

韩非遭遇兜头冷水，很是不甘心。他想："我不能说，但我还能写；我的主张不被韩王采纳，定有识才的明君。"于是他埋头著述，写出了《孤愤》《五蠹》《内储说》《外储说》《说林》《说难》等作品。

韩非的书流传到秦国，大为秦王赏识。秦王迫使韩王让韩非到秦国效力，韩非备受秦王重用，尤其是其法治主张成为秦国的治国之本。之后秦国不断强大，最终统一了六国。

【即问即答】
- 韩非前后沟通的效果迥异，是什么原因？
- 这对你有什么启发？

10.3.2　据情景选用恰当的方式

（1）适合口说的事务，则采用口头沟通：对于简单的事务、内容较短的事务、不是非常重要的事务、非常紧急的事务，适合采用口头沟通——面对面说，或者采用口头沟通的变化形式——电话沟通，不必非得通过文件书面传达。

（2）适合书写的事务，则采用书面沟通：重大事项或内容很多的事务，如总结方案、项目申请、可行性分析等，则须以书面文稿来沟通汇报；正式公告须采用书面公文方式。

另外，短信与微信交流等也是一类书面沟通方式，比较适合脸皮薄、口才不佳、反应慢者，以及适合告知一些比较简单的信息、事务。现代人以短信、QQ、微信等传情达意，简单、快捷，省却心灵煎熬；而古代人多以物言情、诗歌抒情、信函寄情。

10.3.3　综合运用多种沟通方式

职场中的事务一般比较复杂，所以一般不能以某单一沟通方式简单应对，而应根据实际情况以听、说、读、写多种沟通方式组合应对。

（1）领导分配任务一般为口头述说与下达正式任务书（公函或传真）相结合。

（2）申请项目一般为撰写申请书、PPT演讲汇报、呈交项目方案文稿相结合。

（3）岗位竞聘一般为撰写申请书、PPT演讲汇报、面试沟通相结合。

（4）开展销售工作一般为先传真产品或项目方案，再进行简单的电话简介与约访，然后进行面对面洽谈（谈判），同时对项目方案进行审核。

（5）会议商讨一般为PPT汇报、方案审核、口头表述相结合。

边学边练

- 分析自己的人格特点，判断自己所擅长的沟通方式，这些沟通方式适用于哪些沟通事务？
- 班级参加学校红旗团支部评比，先分组模拟评比汇报——写文稿、制作 PPT、汇报。

模块10.4　尊重亲和

情景 10.8　训斥的妈妈与认同的妈妈

天天与明明在家中端盘子，不小心摔碎了，天天妈妈与明明妈妈做出了不同回应。

情景Ⅰ：训斥的妈妈

天天妈妈训斥："怎么搞的！净捣乱！笨死了！"

结果是天天感觉十分委屈，于是产生抗拒，甚至因此心门关闭不再与父母沟通。

情景Ⅱ：认同的妈妈

明明妈妈认同："你能够想着帮忙，说明你是一个有爱心、乐于助人的好孩子。"

明明："可是，我把盘子摔碎了。对不起，妈妈。"

明明妈妈："没关系。如果有下一次，你将怎么做呢？"

明明："我将……"

结果是有效沟通：正面肯定→情感愉悦→心门开启→引导天天发现不足→找到正确方法→有效沟通与身心健康成长。

【即问即答】

- 两位妈妈的行为有什么不同？
- 孩子接收的信息各是什么？结果各是什么？
- 这对你有什么启发？

情景 10.8 说明了否定或肯定可视同对人格的否定或尊重，他人会由此关闭或开启心门、拒绝或开始有效沟通。不和谐与冲突一般源于双方的 BVR（B——Believe，即信念；V——Value，即价值观；R——Rule，即规则）不同，BVR 相同与尊重对方 BVR 会使得双方心灵愉悦、沟通顺畅，故尊重在人际沟通中至关重要。有效沟通的前提是尊重亲和，

外在表现为肯定和认同对方的观点、回复"同时"而非"但是"、多听少说、弹性若水等。

为此，沟通中要理解与做到尊重亲和：肯定认同、"同时"不"但是"、多听少说、弹性若水等。

10.4.1 肯定认同

在情景 10.8 中，情景Ⅰ的训斥全部针对孩子本身，这完全否定了孩子的正面动机甚至人格，从而激发孩子在潜意识层面的委屈、抗拒，甚至可能 形成如情景 10.9 所示的"互喷吵架"，导致沟通完全失败。

情景 10.9　互喷吵架

太太：你今天下班顺路买点菜回来吧。

先生：好，不过可能晚一点。我今天要加班。

太太：怎么又加班？哪里有这么多事情？

先生：我说了能算吗？你这人真有意思！（否定正面动机）

太太：我这人怎么了？你已经连着加了好几天班了，家里的事情一点忙也帮不上，光顾自己了！（否定正面动机）自私！（否定正面动机）

先生：我自私？难道我愿意整天加班？你讲不讲道理！（否定正面动机）

太太：我不讲道理？到底是谁不讲道理？（否定正面动机）你说这话还有点良心吗？（否定正面动机）我实在是受不了你了！（否定正面动机）这日子没法过了！（否定正面动机）

先生：你简直不可理喻！（否定正面动机）

太太：我就这样！不愿过早说！

而在情景 10.8 中，明明妈妈的认同使孩子感受到动机被肯定，如此孩子心门开启、愿意沟通，并开始反思自己。引导孩子去思考问题、寻找正确方法、学会正确行为，产生如情景 10.10 所示"互尊尽欢"的良好沟通效果。

面对问题时应采取正确方法：正确态度→肯定对方→引导晓理。

1. 正确态度：对事不对人

真正的沟通赢家，一般只指出对方做得不恰当的事情或行为，而不会泛泛地否定对方，这就是对事不对人。因此，面对对方的不当行为时，应具体指出不当之处，而不涉及人格本身。

2. 肯定对方

肯定对方的动机、情绪、人格，回应以认同，这将使对方充分感受到尊重，因此心门洞开，顺畅地开始下一步沟通，如与情景 10.9 相对应的情景 10.10。

情景10.10　互尊尽欢

太太：你今天下班顺路买点菜回来吧。

先生：好啊！怎么今天要买菜呢？

太太：我想做道菜给你尝尝，刚学的，你肯定喜欢。　　　　　　（诉说动机）

先生：老婆你真贤惠啊！　　　　　　　　　　　　　　　　　　（肯定人格）

太太：好了，少来这套啦！

先生：不过可能要稍晚一些，因为我要加班。

太太：哦，辛苦了！这几天一直加班，为啥呢？　　　　　　　　（肯定情绪）

先生：其实我也不愿意，不过上面刚分给我一个项目，如果能在20天内完成，那么我将获得8000元的奖金。到时候可以带你一起去西藏旅游。所以要加班赶出来。（诉说动机）

太太：我就知道你是一个很有责任感的男人！好吧，我就先做好菜等你回家。

（肯定人格）

先生：谢谢老婆理解！我一定会尽快。回头见。　　　　　　　　（肯定动机）

太太：好的。再见！

沟通实践中要求：肯定对方的动机、行为，理解对方的情绪，回应以认同，避免不当回应。范例：

王主任向刘经理汇报："今天我批评了两个迟到的员工。"

刘经理的不同回复：

- 回复Ⅰ："嗯，这证明你很负责。"　　　　　　　　　　　　　（肯定正面动机）
- 回复Ⅱ："他们经常迟到当然不对，批评一下也是应该的。"　　（肯定可肯定之处）
- 回复Ⅲ："他们总迟到，你当然会不开心了。"　　　　　　　　（肯定对方的情绪）
- 回复Ⅳ："嗯，我理解你的想法。"　　　　　　　　　　　　　（从对方角度肯定）

对于上述刘经理回复，王主任的感受：开心、放松、引为知己。

- 回复Ⅴ："上次跟你说过的那篇报道写完了吗？"　　　　　　　（讲无关的事情）

王主任的感受：非常别扭、无奈。

- 回复Ⅵ："跟你说过多少次，不要这样冲动！"　　　　　　　　　　　　（否定）

王主任的感受：不舒服、紧张、警觉。

- 回复Ⅶ："其实也不一定非要批评，私下单独沟通也可以。"　　（不同观点）

王主任的感受：不舒服、失望。

3. 引导晓理

沟通的最高境界是春风化雨、润物无声。最优的情景是在整个沟通过程中没有情绪对抗，甚至是对方愉悦地开启心门、接收信息、思考问题，在无声无息中自然、顺畅地达成共识。

措施：在肯定对方的正面动机后，引导对方认识到行为的无效性与真正需求所在，再引导其寻找真正有效的方法。比如："嗯……那么怎么做会比较有效呢？"

情景 10.10　引导而晓理

母亲：你把水杯摔碎了。你今天突然要端水，一定有原因，和我说说好吗？（引导）
孩子：我看妈妈很忙，所以想帮妈妈干一点活，让您轻松一点。
母亲：你是一个有爱心和有责任感的孩子。不过妈妈现在有没有更轻松？（引导）
孩子：没有。
母亲：没关系。那么下一次再做的话，该怎么做才不会让杯子摔破呢？（引导）
孩子：我会双手端好，慢慢走。

10.4.2　"同时"不"但是"

情景 10.11　先生的回复

太太：我们明天去公园吧。
先生Ⅰ：好啊，但是我觉得去家电城也不错。
先生Ⅱ：好啊，此外我觉得去家电城也不错。

情景 10.12　主管的评价

主管Ⅰ：你的工作做得不错，但是希望你更加努力。
主管Ⅱ：你的工作做得不错，同时希望你更加努力。

【即问即答】
- 上述先生与主管的不同回答，哪一个比较令人舒服并产生情感认同？为什么？
- 这启发我们在沟通实践中应如何正确回应？

（1）原理分析："但是"是否定，"同时"是认同。

但是："但是……"背后是自己并不认同对方的观点，而想让对方认错并认同自己的观点；其前提假设是"我对，你不对"；所揭示的本质是"但是"前面的内容不是核心，"但是"后面的内容才真是其真实想法。一般而言，希望操控别人与具备强烈自我意识的人，文字中多用"但是""不过"等字眼，但这样极易让人抗拒，以致沟通停止。

同时："同时……"首先是接受对方不同于自己的观点，然后分享自己的观点；其前提假设是"你对，我也对"；所揭示的本质是"同时"前面的内容重要并且认同，"同时"后面的内容也很重要。一般而言，尊重对方者会多用"同时"，故能够获得对方的尊重、认同，于是心门打开，开启顺畅沟通。

（2）言行要求：用"同时""并且"等词，避免用"但是""不过"等词。

在职场沟通中常运用"合一架构"模式，如"我很理解……，同时我觉得……"类似的话语。在职场沟通中，有吸引力、训练有素的经理、顶尖业务员的话语中基本去除了"但是"一词，而运用"同时""并且""另外"等词汇。职场中常用的"合一架构"模式如下。

模式Ⅰ："我很理解……，同时我觉得……"

模式Ⅱ："我很认同……，并且我还认为……"

模式Ⅲ："我很赞赏……，另外我建议……"

10.4.3　多听少说

倾听这一行为体现了对客户的尊重与重视，所以要求专注聆听、记录、应和、复述，不仅让客户充分感受到被人专心聆听的成就感、滔滔不绝的畅快感，还让客户认知到自己已经全面理解并准确记住了客户的需求，从而让客户充分地认可、相信自己。在职场中，许多企业都做如此要求与培训。比如，物产元通 4S 店在招收实习生入店后，经过系列培训后举行过关考核，它的基本考评指标如下：接待客户时，销售员说的话不超过 30%、客户说的话超过 70%，达不到就不合格，继续培训，直到达成才可上岗。

简言之，沟通过程中须做到"多听少说"。这要求：心态上一心为客户，言行上遵从"80/20 法则"、以问代说。

1. 一心为客户的心态

（1）"这次会面是我生命中最重要的一次，坐在我对面的人是此刻最重要的人，绝不做任何会负面影响沟通气氛的事。"

（2）本次沟通就是为了客户、让客户利益最大化——精神最大愉悦、物质收益最多。

2. 遵从"80/20 法则"、以问代说

有效沟通的基本要求可以简单归结为多听少说。高水平沟通则是以问代说，具体应遵从"80/20 法则"。

（1）"80%"是聆听对方说、"20%"是自己说。

（2）"说"中又遵从："80%"是肯定、复述、询问，"20%"是解释说明。

10.4.4　弹性若水

"我跟他已经沟通了 100 次了，他就是不听！"——这哪是沟通啊！重复相同的错误怎么能期待有正确的结果呢？

如收听电台时须调到正确频道才可收到信号与听清楚,在沟通中同样必须时刻调整自己的频率以契合对方的频率,如此才可沟通顺畅,故要求沟通者充分地调适自己、适于对方,以便随俗、融入、同类,以此孕育亲和感。这就要求沟通者具备水的特质:灵活多变、随形变化但立定本源——既"弹性"又"原则",根据实际情况及时进行相应调整,不僵化教条。

概括而言,沟通者应"上善若水":时时调适自己、弹性若水,以适于对方、呼应对方。

(1)调适自己、弹性若水。视客户情况而调节自己,让自己的言行多些弹性,如"水"一般。

(2)适于对方、呼应对方。在观点、语言、声音、说话方式等方面呼应对方,多些"圆融"。

边学边练

- 肯定认同:对每一位上台演讲、演练的同学,眼睛看着他、点头、微笑、身体前倾;对他加以喝彩、掌声鼓励;点评中具体指出他表现好的地方,赞赏他的演讲内容中优秀的地方。
- 说"同时":在对他人的观点进行评价时,用"同时""并且"等词来串联,少用"但是"。
- 多听少说:在商谈、拜访或接待客户时,想办法让对方多说,自己少说多听。
- 弹性若水:在商谈、接待、拜访等沟通过程中,观察对方的思想与行为偏好,然后呼应对方。比如,对方激情则亦激情、对方慢悠则亦慢悠、对方好旅游则谈旅游,以谈得畅快。

模块 10.5 适当技巧

情景 10.13 家电服务员的服务介绍

在杭州家电城,有一位客户在购买冰箱。在接待过程中,华日冰箱柜台服务员很诚恳地对客户说:"买冰箱的费用不低,当然要谨慎,必须货比多家,根据自身情况多多选择对比,如果我作为客户,我也会这么想。关键是怎么比较、考虑什么因素。每家都说自己的好,确实不好判别,其实还是有几个关键因素可以重点考虑的。您知道现在的冰箱技术已经比较成熟了，大家都差别不大，有区别的可能是这几个方面：①用材，是铜管还是合金；②服务，是代理的还是厂家直销的；③厂家是专业制造冰箱的还是附带制造冰箱的，这决定了研发力度、生产与服务的专业程度；④技术上是否细腻，如门关得是否合缝……客观地说，华日冰箱的表现还是非常优秀的。①华日用的是铜管；②华日公司就在杭州，有问题的话，厂家的工程师会亲自登门处理，比较靠谱；③华日公司专业做冰箱，不像别的公司什么都做，而且华日做冰箱已经有20多年的历史了；④高手比的是细节，我们的技术是很细腻的，您看我们的门无论怎样关都能够关紧。"此时客户虽然表面上不置可否，甚至故意挑剔，表现出不以为然地离开，但其实心中已经非常认同。客户兜兜转转，到各家冰箱柜台询问，通过用材、服务、技术等因素比较各家冰箱，经过各种权衡之后，又回到了华日柜台。客户最后购买了华日冰箱。

【即问即答】

- 服务员说话有什么特点？
- 客户心动的原因是什么？为什么能成交？
- 以自身生活经验列举类似的有效方法。

除了重要的亲和力、洞察客户心理、有的放矢，还存在许多匹配特定场景取得立竿见影效果的方法，可谓一法配一景、四两拨千斤、事半而功倍！总结人类智慧，具体有提示、引导、正反对比、FAB 法则与表述、先跟后带、沟通策略、隐喻/讲故事等技巧，很值得我们学习。

10.5.1 提示

情景 10.14　男生的建议

一个好脾气、肚量大、会体谅人的男孩对一位日常像"哥们儿"一样嘻嘻哈哈相处的"野蛮女生"心仪已久，想追求她，但不好意思直接开口，便在网上搜看了相关宝典，决定采取一则有效方法让女生产生危机感，框住她的思维与抉择，让她先坠情网而轻巧虏之。沟通实践如下。

男生对"野蛮女生"说："别说老哥不关心、不提醒你啊，你也该找一个男朋友了，别整天嘻嘻哈哈的。不过你这种'暴力''粗直'的野蛮习性，还真是大问题。谁受得了你呐！"

男生说（续）："为了你将来幸福考虑啊，老哥建议你找一位'大肚'、耐心、能宽容、理解甚至欣赏你这种'野蛮'的大哥哥才行啊。比如老哥这样的。"

男生说（续）："确实有些不好找，这样的大哥哥是稀缺物种，但我相信还是会有的。你必须留心、用心找哦，一旦发现了可要珍惜呐，必须赶快下手，失去了就可能永远找不回来了！"

女生听后觉得有道理，生出强烈的危机感，便按着"大肚"、耐心、宽容的标准留心身边的男生，从远而近，一路排除，直到身边这一"哥们儿"，不自禁脸热、怦然心动。

【即问即答】
- 女生心动的原因是什么？
- 男生说话的方式有什么特点？
- 请以自身生活经验列举类似的有效方法。

如情景 10.14 所示，该男生貌似很客观地给该女生提建议，将男朋友的标准定为"大肚"、耐心、宽容，因为这确实是根据该女生的情况来建议的，故该女生自然认同；而这些标准刚好是该男生所具有的，于是该女生自然倾向于该男生，这就是"提示"的典型运用，情景 10.13 与此同理。通过给对方客观建议从而影响并框定对方决策要素的沟通方式即提示，在无意识中影响与框定对方的决策心理，无形中影响其决定。这种方式对一般人都适用，尤其适用于"自我判断型"的人。

（1）行为要点：为沟通者在权衡时提供决策要素（思考要素）、思路，沟通时须以客观中立的角度、关心帮助的态度、"专家顾问"的身份为客户提出真诚的建议；禁忌表现出"说服"人、急躁。

（2）一般内容：如"关于你的要求，我以从业十年的专业经验，给你提三点建议，不一定完全正确啊，仅供参考。第一点是……，第二点是……，第三点是……"见情景 10.15。

情景 10.15　房产经纪人给客户的建议

房产经纪人："听您刚才所说，我的理解是'主要为小孩将来读书考虑'，是这样吧？我觉得您这样考虑非常周全。假如主要考虑小区有关孩子入学的问题，那就需要考虑几个核心要素，一是小学教学质量好不好；二是接送是否方便；三是小区是否安全、安静。是不是这样？"

10.5.2　引导

情景 10.16　由价格转向性价比

客户欲购买一台业内知名品牌的机器，价格为 50 万元，比市场平均价格高出不少。客户在洽谈中抱怨："哎呀，你们的价格太高了！"

客户经理非常有经验，知道客户对机器的质量、服务、维修、废品率很在乎也很挑剔。于是回复："我非常理解您的心情！确实几十万元不是一个小数目，买这台机器用于生产绝对需要强调质量。"

客户经理接着说:"50万元的价格相比市面普通机器确实要高一些,但我们要的是性价比,对吧?买机器为的是生产产品,所以应该计算与对比单位产品的成本费用——总的生产成本/正品产量。我们的机器是业内知名品牌,在业内,其稳定性是最高的、能耗是最低的、生产速度是最快的,所以废品率低、单位能耗低、单位产量高,而且还省去了维修的麻烦与停工损失。所以综合来看,其单位产品的平均成本是业内最低的,按年度计算的综合总成本反而比业内平均要低约20%。这才是真正的"贵买便宜用"啊。您说是不是呢?"

【即问即答】
- 该情景与前面几个情景有什么不同?
- 本情景中的沟通有什么特点?

当客户心存异议而不能达成共识时,客户的思维已经被框限于某一角度而无法全面看待问题,于是看不到问题的出路、权衡中计算不出最大化的利益。此时必须引导客户——让客户换一个角度,从另外的价值标准去思考问题、权衡利弊,或许可以"柳暗花明又一村"。这种沟通方式就是"引导"。如情景10.16就是从探讨价格的高低转向探讨总生产费用的高低、单件产品平均成本的高低,即从探讨单次购买费用的高低转向了综合权衡质量、废品率、能耗、维修、停工损失等要素构成的总生产费用成本与单件费用,如此就得出了物美价廉、真正实惠的结论,符合客户"价格要实惠"的要求。

(1) 行为要点:开放对方思路、导引对方思维,换一个角度、换一个标准看问题与权衡,言语中先认同、再转折。

(2) 一般内容:先认同,再引导。比如:"您说的是事实,确实……""同时,实际上……"。

① 先认同。见情景10.17,客户提出异议:"可是,你们的机器的生产速度慢啊",对于这个"速度慢"的事实不必纠缠辩解,而是坦率肯定、理解对方的心情。

② 再引导。对这个异议应该跳出去,从"稳定性高而致的长期表现"去思考与权衡,因为客户其实真正考虑的是机器的长期效益与总体品质而非单一的速度。

故可以如下沟通。

情景10.17 对客户"可是,你们的机器生产速度慢啊"的回复

客户经理说:"您说的是事实,我们的机器的生产速度确实相对慢一些。但是,它有自身的巨大特质与优点——稳定性高,一次性通过率高,产品近乎没有次品与返修,也没有维修停顿。所以从总体来看,我们的机器的生产速度——单位时间所出厂的正品量其实要大大高于行业平均水平。"

10.5.3 正反对比

《三国演义》中描述了若干非常成功的沟通说服场景，如李肃说降吕布、张辽劝说关羽等。一次关羽被曹操包围在山上，曹操爱才极想劝关羽归顺，依关羽的秉性——忠、义，以及好面子、自尊、固执、潜意识中视曹操为"汉贼"，一般的劝说断无效果。作为关羽好友的张辽，极想救下关羽，故以关羽的核心价值观"忠、义、仁"为标准来正反解说，晓以利害，一击而成。

视频：李肃说降吕布　　　　　　　视频：张辽劝说关羽

情景 10.18　张辽劝说关羽降曹

张辽弃刀下马，与关公叙礼毕，坐于山顶。他言及刘备不知存亡、张飞未知生死，下邳已破但曹公下令不得扰民、保护刘备家眷，将此番情况，特告知关羽。

关羽坚持说："你这就是来说服我投降的。我视死如归，你赶快下山去，不必多说，我即下山迎战。"张辽大笑道："云长兄，你这样说话，不是让天下人耻笑吗？"关羽怒道："我为忠义而死，天下人怎会笑我？"张辽一五一十，列出了关羽轻易赴死的三大罪状。

第一，不义。死战不降必然战死，死易，但不能生死与共，不能再为刘备效力助创大业，如此则违背桃园结义时的誓言，此为不义。

第二，不仁。如果关羽战死，两位嫂子就只能守节而死，或落入他人之手，总之两位嫂子绝不可能善终，这样就辜负了刘备嘱托，此为不仁。

第三，不忠。如果关羽逞匹夫之勇，牺牲了性命，那么就不能匡扶汉室，此为不忠。

居然不义、不仁、不忠？关羽开始沉吟不决，内心有所动摇。

随之张辽又说："相对应的，如果你先下山归曹，则有三种好处。"

一是全忠。只要保全了有用之身，将来就可以为国为民建功立业、为匡扶汉室尽忠。

二是尽义。归曹先活着就可以日后与大哥刘备在一起，帮助刘备，尽桃园之义。

三是守仁。归曹先活着就可以护两位嫂子周全，完成刘备的嘱托。

张辽劝说关羽降曹这一情景启发我们：在沟通过程中，客户会基于"趋利避害原则"进行利弊权衡——利益最大化、损害最小化，做出理性抉择。所以，我们在与客户沟通的过程中可以帮助客户对事务的利害关系进行分析，帮助客户权衡利弊，最终促使客户做出决断。

(1) 列举若干不采取行动的害处:"第一是……,第二是……,第三是……"

(2) 列举若干采取行为后的益处:"第一是……,第二是……,第三是……"

沟通实践中可以这样做:拿一张白纸,左边写不采取某行为的坏处、右边写实施某行为的好处。把好处与坏处条分缕析地告诉客户,客户自会对比分析、权衡利弊,基于"趋利避害"原则做出自利抉择。这种方式在各种劝说、营销场景中广泛运用,如下。

坏处	好处
1. ××××××××××××××××	1. ××××××××××××××××
2. ××××××××××××××××	2. ××××××××××××××××
3. ××××××××××××××××	3. ××××××××××××××××

10.5.4　FAB 法则与表述

情景 10.19　让"宝妈"无感的童衣介绍

夏日炎炎,一位"宝妈"到某童装店购夏衣,店内衣裤鞋帽琳琅满目。服务员热情地迎出来导购。"宝妈"说要给小孩买夏衣,服务员就推荐了几款,并对"FALY"牌童衣进行了特别介绍。服务员说:"FALY 牌童衣是用新疆棉花织的布做的。新疆的日照强且时长,对棉花生长特别好,所以新疆棉是最棒的,织成的布也是最好的,因为它材质好啊,所以咱们这款童衣是非常棒的。建议您选这款。"

"宝妈"听后,心里想"那又怎么样呢?",所以她逛了一圈就走出了店铺。

【即问即答】

该服务员说了什么内容?这些内容的重点是什么?

情景 10.20　让"宝妈"心动的童衣介绍

夏日炎炎,一位"宝妈"到某童装店购夏衣,店内衣裤鞋帽琳琅满目。服务员热情地迎出来导购。"宝妈"说要给小孩买夏衣,服务员就推荐了几款,并对"FALY"牌童衣进行了特别介绍。服务员说:"FALY 牌童衣非常适合宝宝在炎热的夏天穿。因为它是用新疆棉织的布做的,新疆棉的棉丝长,织的布非常柔软、透气、吸汗,宝宝穿着很舒服、干爽,因此宝宝可以睡得香香,这样可以让您安心,以及多休息会儿。所以,这款童衣特别适合您家宝宝,尤其是适合宝宝在夏天穿。"

"宝妈"听后,怦然心动,白色与淡蓝色童衣各买了一套。

【即问即答】

该服务员说了什么内容?这些内容的重点是什么?

在情景 10.19 和情景 10.20 两则沟通中，前后两位服务员与"宝妈"的沟通，前一位沟通失败，后一位沟通成功。前一位服务员失败是因为其只讲产品材质的优良情况，没有讲到这可带给"宝妈"需求的满足——宝宝穿着舒服、好好睡觉，以及自己可以安心和多休息会儿，没有让"宝妈"认知到她的需求可以得到满足；后一位服务员成功，是因为其不但介绍了产品材质，更告诉了这可以带给"宝妈"的效益——宝宝穿着舒服、可以睡得香香，以及"宝妈"可以安心和多休息会儿，这让"宝妈"充分认知到了 FALY 牌童衣可以满足自己的需求，于是沟通成功。后一位服务员与"宝妈"的沟通符合 FAB 法则，运用的是 FAB 表述。

1. FAB 法则

事务本身内含特征（F）、优点（A）、利益（B）三方面的属性，如表 10.1 所示。

表 10.1 FAB 属性

事务（产品/方案）	特征（F）	优点（A）	利益（B）
男青年	1.80 米	高大威猛	做男朋友养眼、个头匹配、有安全感
棉衬衫	棉（新疆棉）	吸汗、柔软	穿着舒服、干爽，宝宝安睡，妈妈安心
低脂牛奶	低脂、奶	不发胖、营养高	充分营养、保持苗条
真皮沙发	真皮	柔软、易清洁	坐着舒服、视觉效果好、易保养
西南角的 501 房间	在西南角	处于角落、很幽静	安心睡眠、睡得香甜

（1）讲事务特征让听者产生"那又怎样呢"的无动于衷之感。比如，服务员给来为宝宝挑衣服的"宝妈"介绍说"这是用新疆棉花织的布做的"，"宝妈"一时不会有感觉，因为其所听到的"新疆棉"与其所关心的"宝宝穿着舒服"没有直接关系。

（2）讲优点仍然让人产生"那又怎样呢"的不以为然之感。比如，服务员给来为宝宝挑衣服的"宝妈"介绍说"相比别家，因为新疆棉的棉丝长，所以做的衣服质量好、不会坏、很耐用"，"宝妈"听后仍不会心动，因为这没有触及"宝妈"的需求——宝宝穿着舒服。

（3）只有讲利益，才会让客户怦然心动。比如，"新疆棉的棉丝长，织的布非常柔软、透气、吸汗，宝宝穿着会很舒服、干爽、睡得香甜，这样可以让您安心，以及多休息会儿"，这样的内容才完全符合"宝妈"所关心的"宝宝穿着舒服"。当服务员所说的利益符合客户的需求时，客户才会因此而心动。

客户真正需要的是事务所具有的用处与其所带来的利益，而不是事务的特征与优点。从某种意义上说，客户需要的不是具体事务这一载体本身，而是事务带给客户的利益（问题解决或需求满足）。因此，在沟通中能够真正打动客户的是有关利益的信息——"问题解决""需求满足""利益获得"。

视频：FAB 表述

面对客户应如何讲述事务呢？因为事务的利益、优点、特征之间存在相互关联的逻辑关系——特征→优点→利益，这就要求表述中须将事务本身的特征、事务所具有的优点、事务所能带给客户的利益有机地结合起来，围绕利益，以特征与优点支持利益来讲述，使得客户充分感知到利益可达成，于是心动，这就是FAB 法则。

2. FAB 表述

按照 FAB 法则来整合事务的相关属性，表述中以特征与优点支持利益，让客户感知到利益可达成，这就是 FAB 表述。具体表述中可以有多种词语顺序，详见 2.1.3 节。

其中核心内容是客户利益（B），围绕客户利益讲述优点（A）与特征（F），用以佐证（E）；B 必讲，F、A 可少讲，讲 B 之后须有 A、F 紧随以佐证说明，如表 10.2 所示。

表 10.2　一般表述与 FAB 表述

事　务	一　般　表　述	FAB　表　述
相亲介绍男青年	这个男生身高 1.80 米，很威猛啊	这个男生身高 1.80 米，很威猛，与你很相配，看着很养眼，会让你很有安全感 （注：客户的核心需求是有安全感）
服务员推广棉衬衫	这是一件用棉布做的衬衫	这件衬衫是用棉布做的，很吸汗、很柔软，您在夏天穿会感觉非常干爽、舒适 （注：客户的需求是要穿着干爽、舒适）
介绍低脂牛奶	这款牛奶是低脂的，营养高哦	这款牛奶是低脂的，既营养高又不会让人发胖，可让您既保证营养充分又保持身材苗条 （注：客户特别在乎苗条、怕发胖）
推广真皮沙发	这款沙款发是真皮的，可好了	这款沙发是真皮的，很柔软，很容易保养，您坐着会很舒服，视觉效果会很好，永远像是新的 （注：客户想要的是坐着舒服、看着大方美观的沙发）
西南角的 501 房间	501 房间在大楼的西南角，那里很好的	501 房间在西南角，那里很幽静，没有吵闹的声音，可让您在晚上睡得香甜 （注：客户的核心要求安静、不吵、睡得香）

边学边练

以 FAB 法则来表述下述情景事务。

- 事务Ⅰ：玉帝遣你下凡请齐天大圣孙悟空到天宫任职"弼马温"。你应如何和大圣沟通？
- 事务Ⅱ：将《客户沟通技巧》培训课程推荐给AB公司——该公司的业务员状态萎靡、业绩不佳。模拟演练：到AB公司，与人力资源经理进行沟通。

10.5.5　先跟后带

情景10.21　老娘舅劝解

一个男生昨天晚上和他的女朋友吵了一架，因为她直到晚上12点才回来，让男生等了3个多小时，电话也一直打不通，且这期间女生一直没有回电话。

作为朋友，应如何有效劝解该男生呢？

例见"老娘舅"的心理抚慰术，可供参考。

- 老娘舅："哦，让你等得很心急，是吧？"　　　　　（跟情绪、同理心）
  男生："那是啊。"
- 老娘舅："我猜你肯定很生气，是吗？"　　　　　　（跟情绪、同理心）
  男生："是很让人生气。"
- 老娘舅："确实有些让人生气。"　　　　　　　　　（跟情绪、同理心）
- 老娘舅："那么你跟她生气是因为什么呢？"　　　　（了解情况）
  男生："安全啊！您不知道我有多担心她！她做事总是这么马马虎虎的。"
- 老娘舅："你是担心你的女朋友啊。"　　　　　　　（跟情绪、认同）
- 老娘舅："那你想怎么办？"　　　　　　　　　　　（引导）
  男生："一定要跟她说清楚，明白这样做的严重性，以后要注意，要学会关照自己。"
- 老娘舅："我也有过类似经历，但是后来发现生气、吵架没用，反而会生出更多麻烦。后来想了个办法就搞定了，想不想听听？"　　（引导）

【即问即答】

- 老娘舅首先做出了什么言行？这些言行有什么效果？
- 之后老娘舅又做出了什么言行？该言行的效果是什么？

老娘舅所用的方法就是先跟后带。具体做法如下。

（1）先跟：先接受对方的观点、理解对方的情绪，以迅速建立亲和关系。"跟"的内容是对方的正面动机、角度、情绪等。

比如："联系不上让你很着急是吧？""哦，让你等得很心急，是吧？"

（2）后带：然后通过发问或引导思考，带动对方跳出既有情绪或思路，让他思考另外一个话题。"带"的内容是了解情况、引导对方、说服对方。

比如："那么你认为怎么做她才会理解、认同呢？"

类似的方法还有"先顺后引"，即先顺着对方的意思，待其情绪舒缓时再引导对方换一个角度思考；或者"兜圈子"，即绕开中心话题与基本意图，从相关事务、道理谈起，待有较好的铺垫与氛围时再直指中心，见情景10.22。

情景10.22　红枣饭

一天，某青年教师早早回家做了一锅红枣饭。妻子下班回来，端起碗吃饭，高兴地问："这枣真甜啊，哪来的？"丈夫说是乡下的舅妈捎来的。妻子不无感慨地说："舅妈想得可真周到啊，年年捎枣来！"丈夫说："那还用说，我从小失去父母，就是舅妈把我抚养大的嘛！"妻子说："她老人家这一生也真够辛苦的。"稍停，丈夫忽然叹了口气，说："听捎枣的人说，舅妈的老胃病又犯了，我想……""那就接来呗，到医院好好治治。"不等丈夫把话说完，妻子便说出了丈夫想说还未说出的话。

边学边练

以"先跟后带"来沟通劝解。
- 情景Ⅰ：小海上班迟到被组长训骂并扣奖金，处于愤怒中。请你尝试劝慰小海。
- 情景Ⅱ：商务洽谈中，万经理觉得价格贵。请你继续与之沟通。

10.5.6　沟通策略

情景10.23　客户与老板沟通购买策略

老板问客户："您曾经是如何挑选产品的呢？"

客户答："我的一个朋友推荐了一个牌子，说质量不错，然后我到商店看了一下，其款式、颜色看上去都感觉挺舒服的。于是跟老板讨价还价，考虑了一下，觉得还合适就定下来了。"

问题：对这位客户该怎么沟通才会有效呢？

说服Ⅰ："质量<u>绝对不会</u>有问题，请尽管放心。不过因为现在正在搞促销，所以<u>不能</u>再打折了。现在<u>绝对</u>是购买的好时机，请<u>不必再多考虑了</u>。"

沟通Ⅱ："正巧我们现在有一款衣柜，<u>客户</u>对它的<u>质量</u>评价还是不错的，另外它的<u>颜</u>

色和款式看上去很舒服,至于价格我们可以商量,假如您考虑合适的话,再决定是否购买。您看可以吗?"

如上两则沟通会让客户感觉无法抗拒进而促成决定还是会增加抗拒?

说服Ⅰ让客户滋生更多抗拒,沟通Ⅱ可较为顺畅地沟通客户达成共识。这是因为老板按照客户所习惯的策略(习惯于朋友推荐、注重质量、关注颜色与款式、价格须打折扣、要考虑考虑再做决定)针对性地组织语言来与客户沟通,犹如用了客户的钥匙,自然顺利地开启了客户的心门。

每个人都有自己独特的抉择策略,顺着这个策略来沟通则容易达成共识,见情景10.23之沟通Ⅱ。

沟通策略:以客户的行为策略来与客户沟通,使客户觉得顺意,提高沟通效率。

10.5.7 隐喻/讲故事

1. 隐喻

情景 10.24　隐喻劝他人

小李最近比较悲观,有一次跟你说:"我的性格太柔弱了,成功几乎是不可能的了。"对此,你该如何回应?如何劝解才会产生较好的效果?

回应Ⅰ:"柔弱有什么不好呢?不会跟别人起争执;再说人都是同情弱者的,你这样很容易获得别人的同情,从而获得他人的认同与帮助,相对更容易走向成功。"——这是很理性的说理、教育。

回应Ⅱ:"你的话让我想到了小溪,它很柔弱,但总会绕过各种复杂的地形,甚至蒸发成水蒸气,再变成雨水落到大地,然后继续流淌,最后汇入大海。"——这是比较感性、形象的描述,可以随着情景引发思绪、启迪思考。

如上两则沟通,带给你什么感悟?哪一则更有影响力?

一般而言,回应Ⅰ的内容枯燥,一般人不太听得进去,可能无法产生心智启迪;回应Ⅱ能引起人的思考,启迪人的心智,激发人的积极自信。

回应Ⅱ就是隐喻,也就是打比方,这种沟通方式的效果较好。

沟通策略:人际沟通中学会运用隐喻、打比方这种沟通方式。

2. 讲故事

情景 10.25　故事有影响力

小 C 对于人生目标一直很困惑。对此，如何开导他？

他的朋友没有讲大道理，而是给他讲了一个《爱丽丝梦游仙境》的小故事。有一次爱丽丝进入了梦境，她发现自己来到一片森林，面前有很多条路，而她不知道走哪一条路。正当她为难的时候，旁边的树丛中跳出了一只精灵。爱丽丝看到精灵后很高兴，对精灵说："精灵您好！您在森林里住了这么多年，肯定知道哪条路才是我的选择。帮帮我，给我选条正确的道路吧！"精灵回答："很抱歉。每个人都不一样，因此我无法帮你选择。不过我可以提醒你的是，除非你清楚自己要去哪里，否则哪条路都可以走。"

小 C 沉思了片刻，然后说："我明白了。"

故事极有影响力。沟通高手一般都是非常会讲故事的人，他们劝说时一般是从故事或寓言入手的。

因为隐喻和故事能够在潜意识层面形成一幅较为具体的图像，因此可以将人们潜意识中的能量更充分地调动出来。所以，隐喻和故事在沟通中有神奇的效果，往往能够在不知不觉中启发当事人，促使他们采取行动。而如果只是通过说理、讲逻辑来沟通，则最多发挥 7%～10% 的影响力，非常苍白无力，效果很差。

沟通策略：人际沟通中学会讲故事、说隐喻，会事半功倍。

模块 10.6　依情权变

情景 10.26　主人·小狗·驴

每当主人回来，小狗总是飞快地迎上去，又是摇尾巴又是亲热地叫唤，主人也总是高兴地抚摸小狗，小狗还伸出舌头温柔地舔主人的脸。

驴看到这一切，心中很是不快，心想自己只知道埋头苦干可不行，活干得多还经常挨打，小狗什么也不干还深受主人喜欢，看来要想办法与主人联络感情。

拿定主意的驴等主人回家时也大叫着迎了上去，把蹄子搭在主人肩上，并伸出舌头。主人又惊又恐，使劲把它推开，驴重重地摔倒在地上，又被狠狠地抽了几鞭子。

项目 10 有效沟通六法则

【即问即答】
- 驴为什么会弄巧成拙？
- 这个故事对你有什么启发？

前述沟通流程、沟通法则在一般情况下是适合的、有效的，但事务多变、人物不定、场景万变，情景变、对象变，再套用既有成功模式必然失效，仿效他人的成功方法也未必有效。不同人、不同时、不同地、不同事，须以不同沟通方式应对。

1. 对象变随之沟通变

一般的人际沟通要则是"伸手不打笑面人"，但这放之四海皆准吗？当然不是。比如，面对失去亲人的哭丧者、挨了批评的沮丧者、遭人抛弃的失恋者，此时笑语就不合适了。

视频：应对两个难缠的人

2. 时间变随之沟通变

此一时，彼一时。同样的言行，在彼时适当，现在就未必适当了。比如，同是乞丐，当然可没尊没卑、直呼绰号；可当乞丐成了皇帝，尤其是在殿堂上，再直呼其绰号可能就要"掉脑袋"了。不同时期、不同身份，须采用不同称呼、不同语气、不同言行。

3. 场景变随之沟通变

一地一风俗。正因为风俗不同，才需要入乡随俗，面对同样的事务须以不同的言行应对。东方国家的人相对含蓄内敛，西方国家的人相对奔放。比如，东方国家的人更多推让以显礼仪教养，而西方国家的人则喜欢直接要求；"您的体重增加了"在西方许多国家是一种极大的赞美——意味着健康与财富，但在有的国家则会被视为一种侮辱。这说明地域不同，沟通要则也不相同。

4. 事务变随之沟通变

在未来的职场中有一系列沟通事务，从应聘员工到竞聘经理，从作为文员接待客户到作为柜台服务员接待客户，从作为员工向经理汇报工作到作为经理向总经理汇报工作，从单独辅导培训员工技能到群组培训，从作为员工参会到给员工开会，等等，不同场景、不同事务、不同对象、不同时间段，沟通会有很大的区别，绝不能一概而论。比如，应聘员工一般是一对一沟通，热情大方、初步介绍自己即可；而竞聘经理多是一对多沟通，需要PPT演讲，需要讲思路、讲方法、做论证。又如，接待客户与拜访客户，接待客户只要热情、有礼就不会有大问题；而拜访客户尤其是拜访推广还需要进行寒暄、铺垫、询问、FAB

表述、促成等。再如,同事商讨与和与下属员工沟通思想有很大不同,后者比前者更需要注意细节,更有挑战性。

所以,权变是手段,效果为目的。"以德报怨,何以报德?以直报怨。"我们不能一味地以"菩萨心肠"、良善待人,有时候霹雳手段才是更有效的方式。"菩萨心"、霹雳行,不同的沟通方式,都是手段、措施,都是为了达成好的效果,针对不同的人、不同的事、不同的场景要采用合适的手段,旨在"活"。

视频:旨在"活"

沟通中不能教条迂腐,须灵活权变。针对不同情景、不同人格、不同时空、不同事务,须采用不同的沟通方式,依情权变。

要点回放

说出来、说清楚、信息完整,先谈情、再论理,遵行"亲和→知人→表述→化异→促成"流程,遵行"信息如实、信息契合、方式恰当、尊重亲和、适当技巧、依情权变"六大法则,以此确保沟通顺畅、自由无碍。

项目检测

一、自我言行检测

	客观评价(好或差)	给自己提出建议
(1)沟通时情绪平静。	_____	_____
(2)说话时内容全面、具体细致。	_____	_____
(3)听时记录、听毕复述。	_____	_____
(4)内容、声音、表情、动作相互契合。	_____	_____
(5)选用合适的沟通方式。	_____	_____
(6)尊重他人。	_____	_____
(7)言行举止具有亲和力。	_____	_____
(8)灵敏、尊人,言行有弹性。	_____	_____
(9)据不同情况灵活应对,不拘泥。	_____	_____

二、应知知识问答

1. 如何确保信息真实、客观？
2. 信息契合的内涵是什么？如何确保信息契合？
3. 沟通方式有哪些？各有什么特点？不同沟通方式各适合什么情景？
4. 在沟通实践中如何做做到尊重亲和？
5. 列举若干有助于有效沟通的方法和技巧。

三、应会技能实践

1. 介绍一个事务（如推介自己班级或某同学，或者陈述一件受委屈的事情的缘由），保持客观、镇定，说话有节奏、简洁、有条理；其他同学认真倾听，听后做简单复述。

2. 情景演练：信息契合——柜台销售，采用正面情景开展、避免负面情景的方式。

负面情景：东张西望、东摇西晃、不与朋友进行眼神交流、低头翻看手机、脸刚开始有笑意之后就消失了、嘴里说"你说你说"……

正面情景："这个东西，真是非常牢靠，真是非常值得拥有……真诚建议您带回去两套。"同时，双手展开前伸、抬头挺胸、微笑面对并眼神专注地看着客户，声音热诚高亢、自信有力地说着……

3. 情景演练：在沟通过程中，当对他人的意见有不同看法时，表述中用"同时"而不用"但是"。

4. 指出下述回答中的不当之处，并修正。

情景Ⅰ：一位学生因为经常性不上课、不做作业，也没有假条与任何相关手续，故只能总评不及格。当寒假知道分数不及格后，该学生给老师发短信询问："可不可以想想办法？因为只有这门课没及格，所以不能拿优秀毕业生证书。"

情景Ⅱ：一位学生因补考需要交作业，因为正赶上国庆假期，所以老师同意其推迟到国庆后一周交作业，已通过短信沟通明确。一周之后，该学生仍没有音讯。老师通过短信询问，该学生答复："因为我要参与筹备杭州市团委会议，非常忙，所以没来得及做，过两天再交好不好？"

5. 综合情景训练：遵照沟通法则开展沟通情景模拟。根据沟通事务1.2、沟通事务4.1、沟通事务7.1进行模拟、演练。

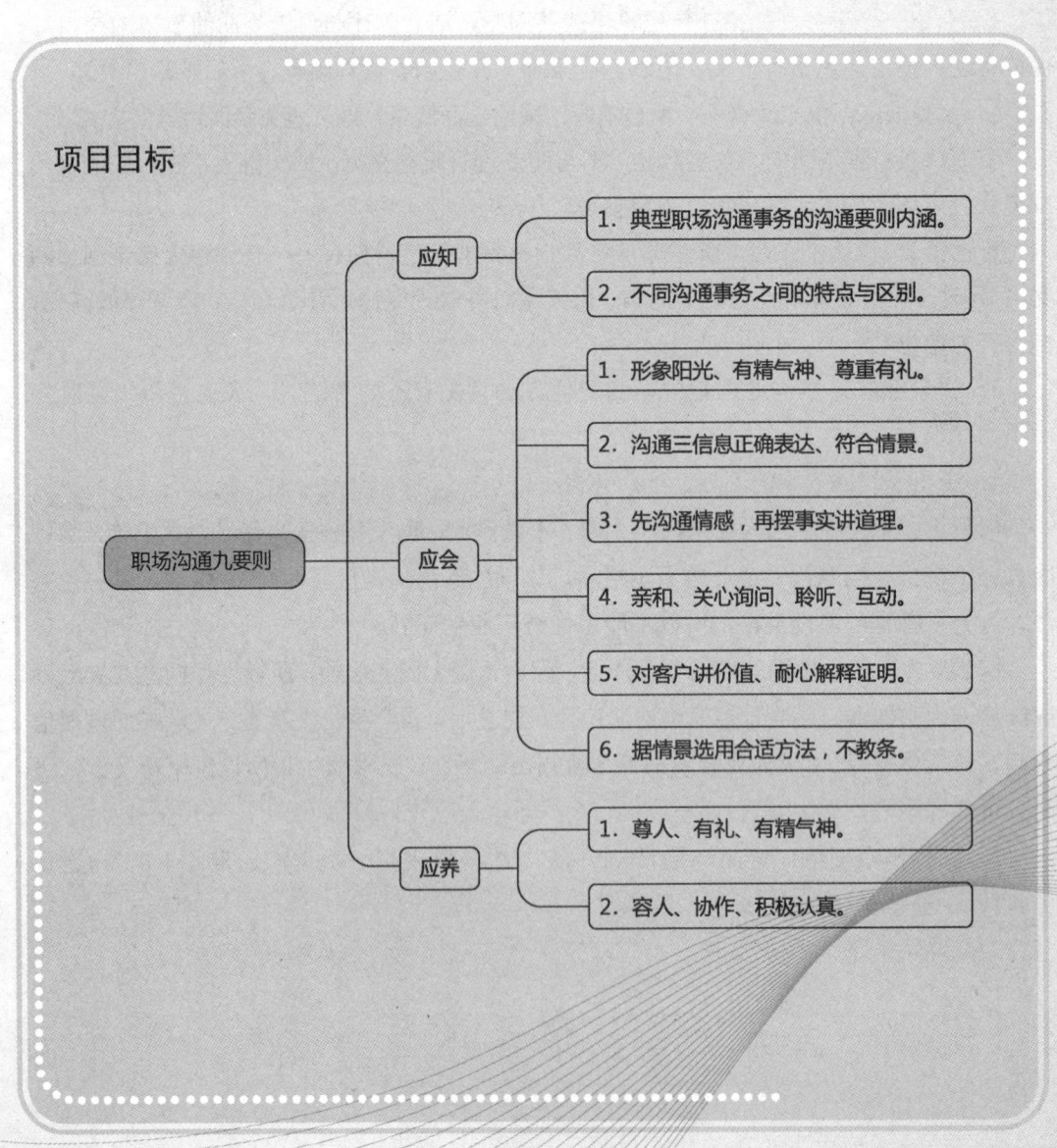

项目 11　职场沟通九要则

项目目标

- **应知**
  1. 典型职场沟通事务的沟通要则内涵。
  2. 不同沟通事务之间的特点与区别。

- **应会**
  1. 形象阳光、有精气神、尊重有礼。
  2. 沟通三信息正确表达、符合情景。
  3. 先沟通情感，再摆事实讲道理。
  4. 亲和、关心询问、聆听、互动。
  5. 对客户讲价值、耐心解释证明。
  6. 据情景选用合适方法，不教条。

- **应养**
  1. 尊人、有礼、有精气神。
  2. 容人、协作、积极认真。

项目 11 职场沟通九要则

项目导入

视窗主人公：时时演练、体悟感慨

邵帅明白学习后必须实践，因为对于沟通而言，重要的是做到而非知道，而要做到必须实践演练，而且判断是否学会主要看是否做到。

职场沟通事务分为不同种类，按照毕业生的初期经历，一般归类为九类典型职场沟通事务。开展这九类典型职场沟通事务，沟通实践中须遵行沟通基本要求、先情后理原理、沟通五步流程、沟通六法规则及先积极自我沟通。因为这九类典型职场沟通事务各有特点，所以这九类典型职场沟通事务各有不同的方法、要则，但万变不离其宗——先情后理原理，核心更离不开阳光心态。

邵帅选择自己需要的沟通事务来演练、验证。时时演练、由生到熟，处处感悟、生发智慧，由此体悟人之本性、沟通原理，圆融沟通方法，不免感慨。

从实习生到员工再到主管，须经历各种岗位工作、各类职场沟通事务，大致归类为九类典型职场沟通事务，具体包括接待客户、出外洽商、同事商讨、上下沟通、接待销售、拜访推广、异议投诉、公众汇报、现代沟通。每种类型的事务沟通都属于客户沟通，故都须遵循沟通原理与沟通要求、遵从沟通流程、遵行沟通法则；同时它们各自的内涵不同、特点不同，因此沟通要求也有不同之处，各有特点。若要切实掌握各职场事务沟通能力，则需要知行合一：一是相互探讨、理性归纳，以求认知层面掌握；二是实践演练，通过不断的角色扮演，体验角色、经历过程、体悟要则，以求初步掌握职场沟通事务。

演练开展方式：组员之间演练与互评→小组代表上台演练→小组代表之间情景演练。

- 小组组员之间演练：每人扮演服务员或营销员或沟通发起者的角色，把所有情景都演练一遍，对手随机选定，对象不要重复。
- 组员之间相互评价：每人以所扮演"客户"的角色对演练对手（服务员或营销员角色）做真实点评，将内容填写到《对方的言行表现表》中；然后，整合同学们的若干份点评，小结形成某同学的沟通言行表现评价。
- 小组代表上台演练：推举一对代表到台上进行情景演练，全班同学参与考评与建议。
- 小组代表之间演练：每组随机抽一人、随机组合配对进行情景演练，全班同学参与考评与建议。

沟通言行表现记录

模块 11.1　接待客户

接待客户是指在办公室、会议室、前台接待客人。自己为主人，来者为客人。在自己的主场接待客人，自己会比较淡定，来访的客人会有拘谨、紧张感，相对而言难度较低，不具有太大的挑战性，但也需要有较高的沟通能力，充分显现职业素养与专业能力。

接待客户的具体事务一般可分为两类：一是企事业单位办公室的文员或干事或主管或公关部门员工等接待来自外单位（企业、政府事业单位、媒体等）的客人或本单位员工，既然来访肯定是有要事，一般而言都非一般人，故每一位都怠慢不得，须陪以十二分的恭敬与细心；二是服务性企业如酒店、饭店等的前台服务员接待客人，客人来咨询、消费，服务员须提供职业性的接待服务。二者既有共同点，也有较大区别。

11.1.1　接待客户的一般沟通要求

因为客人此时有生疏而拘谨、紧张的心理，带着特定需求而来，希望得到特别满足，故须寒暄暖人心、关心动人心、细述安人心。

具体言行措施：待客有礼、热情客气、主动招呼、嘘寒问暖等，以消除紧张感，让人宾至如归；关心、关切地询问来由，了解具体要求；根据客户的要求，基于客户的角度进行分析，提出合理建议，尽可能快速处理、安排事项，避免怠慢；事情可以办不成，但须态度关切、热情，禁忌冷脸、冷漠，总之务必情以悦人、言以动人。

11.1.2　办公室接待客户的沟通要则

（1）一般沟通流程及其言行要点：

亲和客户：	知人：	表述与化解异议：	促成：
• 点头、微笑、眼神交流	• "察颜观色"	• 肯定认同	• 热诚、自信、主动
• 热情招呼、问候、让座	• 关心询问	• 据对方的需求讲述方法、措施，须有条理	• 提建议，请反馈
• 敬茶、寒暄、赞赏	• 专注倾听	• 同理心应对异议	
• 询问、倾听、互动	• 简单复述		

（2）核心言行：微笑、热情招呼、寒暄、询问、倾听、简单复述。

（3）易忽略、难做好的关键点：寒暄、询问、倾听、简单复述。

视频：办公室接待客人 1　　　　　　　　　　视频：办公室接待客人 2

（4）规范的沟通信息列举如下：

触动人心的肢体语言：	悦耳的声音：	入心的言语（范例如下）：
• 微笑、眼神交流、热情招呼 • 让座+敬茶 • 身体趋向客户 • 倾听：关注地聆听、记录 • 呼应：身体配合、点头	• 热情亲切 • 先快后缓 • 有中气 • 爽朗 • 欢快	• 致敬："欢迎""久仰""早听说了" • 敬茶："喝点什么——茶？饮料？" • 寒暄："累了吧？老家？想当初？" • 复述："你的计划是……" • 建议："做……安排，可好？"

11.1.3　前台接待客户的沟通要则

（1）一般沟通流程及其言行要点：

亲和客户：	→	知人：	→	表述与化解异议：	→	促成：
• 点头、微笑、眼神交流 • 热情招呼、寒暄、赞赏 • 询问、倾听、互动		• "察颜观色" • 询问、倾听 • 复述、核对		• 针对需求而回答措施 • 讲述客户利益并佐证 • 同理心应对异议，引导		• 热诚 • 提建议

（2）核心言行：微笑、热情招呼、敬茶、寒暄、询问、倾听、简单复述、讲述客户利益并佐证、表达同理心。

（3）易忽略、难做好的关键点：寒暄、询问、倾听、复述、讲述客户利益。

视频：前台接待

（4）规范的沟通信息列举如下：

触动人心的肢体语言：	悦耳的声音：	入心的言语（范例如下）：
• 微笑+眼神交流+热情招呼 • 身体趋向客户 • 关注地聆听、记录 • 表情、肢体动作、气息等呼应对方	• 热情热切 • 先快后缓 • 有中气，爽朗 • 加以"嗯嗯""哦""好啊"等辅音	• 招呼："欢迎光临！" • 寒暄：赞赏精神、形象、衣着…… • 询问："有何需求可帮到您？" • 复述："您需要的是……" • 建议："……安排，您看可好？"

模块 11.2　出外洽商

出外洽商是指员工代表单位出差到其他单位处理公务、洽商事情。自己是客人，对方是主人,双方洽谈的是公务,代表单位进行沟通,而且一般而言双方单位大多已有一定的业务交往,故一般会客气接待,虽然有些身在陌生地的生疏与紧张感,总体而言该事务不具有太大的挑战性。但出外就是代表单位,尊重、有礼、镇定、谈吐等言行表现既展现了公司的形象,也很好地显现了自己的素养,所以在形象、礼仪、热情、自信、表达等方面是有较高要求的。作为访谈对象的主人很在乎是否被尊重、希望心悦然,所以他希望看到的是一个形象大方得体、有礼、清晰说明来意、多听多请教、内容表达清楚和有条理的来访者,因此我们须以客户所希望的方式进行来沟通。具体如下。

11.2.1 出外洽商的一般沟通要求

展现亲和力、FAB 表述、有异议时运用同理心,绝对不能冒犯客户,禁忌辩驳。

11.2.2 出外洽商的沟通要则

(1) 一般沟通流程及其言行要点:

亲和客户:	知人:	表述与化解异议:	促成:
● 形象:大方、精神、衣着得体	● 询问	● 寒暄之后转向来意	● 提建议、促决定
● 有礼:主动、热情、尊敬招呼	● 倾听	● 以听代说	● 真诚、自信
● 寒暄:请教、聊共同话题……	● 简单复述	● 针对性讲述客户利益	
● 呼应:身体倾向对方、点头、倾听……		● 同理心+引导	

视频:出外洽商

(2) 核心言行:

- 大方得体的外在形象:挺拔、微笑、衣着得体;
- 尊人有礼:热情招呼、握手、递名片等;
- 寒暄:请教、赞赏、聊对方感兴趣的话题;
- 铺垫:关心询问、谈及现状;
- 说明来意与要完成的事情;
- 询问(询对方的要求与设想)、倾听(微笑、眼神交流、记录、肯定、询疑、复述等);
- 讲客户效用、表达同理心。

(3) 易忽略、难做好的关键点:寒暄、铺垫、询问、记录、讲述客户利益(对客户的作用、价值)、表达同理心等。

(4) 规范的沟通信息列举如下:

项目 11 职场沟通九要则

触动人心的肢体语言：	悦耳的声音：	入心的言语（范例如下）：
• 形好：挺拔自信、衣着得体 • 礼敬：快步、倾身、尊称 • 尊人：眼看、点头、记录、专注倾听、身体前倾 • 呼应：肢体、气息等 • 倾听：关注地听、记录 • 呼应：身体配合、点头	• 热情亲切 • 配合客户的语气、语速、语调 • 有节奏 • 加以"嗯嗯"等辅音	• 尊敬："王工，久仰久仰！" • 寒暄："啊，在单位听说了，您……" • 铺垫：您在×××方面近况挺好吧？ • 复述："您的要求是……" • 讲述："……将带给咱公司……"

模块 11.3 同事商讨

同事商讨是指在工作、项目讨论、会议等中与同事开展商量、讨论与报告。除了一般的观点思想陈述，当与对方观点不一致、同事讲完自己接着发表意见时，此时的发言非常显现职业素养，其结果要么是对方愉悦而倾向于达成共识，要么是惹怒对方而引发对抗，总之会非常影响商讨效果。这种商讨可以一对一，也可以一对多，其中，"先情后理"至关重要，可以观点不同，但须人格赞赏，禁忌人身攻击。

11.3.1 同事商讨的一般沟通要求

在观点表述时务须声音有中气、内容清晰、流畅、条理；别人发言时身体朝向对方、眼神交流、认真倾听、适当记录；听毕自己接着发言时务必身体趋向对方、微笑、眼看对方，先简单地用第一、第二、第三……来复述并做肯定（肯定对方某观点、思路或其人格），再陈述自己的观点（不同观点、补充、建议等），陈述须有条理。

11.3.2 同事商讨的沟通要则

（1）一般沟通流程及其言行要点：

亲和客户：	知人：	表述与化解异议：	促成：
• 以肢体语言表示对对方的尊重与欣赏，如趋向、点头、微笑等 • 专注倾听、眼神交流 • 亲切、赞赏的语气语调 • 先认同对方的主体观点	• 倾听 • 复述 • 再询问 • 核对	• 先认同，再讲述不同观点，表述须有针对性 • 有条理、有逻辑地讲述 • 讲述观点后须以材料佐证 • 同理心应对异议	讲述完毕进行小结，提出建议，提请意见反馈

（2）核心言行：

• 首先做到倾听——别人发言时身体朝向对方、眼神交流、认真倾听并记录；

视频：同事商讨

- 听毕自己接着发言时务必尊重对方——身体趋向对方、微笑、眼看对方、简单复述，肯定对方——肯定甚至赞赏对方某观点、思路或其人格；
- 对不认同的观点以"同时"来陈述自己的不同观点，不要用"你这样说是不对的""你的观点是谬误的"等说辞；
- 陈述须有条理、简洁；
- 声音有中气、流畅，对对方异议持同理心及平和态度。

（4）规范的沟通信息列举如下：

触动人心的肢体语言：	悦耳的声音：	入心的言语（范例如下）：
• 倾听：眼看、聆听、记录 • 尊人：身体趋向说者，点头、微笑、专注 • 呼应：肢体动作、气息等配合对方	• 附和以"嗯嗯""哦""对啊"等词语 • 热情 • 有节奏、流畅	• 尊重与肯定："刚才王经理说了3个问题、3个措施，很有道理，其中3个问题是本质问题，……和……这两个措施很有创意。" • 讲述不同："同时我对第三点有些不同看法，我的看法是……，这将带来……效果。" • 同理心："理解您……的想法。同时……"

模块11.4 上下沟通

在职场中，作为员工与主管需要向领导汇报工作，这就是向上汇报；作为主管须向员工布置任务、沟通思想、工作辅导、表扬与批评，这就是下行沟通。向上汇报是每人都须经历的，后者也是有作为者将经历的，二者在沟通实践中各有不同要求。

11.4.1 向上汇报的沟通要则

视频：向上汇报

（1）向上汇报的一般沟通要求：一般而言领导喜欢尊重人、头脑机灵有想法、表述清晰的员工，所以员工须阳光精神、大方得体、尊敬有礼、表述清晰、目的正义、措施明晰，如此领导自然心怡、动心，达成共识的可能性较大。言行关键是请教的姿态，为公的目的，充分肯定领导的心意，意义须具体，表述须有条理并佐证，禁忌冒犯、辩驳。

（2）一般沟通流程及其言行要点：

孕育亲和关系：	知情况：	表述与化解异议：	促成：
• 大方、精神的形象 • 礼貌地尊称，如"王院长或王院，您好" • 简单寒暄与肯定 • 谦虚请教的态度 • 认真聆听、互动 • 感激、接受、改进 • 主动、积极、及时	• 调研与侧面了解领导的价值观与工作要求 • 询问与倾听、核对	• 有条理地陈述，结论是效益——部门的效益 • 讲述观点之后用材料佐证 • 先总后分，简明扼要 • 面对异议，须先认同，再从另外一个角度解释、引导	• 热诚、自信的状态 • 及时、自然、适当地提议 • 提议后沉默以待

（3）核心言行：

- 大方、精神的形象，微笑，礼貌地尊称，简单寒暄与肯定，谦虚请教的态度；
- 有条理地陈述事由，总括意义是为了部门效益，以材料佐证，简明扼要；
- 如有异议，先认同，再另行解释，引导思考，及时、适当地提出想法和建议，再沉默待领导开口；
- 对领导的建议表示感激。

（4）规范的沟通信息列举如下：

触动人心的肢体语言：	悦耳的声音：	入心的言语（范例如下）：
• 大方、精神的形象 • 尊敬有礼：微笑、眼神交流、尊称、身体倾向领导 • 倾听：专注地聆听、记录 • 呼应：肢体动作、气吸等配合领导	• 声音有中气 • 先激情后和缓、流畅、节奏 • 辅以"嗯嗯""对啊""然后呢""哦"等词语	• 尊称："王院长您好！" • 寒暄：聊聊身边事、部门事或赞叹领导可赞之处（办公室某物、某事件） • 简单陈述事情："×××事做了……、……，这将产生……效益。" • 询问与请教："您的想法是……，对此我们的看法是……，您建议怎么办？"

11.4.2 下行沟通的沟通要则

下行沟通是指领导与员工进行沟通，主要包括具体事务下达的信息传达类沟通、涉及信息互动的沟通，前者如布置任务、辅导工作，后者如沟通思想、表扬与批评，二者有所区别。

1. 信息传达类沟通的沟通要则

信息传达类沟通如布置任务、下达命令、辅导工作，是主管的基本职责。这里的关键是确保信息的清晰传达与准确接收，对表述要求较高，但相对而言对亲和力与了解对方的要求不高。但当前社会强调尊重个性，因而也趋向强调亲和力与知悉员工内心意愿。

（1）下达任务的一般沟通要求：一是完整信息传达，根据"5W1H"把握内容，须具体、细致；二是互动反馈，即让接收者记录、简单复述并核对。

（2）一般沟通流程及其言行要点：

孕育亲和关系：	知性格：	有效表述：	促成：
• 态度和善与用语礼貌 • 眼神交流 • 声音柔和、亲切	"察颜观色"以判断合适的沟通方式	• 有条理地说 • 内含"5W1H" • 要求对方简单复述 • 说明意义、必要性 • 征询意见和建议	• 真诚、肯定地提出要求 • 征询意见与建议

（3）核心言行：

- 态度和善、用语礼貌，沟通时与员工进行眼神交流，声音尽量柔和、亲切而非语气冷淡；
- 内容完整，内含"5W1H"，表述内容有条理、具体、说明意义与必要性；
- 询问员工的意见，提出要求；
- 请员工简单复述任务内容。

（4）规范的沟通信息列举如下：

触动人心的肢体语言：	悦耳的声音：	入心的言语（范例如下）：
• 微笑、态度和善 • 眼神交流，身体趋向听者	• 柔和、亲切 • 清晰、有节奏	• 提出要求："小万啊，有事需要你……" • 询问意见："您看有没有问题？""有什么困难、要求提出来？"

2. 涉及信息互动的沟通要则

涉及信息互动的沟通如做思想工作、表扬与批评，工作意义大，但很敏感，故须小心谨慎、讲究方法。这类沟通的情感性很强，故须充分领悟先情后理原理，须先情感沟通、再理性沟通。

（1）涉及信息互动的沟通的一般沟通要求：关键是先甜后苦、对事不对人、具体确指、适当场合、具体建议。具体操作如下：一是先甜后苦，即运用"糖衣炮弹"法则，先肯定对方近期的良好表现，之后指出其若干不良表现；二是对事不对人，即就事论事、不涉及人格；三是具体确指，不论是表扬还是批评都须具体化，越具体越好，尤其是批评，绝不能泛泛；四是适当场合，无论是表扬还是批评都须注意场合——表扬要公开、批评须私下；五是具体建议，即结束后要让员工带着目标、任务及方法措施回去，以期天天向上。

（2）一般沟通流程及其言行要点：

培养亲和关系：	知情况：	表述与化解异议：	促成：
• 态度和善、微笑 • 寒暄，先肯定、赞赏 • 尊重人格，对事不对人 • 认真聆听、互动 • 适当场合（私下批评、公开表扬），包容"面子" • 有些场合也须威严姿态、霹雳言行	• 侧面了解具体情况、人格、心理 • 询问 • 倾听 • 核对	• 先肯定优秀表现 • 再具体指出不足，有条理地陈述，以事例、数据来佐证 • 面对辩解，先致同理心，再指出不当之处、后果 • 提出具体措施、建议	• 及时、适当地提议 • 提议后看着对方，以待反馈

(3) 核心言行：
- 态度和善，先寒暄关心及肯定、赞赏，以开启下属心门；
- 然后转向近况，指出问题所在，听取解释，用心聆听；
- 批评或表扬都须具体，并以具体事例来说明；
- 对员工的辩解持同理心，再严肃地指出严重后果；
- 要求员工反思或再接再厉，提出下一步措施。

(4) 规范的沟通信息列举如下：

触动人心的肢体语言：	悦耳的声音：	入心的言语（范例如下）：
• 和善、微笑、身体前倾 • 眼神交流、寒暄、关心、聆听 • 面对犯错的威严、霹雳言行	• 柔和、亲切 • 清晰、条理 • 语气严肃	• 关心："小万啊，最近你……" • 肯定："你近来……表现很好。" • 指出："但……出问题，反应差。" • 同理心："理解……，只是……" • 建议："望更好，怎么做？希望……"

模块 11.5　接待销售

接待销售是指在商场柜台接待来选购商品的客户或在办公室接待客户、洽谈业务的营销类沟通，其特点是客人主动上门，自己在主场接待。客户已有较强的购物需求，但仍犹豫未定，尤其是对具体在哪家购买没有意向，这时客户的感觉很重要——这种感觉会瞬间促使客户做出选择，而这种感觉源于交往中是否让人心悦、是否心向客户、是否靠谱等。

11.5.1　接待销售的一般沟通要求

不论客户要不要购买，接待者都要以顾问角色面对客户，为的是帮助客户解决其问题。以"来者都是客"的心态热情地招呼与待客，想着让客户怀希望而来带满意而去，所以务须展现亲和力——先招呼、问候，关心地询问情况，接待中认真专注地听→不时记录→复述核对→表达肯定；再有条理地陈述，充分佐证，适时适当促成，不论客户要或不要购买都一如既往地展现亲和力——持同理心或主动、热情地服务与帮助办理相关手续→留下联系方式→客气地道别。

11.5.2 接待销售的沟通要则

（1）一般沟通流程及其言行要点：

亲和客户：	知人：	表述与化解异议：	促成：
• 阳光心态，"顾问"角色 • 阳光、精神的形象，有礼仪 • 寒暄、关心询问、倾听 • 认同，同步，持同理心	• 观察 • 询问 • 倾听 • 复述	• 针对客户的需求有的放矢，讲述客户利益 • 讲述有条理，佐证 • 以同理心面对异议，引导	• 自信、主动、有能量 • 提建议，待反馈

视频：柜台销售 1　　　　　视频：柜台销售 2

（2）核心言行：

- 有精气神；
- 热情招呼、寒暄；
- 关心询问、倾听（含记录与简单复述）；肯定赞赏；
- FAB 表述，有条理、材料佐证；
- 声音有中气、流畅、有节奏；
- 对客户异议持同理心；
- 恰当促成。

（3）易忽略、难做好的关键点：不关心、不询问、不倾听、不复述客户的需求而直接介绍产品或方案，不针对性讲述客户利益，讲述没有条理，忍不住辩解甚至辩驳。

（4）规范的沟通信息列举如下：

触动人心的肢体语言：	悦耳的声音：	入心的言语（范例如下）：
• 得体、整洁、人精神 • 点头、微笑、眼神交流 • 热情招呼、有礼、寒暄 • 身体趋向客户、专注聆听 • 肢体动作、表情、呼吸等呼应、配合对方	• 爽朗、有中气 • 流畅、不忘词 • 抑扬顿挫 • 语音清晰	• 招呼："您好！有什么可帮到您？" • 寒暄：赞赏其精神、形象、衣着等 • 询问："买这个做什么用？" • 复述："您的需求是……是这样吗？" • 肯定："考虑真是细致、温暖啊。" • 表述：FAB 表述，讲利益、佐证 • 建议："您看 A 或 B，您更喜欢哪个？"

模块 11.6 拜访推广

拜访推广是指外出到客户处拜访沟通，目的是与对方达成共识、签订合约（产品或方案）。尤其是对于原本不认识的客户，想让客户购买，非常具有挑战性，难度大、要求高，但成功了便可取得高收益。类似的事务还有竞聘、求爱、申请、推荐介绍、说服领导等，多是一对一沟通。

11.6.1 拜访推广的一般沟通要求

拜访前须充分调研以了解客户的人格、习性与大致状况；见面时须全身心培养亲和关系，其中寒暄与同步沟通至关重要；通过观察、询问来充分了解客户，开展 FAB 表述，围绕客户需求，强调客户利益，适时适当促成；当客户有异议时须持同理心；当达成共识并交易后须更加亲和地服务、跟进。每个环节都极其重要，一旦某一环节出错就可能前功尽弃，所以对沟通者的心态有较高要求——顾问角色、助人思想（为合适的人提供合适的服务）、利人思维、爱的心境。

视频：拜访式销售 1

11.6.2 拜访推广的沟通要则

（1）一般沟通流程及其言行要点：

亲和客户：
- 积极自我沟通，孕育阳光心态——相信、助人，"顾问"角色
- 阳光、精神的形象，有礼仪
- 寒暄、赞赏
- 关心询问、倾听、复述
- 呼应，同理心，跟进

知人：
- 调研客户
- "察颜观色"
- 询问
- 倾听
- 复述核对

表述与化解异议：
- 针对客户的需求有的放矢，讲述客户利益
- 讲述有条理，对良好利益以充分佐证
- 同理心应对异议，另选角度引导思考

促成：
- 自信、主动、有能量
- 以适当方式提建议，待反馈

（2）核心言行：

- 事先充分调研，以了解客户的性情、需求、价值观、喜好、家庭或公司任职情况等；
- 形象阳光，人有精气神；
- 热情招呼、有礼仪，寒暄；

视频：拜访式销售 2

- 关心询问、倾听（含记录、简单复述），肯定赞赏；
- FAB 表述，有条理、材料佐证；
- 声音有中气、流畅、有节奏；
- 以同理心面对异议；
- 恰当促成。

（3）易忽略、难做好的关键点：状态不佳、缺精气神、不寒暄、不询问、不倾听、不复述客户的需求，直接介绍产品本身而不分析客户价值与客户利益，讲述没有条理，忍不住辩解甚至辩驳。

（4）规范的沟通信息列举如下：

触动人心的肢体语言：	悦耳的声音：	入心的言语（范例如下）：
• 得体、整洁、人精神 • 点头、微笑、眼神交流 • 见面有礼，身体趋向客户 • 寒暄，专注聆听 • 肢体动作、表情、呼吸等呼应、配合对方	• 爽朗、亲切 • 流畅、不忘词 • 抑扬顿挫、不慌乱 • 语音清晰	• 招呼："×总（工），您好！久仰了！" • 寒暄：赞赏、请教、聊共同话题 • 询问："最近如何？""有什么要求？" • 复述："您的要求是……是这样吗？" • 肯定："考虑得真是细致、周全啊。" • 表述：FAB 表述，讲利益、佐证 • 建议："您看 A 或 B，您更喜欢哪个？"

11.6.3　应聘沟通的一般要求

视频：应聘 1　　　视频：应聘 2　　　视频：邵丹应聘

自信、有礼仪，微笑、眼神交流，最好有寒暄（坐下时自然地赞叹，如办公室之书画优雅、人之年轻精神或者请教等，如此可与一般应聘者区别开，会给招聘者留下深刻印象）；先做约 1 分钟的自我介绍，内容包括姓名解释、特点或优点、特长与志向、对公司的了解与欣赏，以及自己的想法、意愿与日后计划等；然后是互动，大大方方地表现、有条理地回答。

模块 11.7　异议投诉

客户异议与投诉一般包括客户对我们的观点的不认同、否定，以及客户事后有不满意之处所以投诉,但对方的要求有时让我们无法接受。比如,洽谈中客户表达异议与拒绝、客户服务专员接待客户投诉等。有异议,沟通才真正开始,故应对异议投诉是客户沟通中高等级的沟通事务,需要由高水平、高素质的人员负责。其中,不能如"降龙十八掌"般直接刚猛应对,而应如"太极拳"般以柔克刚、刚柔相济,也就是说不能以"说服"来辩驳人,而须以"化解"来沟通人。

11.7.1 异议投诉的一般沟通要求

以柔克刚、先跟后带(先跟随、先顺从、先认同,再引导),同理心最重要,然后是转换思路、引导客户转向另外的角度思考,从而让客户感知到利益。

视频:"嘎贵啊"

11.7.2 异议投诉的沟通要则

(1)一般沟通流程及其言行要点:

亲和客户:	知异议:	有效表述:	促成:
• 以"同理心"面对客户,以对方的立场来思考、询问 • 关注地聆听、应和、记录 • 表达理解及感同身受 • 后续用"同时"来表述自己的观点	• "察颜观色" • 询问 • 倾听 • 复述核对	• 表达理解的情感 • 从另外的角度解释,表述客户利益 • 讲述有条理,对利益以充分佐证	• 自信、主动、有能量 • 以适当方式提建议,待反馈

(2)核心言行:

- 对于客户的不认同表示理解,先报以"同理心",如"嗯,非常理解您现在的感受,这样确实让人不舒服";
- 之后站在客户的角度来询问异议情况,认真聆听,待知晓内容详情后再表达肯定,如"嗯,王总您这个思路确实很独特";
- 而后从另外的角度来分析、引导思考,权衡、比较价值得失,让客户感知到良好的价值、利益。

视频:投诉处理

(3)易忽略、难做好的关键点:对客户异议情不自禁地自我维护而否定客户甚至辩驳,以致情感对立、不可收拾。

(4)规范的沟通信息列举如下:

触动人心的肢体语言：	同感的声音：	入心的言语（范例如下）：
• 同一状态的肢体语言，如同样沮丧的表情、类似的动作 • 身体趋向、靠近客户 • 关切地询问、用心地聆听 • 记录、简单复述 • 眼神交流、点头	• 关心、急切、有情感的声音 • 先急后和缓 • 语音清晰	• 招呼："嗨……" • 同理心的言语："哦，这很让人理解。唉，感同身受啊。" • "应和："哦……，嗯……，真是……，确实……"哦，心不舒啊。嗯，理解。" • 询问："您的想法是……" • 建议："您的想法我很理解。同时根据现实情况，您看这样……，行不行？"

11.7.3　不同异议的不同沟通要则

（1）化解客户不认同：先以同理心表达对客户的心情与想法的理解、认同，然后关心客户疑虑的问题，细心询问以知悉客户的真实需求，再从其他角度进行 FAB 表述，有效运用提示、引导、对比等方法，引导客户感知利益。

（2）接待客户投诉：充分运用同理心，聆听其投诉，对客户的心情感同身受，顺从、理解、肯定其情绪，抚慰客户委屈与受伤的心灵，在该过程中了解事件概况与事由，站在客户角度给予分析与建议——据客户情况与要求告知解决方法、提供建议，转到相关责任人处解决或当场解决，务必真诚——以关切、热心的态度来显示诚意，以有效的措施来解决问题，切忌只说"对不起"而后没有任何实质措施的推诿行为，如此将进一步激化矛盾。

（3）柔性拒绝对方不合理的要求：先致同理心，表达理解、赞赏、感激之意；再基于对方真正的需求、对方的利益，引导对方思考当前方法未必合适的状况，引导对方思考真正合适的思路与方法，提出更好的方法和措施，并致祝福。

模块 11.8　公众汇报

公众汇报是指演讲报告、申报演讲、会议主持、员工培训等在大庭广众之下面对许多人的一对多沟通。比如，分享一个故事或个人感慨的经历、主题演讲、事务报告或总结汇报、争优申报 PK（如班级申报"五四"优秀团支部演讲比赛、小组成果汇报）、项目申报（以 PPT 方式做演讲陈述）、公开竞聘，以及给员工培训（资深员工的经验分享与主管的技能培训）等，这些在职场中属于常态沟通方式。在公众汇报沟通中，演讲者全息传播信息而非仅靠嘴巴传达信息，演讲中的肢体语言信息、声音语言信息比文字语言信息更为重要，而文字语言信息中更具影响力的是内容的逻辑、条理性及材料佐证等。

11.8.1 公众汇报的一般沟通要求

形象阳光、挺拔、镇定，双眼有神并与听众眼神交流，微笑亲和，尊人有礼——鞠躬并致"×××，大家××好"；声音洪亮、有节奏、富有情感、有感染力；表述内容中心明确、要点明晰、层次清晰、有逻辑、有条理；数据、图、表等佐证材料充分；PPT简洁、文少图多、底色浅文图深、文字清晰；不看稿、不念稿、不看PPT，口语化表达，配合以激光笔扫描文句、图表。

视频：芈月演讲

11.8.2 公众汇报的沟通要则

（1）一般沟通流程及其言行要点：

亲和客户：	知人：	有效表述：	促成：
• 阳光形象：挺拔镇定、微笑、眼有神、眼神交流 • 尊人有礼：鞠躬致敬 • 快速上台，不拖沓 • 与听众互动，显幽默 • 对听众提问先赞赏	• 通过调研、私下沟通了解听众的需求 • 通过观察、反馈感知大众心理	• 语音清晰、声音有中气 • 讲述有条理 • 中心明确，先总后分有逻辑，充分佐证 • 主题简洁，图文并茂 • 脱稿，口语化	• 进行总结 • 提请建议要求

（2）核心言行：

- 确保阳光形象、快步上台、微笑、面向大众、眼神交流、鞠躬致敬并致意，如"×××，大家××好！我是×××（姓名解释）"；
- 说明题目与纲要思想；
- 声音洪亮、有中气、亲切、富有感染力；
- 内容表达有条理，先总后分有逻辑，用数据与事例来佐证；
- 脱稿、忌读稿、通俗易懂、口语化；
- PPT简洁、文字清晰、图文结合，PPT内容与口说同步。

视频：挑战杯比赛汇报

（3）规范的沟通信息列举如下：

触动人心的肢体语言：	悦耳的声音：	入心的言语（范例如下）：
• 阳光形象、挺拔镇定 • 快步上台 • 微笑、眼神交流、鞠躬致敬 • 身体趋向大众、互动 • 眼神锐利，与大众真诚交流	• 洪亮、有中气 • 亲切、有感染力 • 抑扬顿挫 • 语音清晰 • 口语化	• 致敬："大家好！我是……谢谢！" • 开场白："因为……，所以……" • 简说中心与纲要 • 先总后分式讲述："中心内容是……，分别从四个方面展开，一是……，二是……，三是……，四是……" • 对提问先赞赏："这个问题很好！" • 最后：小结、建议、启发、要求

11.8.3　几种公众汇报的区别与注意

（1）演讲、报告：一气呵成、完后答问，内容须体系化、有逻辑、有条理，声音须有中气有节奏。

视频：马云美国演讲　　　　　视频：克林顿推荐奥巴马

视频：寒门贵子　　　　　　　演讲文

（2）培训：强调互动、有问有答，更要亲切、通俗易懂。

（3）会议主持：强调流程掌控以确保流畅与连贯——串联前后内容，对前述者做肯定并抛出问题（"包袱"）以引起思考，对下一位演讲者做推崇性介绍以引发期待，做总结。需要注意的是，主持是"绿叶"而不是"红花"，目的是让"红花"更红，故不能霸占"聚光灯"，但大方、有中气、流畅、幽默是必需的。

模块11.9　现代沟通

接待客户、出外洽商、同事商讨、上下沟通、接待销售、拜访推广、异议投诉、公众汇报属于职场中常见的、传统的以面对面沟通方式开展的职场沟通事务，在处理这些事务的过程中需要综合运用口头沟通和书面沟通。社会发展到现代，产生了系列现代社交沟通方式，包括电话沟通、网络沟通，尤其是当下的网络沟通创新了即时通信（包括微信、QQ、短信等）、电子邮件、网络电话（语音通话、视频通话）、网络社交平台（如电子论坛、博客、微博、公众号等）等沟通方式，充分帮助人们进行有效沟通、助力完成任务，有效开展职场沟通事务与生活中人际沟通。它们各有特点、各有要求。

11.9.1 电话沟通的沟通要则

电话沟通是借助电话、手机等媒介来传达文字语言信息与声音语言信息（视频通话还会传达肢体语言信息）的一种沟通方式，突破了空间限制，可即时传递、接收、反馈信息。电话沟通包括打电话与接电话，二者在实践中有不同要求，但都对态度、动作、声音、文字有较高要求。

1. 打电话的沟通要则

（1）打电话的一般要求如下。

- 做好准备：包括了解对方、明确目的、整理好电话内容、抬头挺胸、面带微笑、备好纸笔。
- 态度友好：表现为声音热情、措辞尊人有礼、动作恭敬、面带微笑，尤其是开口第一句话务必热情，声音切忌拿腔拿调，先问候与寒暄，待对方说"再见"后等2～3秒再轻轻挂断电话。
- 声音适当：语速依对方语速快慢而定，但不能太快，要咬字清晰。
- 内容简洁：以3分钟内结束为宜，电话沟通不适合用于洽谈业务。
- 内容条理：用"1."."2."."3."序号分点来说。
- 禁忌术语：不要用专业术语，小心使用词语的简称。
- 注意发音与简单复述：对于易混淆、难分辨的同音不同义的词语及日期、时间、电话号码、数量等数字内容，务必放慢速度，逐字清晰地发音，可以再重复一次，还要让对方复述予以确认。

（2）拨打电话的流程如下。

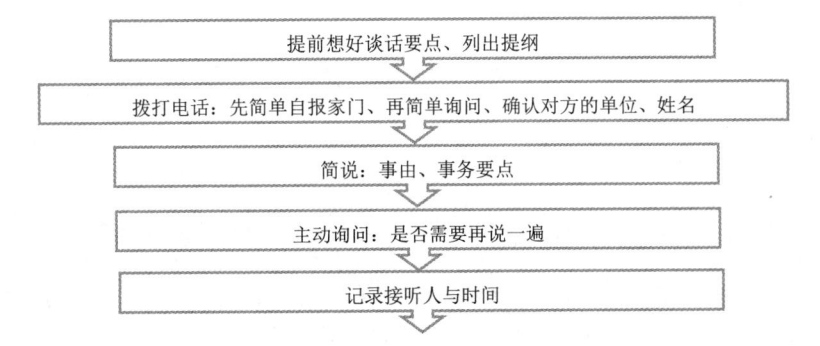

```
提前想好谈话要点、列出提纲
        ↓
拨打电话：先简单自报家门、再简单询问、确认对方的单位、姓名
        ↓
简说：事由、事务要点
        ↓
主动询问：是否需要再说一遍
        ↓
记录接听人与时间
        ↓
```

去电单位（姓名）		通话人	
接听人		通话时间	
去电内容		通话结果与处理意见：	
备注：			

（3）打电话时的言行要点：

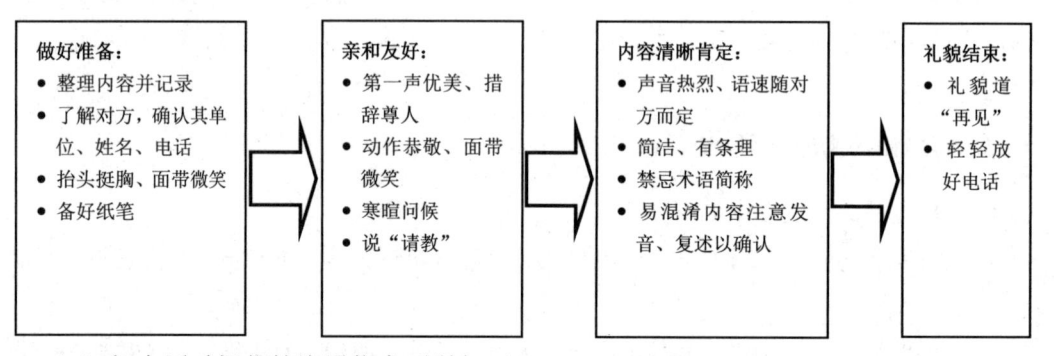

做好准备：	亲和友好：	内容清晰肯定：	礼貌结束：
• 整理内容并记录 • 了解对方，确认其单位、姓名、电话 • 抬头挺胸、面带微笑 • 备好纸笔	• 第一声优美、措辞尊人 • 动作恭敬、面带微笑 • 寒暄问候 • 说"请教"	• 声音热烈、语速随对方而定 • 简洁、有条理 • 禁忌术语简称 • 易混淆内容注意发音、复述以确认	• 礼貌道"再见" • 轻轻放好电话

（4）打电话时规范的沟通信息列举如下：

恭敬的肢体语言：	悦耳的声音：	入心的言语（范例）：
• 抬头挺胸，端坐或站立 • 面带微笑 • 手拿纸笔	• 声音热烈、声调较高 • 语速随对方语速快慢而定 • 节奏一般不宜太快	• 第一句：招呼+自报家门。"万总好！我是××公司××处的×××。" • 寒暄问候："多日没见了，好吧？" • 复述确认："事情是……" • 礼貌结束："谢谢。""再见！"

2. 接电话的沟通要则

（1）接电话的一般要求如下。

- 做好准备：包括面带微笑、备好纸笔；
- 态度友好：表现为及时接电话、第一声优美动听与清晰地自报家门、关心询问与寒暄问候、专注聆听并不断呼应。
- 电话记录：关键词语须询问、复述、确认；迅速、准确地回复对方或转达相关人员。
- 确认内容：结束时须确认记录内容。
- 致谢轻放：致谢，轻轻放下电话。
- 核心言行：面带微笑；第一声优美动声与清晰地自报家门；记录、复述、确认；轻轻放下电话。

（2）接电话的流程如下。

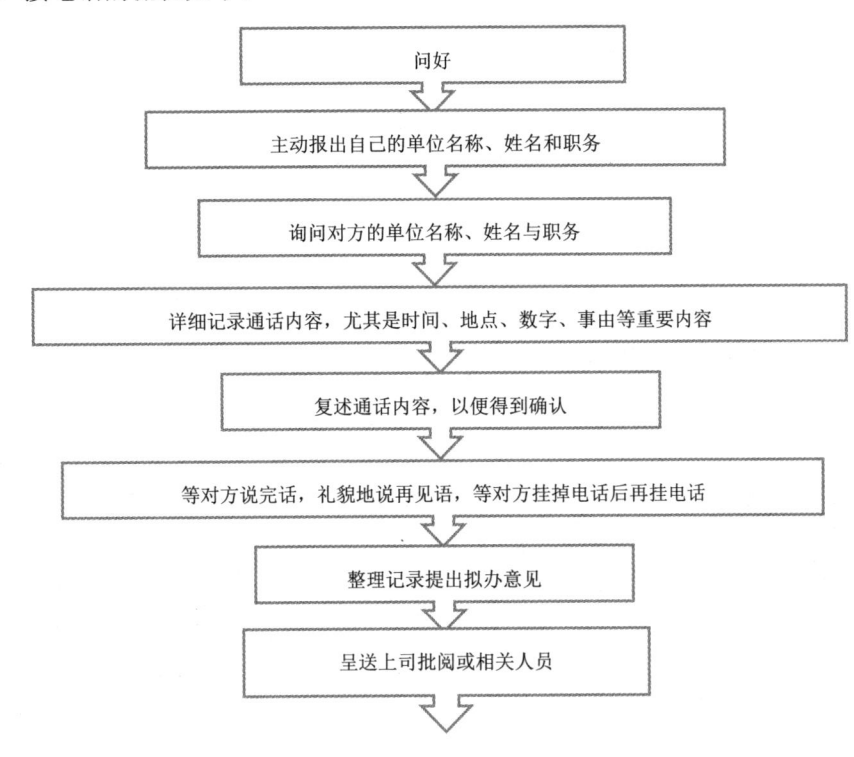

```
问好
  ↓
主动报出自己的单位名称、姓名和职务
  ↓
询问对方的单位名称、姓名与职务
  ↓
详细记录通话内容，尤其是时间、地点、数字、事由等重要内容
  ↓
复述通话内容，以便得到确认
  ↓
等对方说完话，礼貌地说再见语，等对方挂掉电话后再挂电话
  ↓
整理记录提出拟办意见
  ↓
呈送上司批阅或相关人员
```

来电单位（姓名）		电话	
来电时间			
来电内容			
处理意见			

（3）接电话中的言行要点：

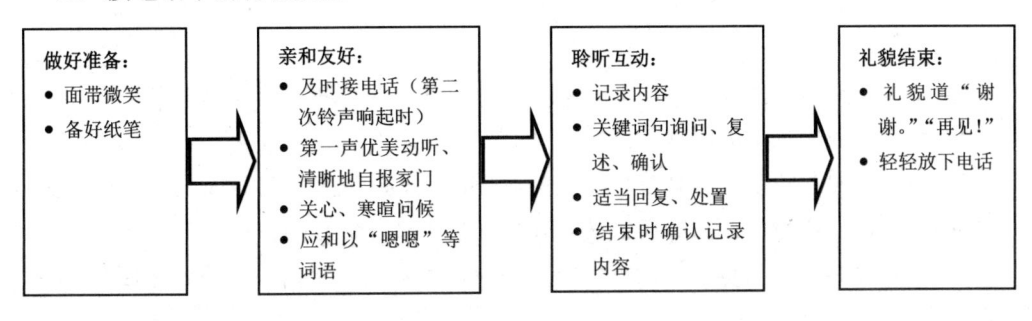

做好准备：	亲和友好：	聆听互动：	礼貌结束：
● 面带微笑 ● 备好纸笔	● 及时接电话（第二次铃声响起时） ● 第一声优美动听、清晰地自报家门 ● 关心、寒暄问候 ● 应和以"嗯嗯"等词语	● 记录内容 ● 关键词句询问、复述、确认 ● 适当回复、处置 ● 结束时确认记录内容	● 礼貌道"谢谢。""再见！" ● 轻轻放下电话

(4) 接电话时规范的沟通信息列举如下：

态度友好：	悦耳的声音：	入心的言语（范例）：
• 抬头挺胸、面带微笑 • 第二铃声响起时接电话 • 聆听，应和以"嗯嗯"等词语 • 礼别，轻轻放下	• 热情的声音，温暖友好的语调 • 语速随对方语速快慢而定	• 第一句：招呼+自报家门。"您好！这是×××公司×××处。" • 关心询问："有什么可以帮您？" • 复述确认："事情是……" • 礼貌结束："谢谢。""再见！"

11.9.2 即时通信的沟通要则

短信息书写

即时通信是基于互联网即时发送与接收消息，如短信、QQ、微信等，主要传送简短文字信息、短语音等短信息的社交沟通。接收信息的一方一般会期望信息通俗易懂、简单、简短、态度友善等，不然易生出不耐烦甚至对抗情绪。

（1）态度尊重：特别注意礼仪与情感交流，如先表明尊称、尊敬，采用商量与请求的口吻；结尾署名与致礼等；添加好友，需要有正当理由、获得对方的同意。

开头尊称，如"万总早上好""邵老师您好"。

商量口吻，如"请求（或商量）一件事……可以吗？"

结尾致礼，如"谢谢""安""顺""祝……"等，并署名，因为有些平常联系不频繁的人可能不太记得信息发送者的姓名了，如此可确保信息接收者了解信息发送者的姓名，避免"不知人"的尴尬与厌烦。

（2）文字简短：使用简单语法，避免长句子；可能的话，先把对话的重点内容压缩到一句话中，开门见山，不必以"忙吗？""打扰一下"等开始对话，避免让人厌烦；谈工作、布置任务，把内容压缩到10句以内。

（3）分段分点：千万不能发送没有分段分点的长篇内容，要求内容有条理，务须分段分点组织文字内容，并且每段首字缩进一定距离，在具体措施与要点的段落前加"1.""2.""3."等符号，让人一目了然。

（4）通俗易懂：避免专业术语，要让对方看得懂、易理解、能正确理解。

（5）建议具体：提出的建议、要求、措施须具体。

（6）快速回复与点赞：尤其在工作用的微信群或QQ群中，对某成员的观点、文告、要求等快速回应、点赞，并具体做些务实建议，而不是仅简单地点赞。

（7）措辞友善：说话避免"横""冲"，语气要委婉；避免用"！"；避免用"绝对"，慎用命令、指令、指责类语词，以免让人在潜意识中生出反感与逆反心理。

（8）多用文字少用语音：对方看文字一目了然，而听语音则需被动地跟随语音速度，这让人很无奈、很厌烦，所以尽可能用文字输入。

（9）不随便删、加好友：加好友，须得事由正当、获得他人的同意；不要随便、任性地删除好友，这是不把对方当好友的行为，之后也就不好相见了。

11.9.3　电子邮件的沟通要则

不同于即时沟通，电子邮件多用于重要事务信息的传递，类似于传统的邮寄信件。电子邮件的沟通要则如下。

（1）主题精当：现代人工作忙，每天要处理大量文件，电子邮箱中每天会接收、处理许多邮件，所以主题须内含要点、让人一目了然，千万不要发送无主题或主题无意义的电子邮件，不然可能会被当作垃圾邮件直接删除。

（2）注意称呼，避免冒昧：当与不熟悉的人通信时，使用恰当的语气、适当的称呼与敬语，与传统书信类似，如"尊敬的×××先生，您好！"

（3）先简介或署名：给不认识的人发送邮件时，要么先介绍自己的情况，要么在签名中注明自己的身份，一般没人喜欢与自己不明底细的人讨论问题。收信者不喜欢没头没尾不知道是谁的人发来的邮件，让人无从应对。所以务须在开头时进行自我介绍或结尾署名，以让人了解自己。

（4）小心查询：如要查询对方是否收到邮件，则要态度平和，不能语带情绪，更不能无理指责、暗责对方。因为一般人处理邮箱都是定期的，一般不会每天接收，更不会立即查收，所以心态上应理解与宽容他人的隔日接收、隔日回复。

（5）公私邮箱不要混：如果对方公布了工作邮箱，那么有关工作的邮件不要发送到私人邮箱中，因为没有人乐意在闲暇时间接收到工作类邮件。

（6）运用"总分总"结构：使用简单易懂的主题，以准确传达要点；分段分点写；前后简单概括与总结，让人简单明了。

（7）正文中简单交代附件简况：如有附件，简要介绍附件内容。

（8）不要群发：非工作需要，尽量不要群发，特别是不要参与发连环信这种活动。

（9）及时回复：对他人邮件及时回复，但不要过分期许对方对自己邮件回复的时效性。

项目小结

"是骡子是马拉出来遛遛"，通过情景演练可以很好地检测学习效果——是否会沟通？

有没有做到灵活权变？

不仅要"知沟通"，更要"会沟通"！

不同的沟通事务有共通处，亦有个性处，通过演练、反思、体悟可步步领悟。若要达到灵活权变，就有赖于日后的不断实践、学习、修行。

项目检测

一、应知知识问答

1. 接待客户的核心言行是哪些？须特别注意哪些言行要点？
2. 出外洽商的核心言行是哪些？须特别注意哪些言行要点？
3. 同事商讨的核心言行是哪些？须特别注意哪些言行要点？
4. 上下沟通的核心言行是哪些？须特别注意哪些言行要点？
5. 接待销售的核心言行是哪些？须特别注意哪些言行要点？
6. 拜访推广的核心言行是哪些？须特别注意哪些言行要点？
7. 异议投诉的其核心言行是哪些？须特别注意哪些言行要点？
8. 公众汇报的核心言行是哪些？须特别注意哪些言行要点？
9. 现代沟通中须特别注意哪些言行要点？

二、应会技能实践：综合职场事务沟通演练

1. 客户接待事务演练

1）办公室接待客户

- 考核点：形象是否得体，招呼是否热情有礼，有没有恰当地寒暄，有没有关切地询问来意与倾听，是否复述，声音是否亲切，是否针对来意回答。
- 关键考核点：亲和力与知人力，即礼仪、寒暄、询问、倾听、复述、语音语调等表现。
- 适合各专业的学习者演练、考评。

事务演练

沟通事务 1.1：山东曲阜孔家酒酒业有限公司的营销总监孔经理来杭州金元贸易有限公司商谈一款新型酒的营销推广事宜。两家公司一直有贸易往来。孔经理到杭州时，杭州金元贸易有限公司的万总出差在外，通过电话交代秘书小孔好好接待孔经理，万总将在第二天回杭州。小孔作为主人接待客人孔经理。

情景交代：万总与孔经理原是部队战友（小孔听万总很有感情地说过多次）；孔经理之前来过杭州但没好好玩过（小孔不知道此情况）；小孔是浙江衢州人，但孔经理不知道；衢州孔家是曲阜孔家南迁衢州的一个分支，这是孔经理与小孔都知道的。

角色1：办公室秘书小孔　　　　　　角色2：营销总监孔经理

2）前台客户接待

- 考核点：形象是否得体，是否微笑与热情招呼，是否关切地询问与倾听（专注、眼神交流、记录、应和），是否简单复述，声音是否热情，回答内容是否有针对性及讲客户利益与佐证、是否及时促成。
- 关键考核点：询问、倾听、讲客户利益。
- 适合专业：结合酒店管理、旅游管理、服务类专业的学习者演练、考评。

事务演练

沟通事务1.2：在雷迪森大堂，一位客户走向前厅，服务员接待她/他。

客户情况简介：客户是一位披金戴银的中年妇女，她一上来就有些蛮横的言行（该客户：有点钱而"颐指气使"，内心向往"面向湖、视野最佳……的好房"，但不是对钱无所谓——稍微有点钱，内心其实很自卑，很在乎别人的评价，还想贪便宜）。

角色1：服务员　　　　　　　　　　角色2：客户（中年妇女）

2. 出外洽商事务演练

- 考核点：外形是否精神（挺拔吗？微笑了吗？衣着得体吗？），是否有礼仪（热情尊称吗？快步向前吗？握手了吗？自我介绍与递名片了吗？），是否寒暄得当（对方感兴趣吗？受用吗？滔滔不绝吗？），询问是否适当（语气亲切真诚吗？漏斗式询问吗？），是否倾听（眼看？记录？复述？），是否讲述客户利益，处理异议投诉时是否有同理心、能否有效促成。
- 关键考核点：对寒暄、倾听、给客户讲述利益、表达同理心等的把握水平。
- 适合专业：适合经管类、服务类、工科类、人文类等专业的学习者演练、考评。

事务演练

沟通事务2.1：浙江金光公司的行政助理小王到雷士公司出差，有一项资料要转交雷总并有一些事宜（关于公司年会的策划）需要当面洽商，故拜访雷总。

角色1：行政助理小王　　　　　　　角色2：雷士公司雷总

沟通事务2.2：绿地农产品公司的业务员小万，拜访×××的采购部经理万经理（从侧面了解到"万经理是自己的老乡，即宁波人，说话快、为人爽直，爱说'嗨，我觉得哈……这事呢……'之类的口头禅，刚刚离婚，情绪有些郁闷，平时穿着年轻化、有精神"）。

角色1：业务员小万　　　　　　　　角色2：采购部经理万经理

3. 同事商讨事务演练
- 考核点：是否倾听（包括专注、眼神交流、点头、记录），身体是否趋向客户，是否肯定客户的人格与总体观点，声音是否热切、流畅，是否有同理心。
- 关键考核点：亲和力、同理心，具体是倾听、身体趋向客户、肯定客户的人格与总体观点。
- 适合专业：适合经营管理类、服务类、人文类、工科类等专业的学习者演练、考评。

事务演练

沟通事务3.1：班级开展"圣诞营销助寒门"的综合实践活动/班级春游活动/"五四"优秀红旗团支部评选的展示活动，班干部就活动方案进行探讨，各自发表设想并达成活动创意的共识。

角色1：聆听同学汇报方案、预备发表意见者　　　角色2：观点汇报陈述者

沟通事务3.2：某部门组织春游活动或其他，同事们的想法各有不同，经理想统一意见。如何达成共识？

角色1：聆听同事汇报方案、预备发表意见者　　　角色2：方案汇报者　　角色3：经理

4. 上下沟通事务演练

1）向上汇报的沟通演练
- 考核点：形象是否大方、精神，进门是否尊敬有礼，态度是否谦虚，陈述事情是否有逻辑、有条理、简明扼要，是否讲客户利益、是否分段分点，是否佐证，面对异议是否先认同再另择角度解释与引导，是否会恰当地促成，完后是否会表达感激。
- 关键考核点：尊敬有礼、态度谦虚，陈述简洁、有条理，讲客户利益并佐证，以同理心面对异议，恰当地促成。
- 适合专业：适合各类专业的学习者演练、考评。

事务演练

沟通事务4.1：班长向班主任汇报工作。

班级开展春游活动/营销活动，班委会讨论后，由班长向班主任汇报。模拟之。

角色1：班长　　　　　　　　　　角色2：班主任

沟通事务4.2：员工向经理申报活动方案。

小李策划了一项活动，想获得王经理的同意与支持，于是向王经理汇报。

角色1：小李　　　　　　　　　　角色2：王经理

2）下行沟通的沟通演练

事务演练 1

下达任务

- 关键考核点：态度和善，微笑、眼神交流、身体前倾，声音亲切、清晰，表述有条理、内容完整，尊敬地征询员工的意愿、要求，简单复述任务内容。
- 适合专业：适合经营管理类、酒店管理类专业的学习者演练、考评。

沟通事务4.3：模拟班主任向班长布置一项活动任务（任务自行设计）。

角色1：班主任　　　角色2：班长

沟通事务4.4：主管小李吩咐员工小万帮助两名员工（任务据情设计）。

角色1：主管小李　　角色2：员工小万

事务演练 2

沟通思想

- 关键考核点：微笑、身体前倾、眼神交流；关心、寒暄，肯定优秀之处；指出问题所在，声音先柔后刚；讲述须具体，列举具体事项表现；对辩解报以同理心、倾听，理解之余须充分分析后果；提出期望，提请下一步措施，给出建议，待其反馈。
- 适合专业：适合经营管理类、酒店管理类专业的学习者演练、考评。

沟通事务4.5：模拟班主任对某同学G进行严肃的批评谈话/在班里表扬某同学G。

角色1：班主任　　　角色2：同学G

沟通事务4.6：主管小李就员工小万近期屡屡出错做思想沟通与批评激励/就员工小马在近期的良好表现给予隆重表扬。

角色1：主管小李　　角色2：员工小万/小马

5．接待销售事务演练
- 考核点：形象是否得体，招呼是否热情，寒暄是否恰当，是否关切地询问与倾听，是否微笑并进行眼神交流及记录，是否复述，是否肯定客户，声音是否有中气与流畅，表述内容是否讲客户利益并充分佐证，是否恰当地促成。
- 关键考核点：礼仪、寒暄、询问、倾听，肯定客户，讲客户利益，有条理，恰当地促成，声音有中气。
- 适合专业：适合经营管理类（含商务）、服务类、文秘类等专业的学习者演练、考评。

事务演练

沟通事务 5.1：胜利商场手机柜台的服务员小李看到一位穿着红色运动服的小伙子在各个手机柜台前漫无目的地看手机。客户走过小李柜台时，小李该如何应对？

角色 1：柜台服务员小李　　角色 2：客户（小伙子）

沟通事务 5.2（销售楼房）：售楼员小丘（浙经院房产班 2012 年毕业）在售楼处（杭州）接待了一位来看房的客户。他应如何接待沟通？

情景注释：一般人认为"该楼房偏离主城区、交通不方便、生活不便、价格较高、交房时间长、听说质量也不太好，工业废气排放情况有时很严重等"；该地地铁已开通；客户的真实情况是"浙经院大三学生，姓丘，台州人，父母提供 100 万元让其在杭州买房，一则他毕业后工作时有住的地方，二则可升值，三则父母来杭州玩有个地方住……"小丘对此是不知情的；售楼员与客户之前并不相识。

角色 1：售楼员小丘　　角色 2：来看房的客户（浙经院学生）

沟通事务 5.3：你作为营业员在百货商场玩具柜台卖笔，有女学生要买笔，你应如何招呼、接待她？

角色 1：营业员　　角色 2：来买笔的女学生

6. 拜访推广事务演练

- 考核点：形象是否得体，是否有精气神；是否有礼仪；寒暄是否恰当；是否关切地询问与倾听；是否微笑、进行眼神交流及记录；是否复述；声音是否有中气与流畅；是否肯定客户；表述内容是否讲客户利益并充分佐证；是否恰当地促成；面对异议是否持有同理心。
- 关键考核点：精气神、寒暄、询问（由泛泛到细致）、倾听（专注、记录、应和）、肯定、声音亲切而有中气、讲客户利益、有条理、及时与恰当地促成、同理心。
- 适合专业：适合经营管理类（含商务）、服务类、文秘类等专业的学习者演练、考评。

事务演练

沟通事务 6.1（销售自己 I——岗位应聘）

你到淘宝公司人力资源部应聘，正在招聘的岗位有客户服务员、学校活动专员、网络技术员、电子商务运行专员，你要应聘其中某一岗位。

角色 1：应聘者　　角色 2：招聘者（人力资源经理）

沟通事务 6.2（推广产品，如《客户沟通》培训课程、心灵禅修培训营等）

浙江正能量信息机构（主要业务是各种经营管理培训课程、领导力培训及经营管理方案策划）的客户代表小米通过电话沟通浙江金通金属有限公司（简称金通公司）的人力资源经理，经理答应小米周三上午来公司商谈员工培训事宜。小米主推的项目是浙江正能量信息机构的主打产品——《客户沟通》培训课程（《客户沟通技巧》课程的浓缩精华，时间为一天，费用是10000元）。

注：浙江正能量信息机构专门在周二下午开设免费的1.5小时公开课。金通公司的业务不景气，业务员的业绩普遍下滑、士气不振，人力资源经理（注：中年女性，姓曾，有女儿在加拿大读高中）急在心头，想通过人员培训改变现状。当然金通公司的这种状况与人力资源经理的这一想法是小米事先所不知道的。

角色1：客户代表小米　　　　　　　　角色2：金通公司的人力资源经理

沟通事务6.3（推广一个项目——创业计划）

你是一位大学生，平时读书不太努力，成绩也不太好，经常沉溺于游戏，日常有一些想法但都不务实，做过一些事，但要么虎头蛇尾，要么不接地气而从未成功，总之给家人的印象是不靠谱、不务实、不努力。到了学生会外联部后，你的社会经验日益增多，现在有了一个自己觉得很有创意的创业计划——对接"一带一路"项目，于是想游说开公司的爸爸或叔叔投资运营。请尝试游说。

角色1：游说人（有创业计划的大学生）　　角色2：爸爸或叔叔

沟通事务6.4：想把你的同学推荐给做总经理的叔叔，如何推荐？

角色1：你　　　　　　　　　　　　　角色2：你的总经理叔叔

沟通事务6.5：周五下午第六、七节课向老师请假，或周一虽有课但想周一下午返校，为此向班主任请假。如何请假？

角色1：想请假的同学S　　　　　　　角色2：班主任

沟通事务6.6：（销售自己Ⅱ——求爱）

角色1：男生　　　　　　　　　　　　角色2：心爱的"女神"

7. 异议投诉事务演练

- 考核点：是否有同理心——表情凝重起来，身体趋向对方，关切地询问，用心聆听（点头+眼神交流+应和+记录）；是否表达同理心，如"很理解您的心情/想法/遭遇……"；是否询问情况与原因，再进行针对性分析与提出建议。
- 关键考核点：有同理心，运用情绪同步（表情趋向凝重、身体倾向客户、关切地询问、用心聆听），以同理心表达"很理解"。
- 适合专业：适合经营管理类（含商务）、服务类、文秘类等专业的学习者演练、考评。

事务演练

沟通事务7.1（干事小王接待老王并化解其委屈）

情景：公司新引进了一位急需的高级人才——来自"硅谷"的年轻海归博士小吕，给他配备了一套120平方米的房子与50万元的科研基金。对此，在公司辛勤工作了25年并有良好业绩的工程师老王（注：国内一般大学毕业的研究生，平时肯干也能干、忠厚老实）感觉非常不公平，因为他向公司多次申请要换一套90平方米的住房（注：他现在的住房面积才60平方米，孩子大了，而且老母亲也和他住在一起），但公司没有答应。工程师老王怒气冲冲地冲到办公室，要求王总主持公正。但办公室里仅干事小王在，如何接待并化解老王的怒火？

角色1：干事小王　　　　　　　　　　角色2：工程师老王

沟通事务7.2：客户服务员接听客户的投诉，是关于产品质量不好的一串怨言甚至怒骂，并扬言要找经理。您如何接待客户并应对及化解其投诉，让他开心离去？

角色1：客户服务员　　　　　　　　　角色2：来投诉的客户

沟通事务7.3："……哎呀，你们的设备太贵了，比其他公司要贵近50%呢，我看质量也差不多。"如何应对此异议与后续沟通？

角色1：营销人员　　　　　　　　　　角色2：嫌贵的客户

沟通事务7.4：客户怒气冲冲地下楼，对酒店大堂的服务员吵嚷道："不得了了，不得了了，我被伤害了，皮破了，血都流出来了。我要投诉，什么破设备！（情况是房间一把椅子旧了，有颗钉子露出来了，客户坐上去时戳破了一点皮）"对此，服务员该如何接待沟通，以化解其异议、消除其不满，让他满意离开？

角色1：大堂服务员（或大堂经理）　　角色2：怒气冲冲的客户

（注：特别运用"同理心——关心、理解、倾听""关切地安排""补偿性建议"）

沟通事务7.5：客户服务员接待一位客户的投诉："我所购买的毛笔，用了没几天就开始分叉，写字的感觉很不舒服，效果也不好，感觉不是绵羊毫。我是信任贵公司才在此处购买的，你们怎么可以这样欺骗消费者？是不是质量把关不严啊？所以，要么退货，要么给我换一支高质量的毛笔。"

对此，你将如何与之沟通，化解其异议，让他开心而回？

角色1：客户服务员　　　　　　　　　角色2：客户

沟通事务7.6：矛盾化解——做和事佬

一对朋友因为某件事情不欢而散，显而易见其中存在着误会，两人的心结就这样一直没解开。作为他们共同的朋友，应如何化解他们之间的误会？

角色1：这对有误会的朋友的共同朋友　角色2：生气者

8. 公众汇报的沟通演练
- 考核点：形象是否阳光、精神，是否面带微笑、快步上台、鞠躬、致意，身体是否倾向听众，是否与听众互动、进行眼神交流，声音是否洪亮、有中气，语气是否亲切、有感染力，表达内容是否清晰，是否口语化、通俗易懂，表述是否有条理、有逻辑、充分佐证，是否对提问表示赞赏与肯定，回答是否有针对性，最后是否小结、建议。
- 关键考核点：形象好、快速上台、鞠躬与致意、眼神交流、声音洪亮与亲切、清晰、条理、材料佐证、口语化、对提问进行赞赏、回答有针对性。
- 适合专业：适合经营管理类（含商务）、服务类、文秘类等专业的学习者演练、考评。

事务演练

沟通事务 8.1：演讲汇报

班级团支部参加分院与学校组织的"五四"红旗团支部争优汇报。以小组方式组织模拟演练，以 PPT 演讲形式进行汇报。

沟通事务 8.2：报告

有一个创业计划欲申报"天使基金"10 万元投资，做申请报告。以小组方式开展创业计划汇报，以 PPT 形式进行汇报。

沟通事务 8.3：培训Ⅰ

开展培训：《如何培养亲和力，让自己成为一个令人悦纳的人》。

沟通事务 8.4：培训Ⅱ

主题："面对客户异议，如何有效应对——开展异议化解或化解客户投诉"。由小组选派代表上台进行培训。

9．现代沟通事务演练

1）电话沟通

- 考核点：备好纸笔、抬头挺胸、面带微笑，第一声优美动听与清晰地自报家门，声音热情，专注聆听、记录，说话简洁，对易混淆词句做强调与复述确认，礼别、轻放电话。
- 适合专业：各类专业都适合，相对而言，对经营管理类、文秘类专业的学习者的要求更高些。

事务演练

沟通事务 9.1：小刘同学在团委办公室，执行组织部任务——打电话给学长，请他提供他的党组织转移情况证明（请学长到党组织关系所转移到的某单位开一个证明"×××同志的党组织关系已经转移到×××单位"，加盖党支部公章）。

角色1：团委组织部的小刘同学　　　角色2：学长

沟通事务9.2：在某电子商务公司，小刘通过电话沟通某客户（不认识），想让他加入一个理财计划。

角色1：电子商务公司小刘　　　角色2：客户

2）即时通信

- **考核点**：是否有尊称，语气态度是否良好，内容是否简洁、分段分点，要求是否具体，是否致礼、署名。
- **适合专业**：各类专业都适合，相对而言，对经营管理类、文秘类专业的学习者的要求更高些。

事务演练

沟通事务9.3：刘同学周五下午有课，但他哥哥结婚要求他早点回家，向班主任请假。

角色1：想请假的刘同学　　　角色2：班主任

沟通事务9.4：员工Z向主任L反映其对某件事情的看法并提出建议。

角色1：员工Z　　　角色2：主任L

3）电子邮件

- **考核点**：邮件主题是否具体；正文是否有尊称、署名，正文是否简介附件内容；附件文稿是否采用"总分总"结构，符号是否规范，分段分点是否有材料佐证，语言是否通俗易懂。
- **适合专业**：各类专业都适合，相对而言，对经营管理类、文秘类专业的学习者的要求更高些。

事务演练

沟通事务9.5：据某公司的应聘岗位要求，撰写一份应聘书（约500字），发送给公司的HR。

沟通事务9.6：撰写一份"圣诞营销助寒门"的营销活动策划书，通过邮件发送给承办该活动的校学习部。

沟通事务9.7：代表公司参加某区工会主办的演讲比赛，题目是"友爱·互助·共赢"，撰写一份演讲稿，通过邮件上交给公司工会。

项目12 自我沟通"七心八式"

项目目标

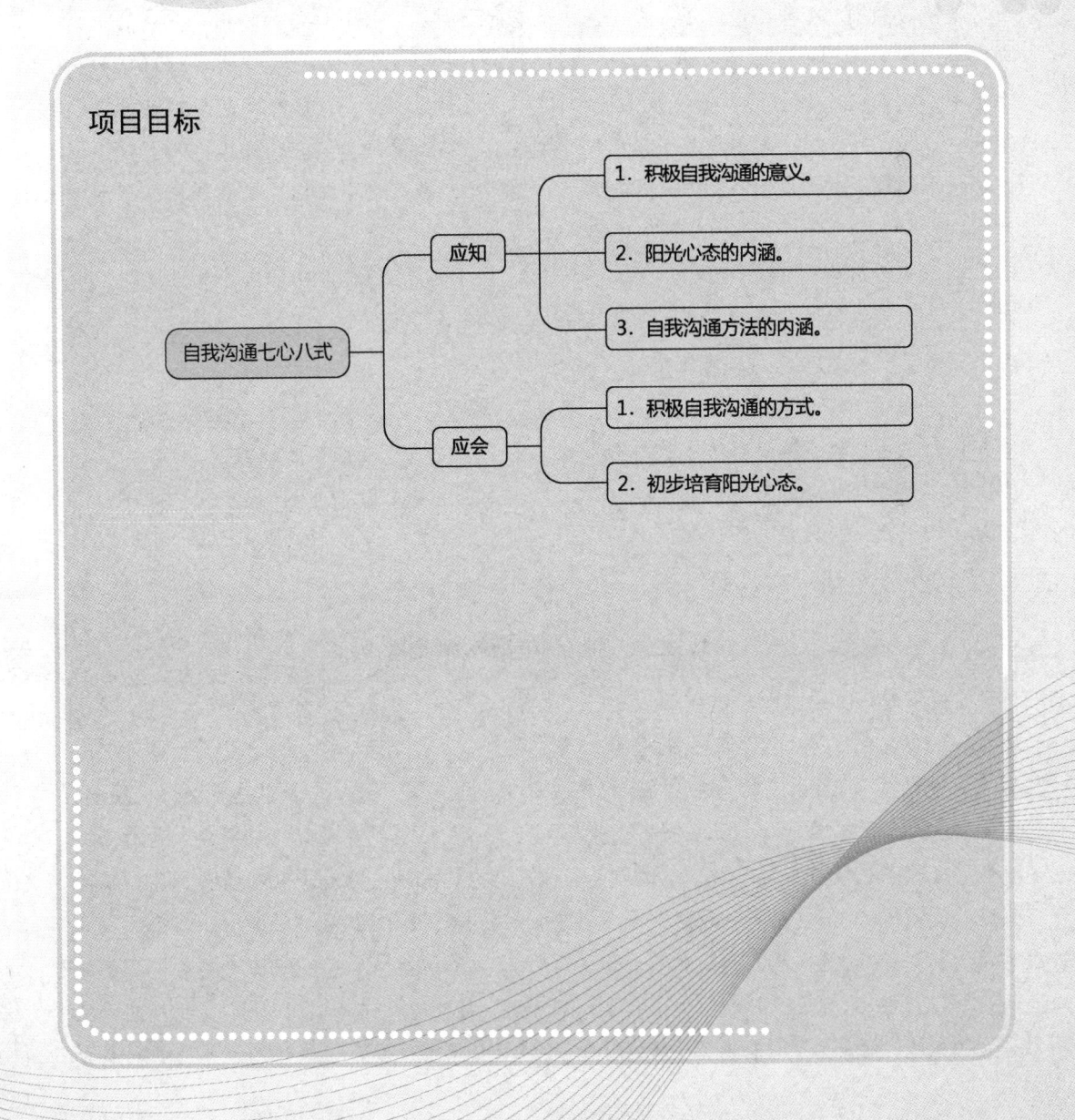

自我沟通七心八式
- 应知
  1. 积极自我沟通的意义。
  2. 阳光心态的内涵。
  3. 自我沟通方法的内涵。
- 应会
  1. 积极自我沟通的方式。
  2. 初步培育阳光心态。

项目导入

视窗主人公：心魔

邵帅经过一年多的客户沟通实践与一系列的学习请教，对有关沟通的理论、原理与技能方法都有了较好的掌握与运用，但还是会遇到不如意的状况，如双方聊得挺好、气氛也不错，但客户就是不同意或者干脆找个理由推脱，即达不成共识。邵帅感觉有些泄气，开始怀疑是方法不当还是自己不行？

他请教经理，经理给他做了一些分析。他有时面对客户——公司的外部客户或公司同事，会表现得不坦然、语言不连贯、欠缺激情，与平时判若两人，这样的言行自然欠缺感染力，让人心生疑虑，自然难以沟通他人、难以达成共识。为什么会出现这种情况？还是"心"在作怪——觉得在求人、在麻烦别人，故表现得心虚、不自信、不自然。一言以蔽之——心中有"魔"！心理出了问题，心态出了问题。很多时候，沟通问题不是所谓技巧可以完全解决的，一不小心反而会弄巧成拙。

正应了一句话："破山中贼易，去心中贼难。"此关难破，"自己是最大最难的敌人"，碰到此关，也就说明其境界不低了。学知识、学技术易，破"心魔"难。"心魔"一破则自由无碍了，希望在前方。恭贺啊！

邵帅若有所悟：是啊，"心魔"！存"心魔"，结恶果。这真是最核心、最根本的问题。在此状态下需要修正的不是方法、技术问题，而是"心"层面的修炼问题。

经理推荐邵帅参加基础课程——《积极自我沟通·孕育阳光心态》。

情景导引

情景 12.1　把心中的阳光洒到脸上

那是安迪·葛鲁夫第三次破产后的一个黄昏，他一个人漫步在家乡的河边，他从早早去世的父母想到了自己辛苦创下的基业一次次破产，内心充满了阴云。悲痛不已的他在号啕大哭一番后，望着滔滔的河水发呆。他想如果他就这样跳下去，是否很快就会得到解脱，世间的一切烦愁是否就与他无关了？这时，对岸走来一位"憨头憨脑"的青年，他背着一个鱼篓，哼着歌从桥上走了过来，他就是拉里·穆尔。安迪·葛鲁夫被拉里·穆尔的情绪感染，便问他："先生，你今天捕了很多鱼吗？"拉里·穆尔回答："没有啊，我今天一条鱼都没捕到。"拉里·穆尔边说边将鱼篓放了下来，果然空空如也。安迪·葛鲁夫不解地问："你既然一无所获，那为什么还这么高兴呢？"拉里·穆尔乐呵呵地说："我捕鱼不全是为了赚钱，而是为了享受捕鱼的过程，你难道没有觉得被晚霞渲染过的河水比平时更加

美丽吗？"这句话让安迪·葛鲁夫豁然开朗。于是，这个对生意一窍不通的渔夫拉里·穆尔在安迪·葛鲁夫的再三央求下，成了他的贴身助理。

很快，安迪·葛鲁夫的公司奇迹般地再次崛起，安迪·葛鲁夫也成了美国巨富。在创业的数年间，公司的股东和技术精英不止一次地向总裁安迪·葛鲁夫提出质疑，那个没有半点半导体知识、毫无经商才能的拉里·穆尔，真的值得如此重用吗？

每当听到这样的问题，安迪·葛鲁夫总是冷静地说："是的，他确实什么都不懂，而我也不缺少智慧和经商的才能，更不缺少技术，但我从他身上学到了面对苦难的豁达心胸和面对人生的乐观态度，而他的这种豁达心胸和乐观态度，总能让我受到感染而不至于做出错误的决策。"

早年心态并不乐观的安迪·葛鲁夫听了渔夫的几句话，心灵便受到了巨大启发。几句话中包含的乐观向上的心态像阳光一样照射到安迪·葛鲁夫心上，在他看来，保持乐观豁达的心态不光是一己之事，还能影响、感动身边的人。

【即问即答】

- 安迪·葛鲁夫由颓败到成功，其中的核心因素是什么？
- 该案例对你有什么启发？

作为平凡人，我们也需要积极向上的阳光心态，并且把内心的阳光映在自己的脸上、洒在对方的脸上。没有人会喜欢整天哭丧着脸、喋喋不休诉说抑郁、只看到他人不足、看世界如末日的人，大家都愿意和乐观开朗的人在一起。守时、形象得体、关心询问、点头、微笑、眼神交流、专注倾听、表达同理心、认同肯定、讲客户利益、肢体动作的呼应配合等沟通言行促使客户心灵开启、感到愉悦，使客户开始接纳与认同我们，从而愿意聆听我们的解说、倾向于选择我们推荐的事物与方案，最终认同、接受我们的观点与推广的事物。因为沟通的本质是心与心之间的交流，唯有拥有高尚的品德、优雅的风度、善良的内心和高贵的灵魂，才能使心与心之间的交流畅通无阻。所以孕育尊敬、感恩、相信、善念、爱心、重事、舍得等阳光心态，如此才可能真正领悟先情后理原理，才可以无碍地在沟通中做到点头、微笑、眼神交流、聆听、表达同理心、认同肯定、讲客户利益等言行，以及在沟通实践中实施沟通五步流程、应用有效沟通六法则与职场沟通九要则，从而易于让客户愉悦、接纳、认同以致达成共识，并且双方在沟通过程中愉悦互动，感受人际交往的乐趣与效益，如情景12.2。

情景12.2 "太棒了！"

李阳自从参与了"阳光心态"的活动后，心态阳光多了，碰到事情经常以"太棒了"代替原来的"气死了"，遇事常常保持乐观、宽厚、淡定的心态。有一次李阳开着自己才买了一个月的汽车，在路上被车从后面撞了一下。此时他情不自禁地对撞车者说了"太棒了"三个字。撞车者一下子愣在那里，听到"太棒了"，其原本阴郁的情绪也变好了。两人先打电话给保险公司，然后在那儿闲聊起来。就因为这件事，后来两人还成了好朋友。撞车者心里有点过意不去，回去后就给李阳介绍了一个大客户，给李阳带来了很多业绩。如果是在以前，李阳定会情绪失控而破口大骂，估计会引发一场激烈的争吵，也就不会有闲聊与好心情了，更不会有介绍客户的额外收获了。

沟通好自己，才可以激发与葆有自信、积蓄正面情绪情感，从而孕育阳光心态，确保言行具有正能量、影响力、感染力，显现精气神。相由心生，该孕育哪些心境？又该如何滋养心田？

孕育阳光七心：尊敬、感恩、相信、善念、爱心、重事、舍得。

沟通自我八式：共赢观念、积极聚焦、积极设问、积极定义、肯定认同、正面词语、正向冥想、活力身心。

模块 12.1 孕育"阳光七心"

假如沟通不顺畅，除了要改进沟通方法，我们更需要改变的是自己的心灵。一个心中只有自己、只想着自己的利益、不顾他人情绪、情绪不能自控、不善待也不宽容别人的人，即使沟通技巧再好，也是不会受人欢迎的。相反，那些伟大的心灵之间，无须言语也能达成默契、易于达成共识，如情景 12.3。

情景 12.3 老板教导我是在乎我

情景 12.2 中这位时常说"太棒了"的年轻小伙子李阳，有天早上一上班，就被老板叫过去教导了一番。以往他定是内心非常不爽的，可现在他学会了这样思考——"老板这样教导我是希望我表现得更好，严师才能出高徒嘛，所以我要感谢老板对我的严格要求。"于是他低头谦虚地倾听老板的教导，非常诚恳地接受批评，承认工作中表现不当之处，并真诚地对当时的情况做了一些解释、说明当时的想法，以及进一步求教改进的方法。于是老板进一步滔滔不绝地教导他，最后说："年轻人不错，好好干！我看好你！"

有效沟通须先情感交流，需要亲和力、关心询问、倾听、同理心、关注客户利益等言行表现，这就需要对外以尊人重事、利人乐助、善待他人之心来待人处事，对内以相信、积极主动、善待自己之心来激发自己。这些需要感恩之心、善念、信心、爱心，以及显现

智慧的对舍得、无我和不妄为的体悟，整合形成职场中有效沟通所必需的尊敬、感恩、相信、善念、爱心、重事、舍得等7个心态，从而充满正能量、饱含感染力、富有影响力，做到感人、动人，让人悦纳。

12.1.1 尊敬

心中有他人、有尊人之心，则外在自然体现出对他人有礼、友好、体谅、赞赏的言行态度，如此自然收获他人的尊重、肯定、悦纳，这极有助于培养亲和关系，建立良好的人际关系，促成共识。所以，心有尊重，主观是尊重他人，客观是收获了他人对自己的尊重。

在生活和职场中对他人尊敬，这就是生活中常说的"做人"要求。这在职场中尤其重要。比如，对客户（表现为商家客人、经理、同事等）怀有不尊、不敬之心，自然会表现出不关心询问、不倾听、抢话、无同理心等言行举止，那么客户本能感知到这种不尊重、不友好，于是沟通将因此而停滞。

边学边练

- 检查自己：尊重合作伙伴吗？尊重老师吗？尊重经理吗？

12.1.2 感恩

父母给予我们生命与养育，亲友给予我们友情与宽容，老师给予我们知识与技术，对手给予我们挑战与成长，挫折给予我们锻炼与进步……在生命历程中，凡事都会给予我们滋养。何不感恩？

心有感恩，就会正确认识到他人与事务对自己的价值、意义，生出对他人、对事务的感激之情与回报意识，通过表情、眼神、动作、语音语调、文字语言充分地表现出来，于是对方本能接收从而生出正面情感，这极有助于开展沟通与达成共识。感恩之心，对沟通而言是一种巨大能量，助力感染与影响对方，促进达成共识。反之，不知感恩、只知抱怨、视一切为理所当然甚至心怀"亏欠"——亏我欠我的人，则由心生出淡漠甚至怨恨的情绪，对方会本能感知到，于是开启人际交往中的恶性循环，阻碍有效沟通。

在沟通实践中，我们应做到以下两点。

（1）心存感激。如情景12.3中李阳的心态——谢谢老板严格要求自己。

(2) 言行谢恩。如情景 12.3 中李阳的回应——诚恳接受批评、承认不当、真诚求教、表达感谢。

边学边练

- 对于经常辩驳自己的人，如何报以感恩之心？
- 对于自己所在的公司，如何报以感恩之心？
- 对于刁难自己、排挤自己的人，如何报以感恩之心？
- 对于每次都刁难自己、不给好脸色、不认同的客户，如何报以感恩之心？
- 对于拒绝、不顺利的过程与结果，如何报以感恩之心？

12.1.3 相信

"信心是黄金。"信任具有无穷的能量，具有强大的影响力，能够极强地促进达成共识与决定。在沟通中，若要沟通有影响力，须先心存自信。自己都不相信自己是最棒的、让人喜欢的，自己都不相信自己的观点是有道理的、自己的产品或方案是有价值的，自己都不相信自己所处的单位与环境是正面的、正派的，那么自己必然处于一种迟疑、迷茫、犹豫的状态，这种状态所具有的强烈负能量将被他人潜意识感知到，从而使他人产生迟疑。所以信心是一种强大的能量——一种让人相信的强大力量。

在沟通中，我们内心中须持有如下三"相信"。

(1) 相信自己：认为自己是最棒的、适合的。

(2) 相信事务：认为事务是有价值的、于人有益的。

(3) 相信他人：认为同事、公司等都是可信赖的。

【即问即答】

- 相信自己的形象吗？觉得自己像什么？
- 相信自己的能力吗？相信自己能够帮助他人做好事情吗？
- 相信自己所介绍的观点、所推广的产品吗？
- 相信自己所在的学校或公司吗？

12.1.4 善念

自然法则之因果律：种瓜得瓜、种豆得豆，果是因之果、有因必有果，种下"善因"收获"善果"，正可谓"心存善念，随时善行，便会途遇'天使'"。意念决定人的外在形象及言行举止，从而决定结果，所以意念决定结果。心存善念、随时善行，这让人在潜意识中感受到温暖，从而受到感染、感动，趋向认同。

心有善念包含如下两个善待。

（1）善待别人。要成为让他人喜欢的人的前提是接受、认同他人。有容乃大，容人之短，不刺人痛处，接受、认同整体，如此善待他人定将获得他人的正反馈。一个人的成功往往同一个人的容量成正比，以包容来善待他人；还有以爱心待人——爱具有无限正能量，能融化坚冰、开启心门、温暖心灵、感动心房，有爱才有沟通。

（2）善待自己。别对自己求全责备，让大家都喜欢是不可能的，但求无愧于心。所以对自己宽厚一点、要求低一点、有所放弃。

【即问即答】

- 你是否经常性苛责身边亲友、同学？是否喜欢挑刺？是否经常性对人不满意？
- 你表达不满是在脸上明显地表现出来、伴随着尖厉的声音，还是宽容、平和？
- 你对自己高要求还是降低要求？知足吗？

12.1.5　爱心

爱具有无限的能量。心中有爱，则外显出微笑、倾身、眼神交流、亲近等表情动作，以及亲切的语音语调，如此传递出巨大能量，让人潜意识感知，从而心灵震动。因为心中有爱，所以心中有他人——深切地感知对方的需求，内含受尊重、被关心关注、给予方便、问题解决、利益最大化等。

一言一行呈现关爱信息。比如，理解对方的想法、感受对方的情绪、给对方台阶下、包容对方、尊重对方、欣赏对方等。对方如此被关爱，自然心动，从而正反馈以爱——微笑、友善、接纳……正可谓"爱人而爱己"，即爱人收获爱己。

要爱人首先得要爱自己、接受自己，一个不能爱自己的人是不可能有爱的能量去爱别人的，必须有爱的滋养。这是为人的根本，内含两个爱。

（1）爱人：即爱他人，因为爱人而爱己。

（2）爱己：即爱自己，因为爱己方能爱人。

12.1.6　重事

在学习与职场中，重视、认真地对待自己被安排的事务，这是基本的"做事"要求。相反，在学习或职场中对自己被安排的事务（老师布置的工作任务、经理布置的任务、客户交付的事情）不重视，如不用心、不认真规划、准备，以及不花费精力去开展工作、想着搭便车、拖延晚交等，如此行为表现所传达出的信息将是十分负面的，为同事、领导们所痛恨。先有重事的"心",才有有效的"行",如此才可亲和、获得认同,才可沟通交流及进行事务合作。

边学边练

检查自己:重视事务吗?重视作业吗?重视应承担的职责(如学习、任务)吗?

12.1.7 舍得

如太阳源源不断地给予人类能量,人类对太阳报以崇高的敬意;相反,人们对于"黑洞"则敬而远之,生怕被纠缠、被陷入。谁能抵挡热诚、关爱、帮助和奉献?只能是心感动了、心融化了。相反,面对索取、吸榨、冷脸,心本能地关闭、紧张、防御、拒绝。于人而言,如太阳般散发出阳光、具有巨大能量,能让人开启心门、让人心动、让人悦纳。这就是"舍"所具有的能量及力量,给予或施舍之后将收获心动、认同、回报,这就是"舍即得",谓之"舍得"。而且唯有舍才能真正让人充实、享受价值感、心生满足感、感知幸福;反之,总是索取,则会遭受拒绝、感受愤懑。而在客户沟通中,"舍"表现为忘掉自己而站在对方立场、以客户利益为核心,于是培育了亲和力、讲到客户的心坎儿上,从而让客户心动、达成共识。舍得心,于人际沟通,于人生,都至关重要。

舍得心,在沟通客户中表现为以下3方面。

(1)站在客户角度:站在客户角度思考问题与讲述内容。

(2)想着客户利益:心中所想的是客户的利益而不是自己的利益。

(3)讲述客户利益:讲述客户的利益及以材料佐证。

【即问即答】

- 沟通中面对对方(客户、伙伴、老师)时,是站在自己还是对方的角度来思考问题?
- 沟通中,自己所想与所说的内容是自己的利益还是对方的利益?

模块12.2 自我沟通八式

情景12.4 豁达平和的爱地巴

有一个名为爱地巴的人,每次和人发生争执的时候,就会以很快的速度跑回家,绕着自己的房子和土地跑三圈，然后坐在田边喘气。

"爱地巴为什么每次生气都要绕着房子和土地跑三圈呢？"所有认识他的人，心里都充满疑惑，但是不管怎么问他，爱地巴都不愿意明说。

直到有一天，爱地巴很老了，他的房子与土地也已经相当大了，当他生气时，他还是会拄着拐杖艰难地绕着房子和土地转。等他好不容易走完三圈，太阳已经下山了，爱地巴独自坐在田边喘气。他的孙子在他身边恳求他："您已经这么大年纪了，这附近也没有其他人的土地比您的更大了，您不能再像从前那样一生气就绕着房子和土地跑了。还有，您可不可以告诉我您一生气就要绕着房子和土地跑三圈的秘密呢？"爱地巴终于说出了隐藏在心里多年的秘密："年轻的时候，我一和人吵架，就绕着房子和土地跑三圈，边跑边想自己的房子这么小、土地这么少，哪有时间去和别人生气呢？一想到这里，气就消了，然后把所有的时间都用来努力工作。"孙子问道："现在您老了，又已经是富有的人了，为什么还要绕着房子和土地跑呢？"

爱地巴笑着说："我现在还是会生气，生气时绕着房子和土地跑三圈，边跑边想，自己的房子这么大、土地这么多，又何必和别人计较呢？一想到这里，气就消了。"

【即问即答】
- 爱地巴控制情绪用的是什么方法？
- 年轻时的"气消"与年老时的"气消"有什么异曲同工之妙？

快乐是自寻的。好心情、阳光心态由己不由人。沟通如同电脑，输进去什么就输出来什么——看到了别人不好的，自己就会生气。那么，如何确保阳光心态？进行积极自我沟通。积极自我沟通就是以观念、词语、声音、肢体语言等积极地对自己述说，具体方式包括共赢观念、积极聚焦、积极设问、积极定义、正面词语、肯定认同、正向冥想、活力身心八种方式。

12.2.1 共赢观念

报以"您好、我好、大家好"的共赢观念。共赢观念至关重要，唯有事先考虑客户利益、确保客户利益，这样的沟通洽谈才能令客户感知到真诚、尊重，此时才会有沟通的氛围、沟通继续进行的情感，才有可能交集利益公约数、达成利益共识。反之，"我赢、他输"的零和博弈怎么可能达成共识？故应先报以共赢观念，这是开展沟通所必须具备的。

【即问即答】
反思自己：在与他人沟通时，是否只想着自己的利益得失？那样有没有遇到障碍？

12.2.2 积极聚焦

"注意力=事实。"

关注什么决定了人所看到的、所感知到的，而不同角度、不同对象、不同环境甚至不同心情决定了不同感知，所以不同关注就决定了不同的世界感知。凡事都有多面性，有阴就有阳、有黑就有白、有好就有坏，如关注到积极正面的信息，则易激发正面情绪、焕发积极心境，即孕育阳光心态，从而较易促成沟通共识。

如何感知外部世界呢？积极聚焦！具体从对象、角度、环境等方面来施行聚焦正面、积极思维、选择良好的环境、接收积极信息等措施。

1. 聚焦正面

"'上帝'关上一扇窗就一定会打开另一扇窗，关了太阳就亮了星星"，感知世界是"太阳"还是"星星"取决于心脑的聚焦——心灵摄像机的聚焦。心灵摄像机的镜头对不同对象、正负面场景的信息摄入，决定着我们对世界的认知与世界观的形成，进而影响我们的价值观与性情。

情景 12.5　一场生日聚会与 A、B 两段摄像视频

一次一场生日聚会，来了几十个朋友，请了摄像师 A，要求拍一个三十分钟的片子作为纪念。A 先对准角落里的一个朋友，不知他是刚赔了钱还是生意破产了或是婚姻出了问题，总之是愁眉苦脸的，A 把他这痛苦的样子拍了十分钟；另外一群朋友，不知他们之间是否有过节，竟然一言不合就吵了起来，甚至打了起来，A 把这个过程也顺便拍了下来，约十分钟；还有一群人，已经喝醉了，脏乱不堪、乱七八糟，A 也把他们拍了下来。这样整整三十分钟的画面里都是愁眉苦脸、吵架打架、杯盘狼藉的场面。有朋友没去，看了这段视频，会感慨："哎呀，怎么这样子啊，幸好没去。"

另请了摄像师 B，他在拍摄过程中将镜头偏转了 30°，于是所摄内容完全不同：先是一群老友重逢，大家都特别高兴，又抱又亲，脸上笑容灿烂；然后是一群人在打牌、说笑话、玩游戏，幸福快乐中；最后是在一个角落，几个大学同学带着他们的宝宝在玩耍。将这样一幅充满快乐、幸福、温馨的三十分钟的画面给那些没去的同学看，他们会有另一番感慨："唉，真是可惜啊，这么 Happy！"

同一个场景，不同的角度，完全不同的摄录，产生了完全相反的感知。同理，同一场人生或同一个事务，只是聚焦不同，那么所看到的、所感知到的就会完全不同。我们的"人生"是这样还是那样，关键在于我们的那台心灵摄像机到底瞄准了什么对象。

那么，在与客户沟通时，心灵摄像机应该聚焦何处？

注意事务正面：注意事务好的方面，如"他（它）有……的优点与价值"。这要求我们须常想"一二"——十之一二中好的一面、好的事情、好的行为；多看到他人的优点，避免负面聚焦：避开坏的一面或负面事务，避免满脑子负面信息（尤其是图像、声音）；不挑刺、不数落、不想"八九"——十之八九中不好的事情，因为聚焦负面会让人们的脑海中浮现出拒绝、失败的画面，于是害怕、沮丧，如此心态导致失败——"想象失败导致失败"。

边学边练

- 想想自己所在的班级相比其他班级有哪些特点和优点？
- 对所应聘的公司而言，自己有哪些优点和价值？

2. 积极思维

看事务的角度、分析问题的方法、思考情景的内容，若积极思维则脑海中浮现出美好的、期盼的场景，看到了希望的未来，心中油然生出乐观心境与信心；反之则脑海中充满可怕的、崩塌的场景，看到了梦的破灭，心中自然淤积消极心境。

比如，遇到一位很有个性的客户，不妨如此自我沟通："嗯，太好了，这是一个很好的机会，看看如何与他沟通，如能有效那该多么有意思，也顺便验证刚学的规则与技巧是否有效、是否可行。"

当被第 N 个客户拒绝时，想必不同的人会产生不同的情绪与应对方法。服务员 A 的反应："太棒了，这是一块恰到好处的磨刀石，刚好可以磨炼自己、暴露自己的不足，我要了解问题所在与被拒绝的缘由、尝试新招，这样面对下一个客户时就会表现得更好了！"因此 A 在遭到拒绝后情绪反而更高涨，更加努力地寻找问题与尝试应对方法，于是面对客户越来越纯熟自然、有亲和力，越来越受到客户的肯定与赞赏，A 也就越来越自信、淡定，成绩也越来越好。而服务员 B 的反应："唉，为什么受伤的总是我呢？我为什么总是那么倒霉？为什么客户总是拒绝我？这样的日子什么时候才能结束？"此后，B 越来越萎靡不振，开始自我怀疑、自我否定，越来越不相信自己、越来越没有状态，于是更不见成绩，最后只得离开。

当遇到客户不礼貌待人时，设身处地地如此自我沟通："客户此时可能是因为刚好碰到不愉快的事情而心里不舒服，此时的他犹如心中不平的小孩，所以应该体谅；同时，客户是'上帝'啊，再怎么样'上帝'也该受尊重；若'忍不住'就一定会失去 100 万元的业绩。所以，何必跟他一般见识而被他挑动心火？以他的错带动自己也犯错？我应该控制住自己，让自己不犯错——平复心情、不动肝火。"

故：多想他人的好处，这对自己有帮助，否则受伤的是自己。面对事务，尤其是逆境与磨难，请让自己内心犹如"盛开的荷花"，不妨一学沈从文在困境中"……这儿的荷花真好"的思想与心境。

边学边练

客户一直挑剔产品的不足。对此，你该如何沟通自己？

3. 选择良好的环境

"孟母三迁"，说的就是好环境成就了我国"亚圣"孟子，这说明了环境对于人的成长的重要性。好的环境、积极向上的人群充满正能量，若人们处于这样的正能量场中，时时刻刻受熏陶、感染，假以时日自然周身充满正能量，成为具有正能量的人。所以，环境很重要。什么样的环境，聚集什么样的人，造就相类似的人。

在未来职场工作、生活中，我们需要特别注意以下两点。

（1）为自己选一个好地方。

子曰："里仁为美。择不处仁，焉得知？"给自己选一个相互尊重有礼、相互帮助鼓励、相互宽容谦和、有梦想、肯努力、充满正能量的环境。好环境熏陶、培育积极心境；反之淤积消极、负面、抱怨、不用心、不努力的心境。

（2）交积极上进的好朋友。

古人云："近朱者赤，近墨者黑。"好朋友是镜子、楷模，让自己看到不足、看到榜样、明确目标，让自己受到推动、受到激励，于是促进自己前行、修正、努力，因此不断成长、收获业绩。跟着积极上进者，哪怕抓着他的"尾巴"被拖着走，结果也不会太差。

4. 接收积极信息

人是需要激励的，人是需要提醒与督促的，让自己持久地接收积极信息，人自然能保持积极状态。

赏析励人的歌曲、视频。早上起床时、白天上班时、状态不佳时听一些自我激励的歌曲、赏析一些昂扬的歌曲或视频，会让自己保持良好状态。比如，《命运》《小草》《从头再来》《独一无二》《感恩的心》《红日》《男儿当自强》《相信自己》《真心英雄》等。

音频：命运　　　　　　音频：小草　　　　　　音频：从头再来

音频：独一无二　　　　音频：感恩的心　　　　音频：红日

音频：男儿当自强　　　音频：相信自己　　　　音频：真心英雄

看/听励志、启智的演讲，不时地参加一些演讲、讲座，看一些影片、书籍，"充充电"、"重装一下软件"、扫除一些大脑"病毒"与"灰尘"，让自己充满正能量。

边学边练

- 检讨一下你身边的朋友是积极上进者多，还是抱怨、玩游戏、做事没有激情者多？
- 你身边的氛围是积极正派还是消极悲观、没礼貌、不互助？
- 如果身边环境不理想，那么自己应该怎么办？

想要主宰自己的命运，必须掌控心灵摄像机，自己做导演与摄像师，从积极的角度解读问题、看事情，为自己选一个良好的环境，如此易孕育阳光心态，易于与人有效沟通。

12.2.3　积极设问

"为什么这么倒霉？"
"为什么老天对我这么不公平？"
"为什么老做不好这些事情？"
"我为什么这么无能？"

我们在日常生活和职场工作中确实会遇到很多不顺、坎坷，我们可能会因此抱怨命运的不公。但问题是，如此设问的结果一般是不良的，如上引发了自己"真倒霉""本就不公平""老做不好事情""我就是无能"的思想与答案。如果对一件不如意的事如此自我设问:"怎么会这样呢？我为什么那么没用呢？"这样便会引导自己去想"没用"这个概念，随即脑海中浮现出"没用"的相关场景，于是证实了"我没用"。如上就是我们日常中习惯使用的、导致失败的消极之问，这是导致失败的根本缘由。

这些情况能不能避免？怎么做比较理想？

情景 12.3 中的年轻小伙子李阳被老板训斥时，如此自我设问:"被老板训斥，这对我有什么启示？对我有什么意义？""既然这样，此时该怎么办呢？"经过这样的自我设问，他就会积极地看待"被训斥"这件事情，并积极应对老板的训斥，并由此赢得老板的赞赏。

科学研究表明，问题引导注意力。有什么样的问题就有什么样的思考，负面的询问引导我们思考负面的情景与可怕的后果，正面询问会引导我们思考事务对自己的意义、事务解决的方法，瞬间就会转入让人充满希望的状态，由此激活积极心态。如此印证了一个成语"心想事成"——大脑中想要什么，结果就可能是什么。积极的问答过程转移了注意力，自动扭转心灵摄像机的镜头，直到找出事务背后的机会与利益。如此便停止了抱怨，便开始了心动与行动。所以，如何发问非常重要。具体方法如下。

1. 积极自我沟通

"事情的发生必有其原因与结果，并将有助于我。"

"这是一个机缘：老天给了我一个启迪，一个发现问题并进行修正的机会。"

2. 积极设问自己

"这件事情对我有什么意义？"

"这件事情对我有什么启发与帮助？"

"既然如此，那该怎么办？"

我们在未来职场工作、生活中有必要参考、借鉴历史中两个导致成败的经典发问，如下。

学习"刘邦之问":"张良，如之奈何？"

避免"项羽之问":"时不利兮骓不逝，骓不逝兮可奈何？"

12.2.4 积极定义

对同一事务，不同的人有不同的理解与解释，从而生出不同的感慨。对事务的不同解读，就会产生不同的心情，激发不同的言行应对。比如，对于"挨训"，可以理解为"被经理抓辫子，不被喜欢了，以后没希望了"，从而沮丧落魄；也可以解读为"太好了，经理对我好，恨铁不成钢，所以费心费力来鞭策我"。消极定义就会产生负面情绪，积极定

义就会产生积极情感，这也就决定了是"想得开"还是"想不开"——换个定义也许立刻就想开了、情绪在一秒内就转换过来了，此之谓"一念天堂，一念地狱"。

凡事积极定义，可以很好地激发阳光心态，让人看到意义、希望与未来。对事务的不同定义决定了不同结果，下定义的能力决定了生命质量。范例如表 12.1 所示。

表 12.1 对事务的定义

事 务	两 种 定 义	行为、结果
被老板训斥	被老板厌恶	失落、失去希望，沮丧、丧失动力，业绩下滑，恶性循环
	老板在鞭策我	兴奋、更燃起希望，激发动力，更认真、踏实，业绩提升
与爱人不沟通	两个人在一起不合适	分手对双方而言是最好的选择，所以分手、散伙
	两个人沟通不恰当	需要完善沟通，需要好的沟通方式，尝试改进沟通
做生意赔了	自己无能	自怨自艾，怪自己，以后再也不敢做生意了
	自己缴了学费	学到了经验，下次会做得更好

如有让自己不顺心的事，则可以采取如下措施。

第一步，找出自己所下的定义——"病源"。

第二步，杀掉"病毒"——找出消极、负面的词汇。

第三步，重装一个好的软件——给事务积极地重新定义。

比如，"遭受挫折"既可以理解为"失败，没有希望"，也可以解读为"成功路上的一次停顿休整，用以暴露自身不足、进一步修正的磨刀石"。

比如，对于销售，既可以定义为"低三下四地求人买东西而不断遭遇拒绝，很掉价、没有品位的丢脸行为"；也可以定义为"为产品寻找适合的人、为客户提供问题解决方法等相关信息的行为。"销售是在帮助客户。人人都在销售，没有销售这个社会就消亡了，企业、国家都离不开销售。销售者与客户是互惠、互利、互存的，谁也离不开谁，没有尊卑贵贱之分，二者人格平等，只是角色不同。

边学边练

给下述事务积极定义。

- 失恋：_____
- 遭人拒绝：_____
- 做作业：_____

12.2.5 肯定认同

信心来自肯定，来自对事务有效用、有价值等属性的认知，觉得有效、有益、可行，于是生出信心。自信就是相信自己，相信自己能行、能做到。所以这种信心很大程度上是一种自我感知，带有较强的主观色彩。不同的角度、不同的引导、不同的思考都会对信心养成产生很大影响，从而影响我们在人际交往与客户沟通中的积极主动与信息传递的能量。故在职场沟通中，须先肯定自己，同时积极思考以充分地肯定、认同事务。

（1）肯定自己：肯定自己及泛化的自己（如公司、同事、家庭、家乡、国家等）。

比如："我虽平凡但独一无二，我生而有独特价值，可贡献社会。"

"我还不错，我有特点、有价值，我是一颗平凡而茁壮成长的小草。我自信、自在。"

"我们公司可靠、诚实守信，会有长远发展，让人信赖。"

（2）肯定事务：肯定自己所涉的事务，如自己的观点信念、方案、产品、客户等。

① 肯定所讲的内容观点。比如，非常认同自己所推广的事务及所要传达的观点内容是有用的、可信的，尤其对客户（沟通对方）是非常有益、有帮助的。

② 肯定产品或方案方法。比如："我们的产品、方案是很有用的，能够很好地解决客户的问题，质量好、性价比高，而且售后服务好、公司诚信可靠。"

③ 肯定销售这一工作。比如："在商店，我们出售希望——对消费者而言，买到了产品就获得了希望；对商家而言卖出了产品就赚到了钱，这是双赢。销售员起着承上启下的作用。"

（3）积极自我暗示：每日对自己进行正面信息传输。

① 每日清晨起床一语：对着镜子说"我很棒""我有亲和力""这事能成，一定没问题"。

② 积极使用肯定词汇而不用否定式词汇：如"我现在很放松"，而不是"我不紧张，我一定不能紧张"。

③ 使用现在时而不是过去时或将来时：如"我能轻松拜访客户赢得他们的信赖"，而不是"我以后会赢得客户信赖"。

如此便可激发信心、焕发精神。

边学边练

- 每日起床积极自我暗示：如"我很棒""我独一无二""我超有亲和力，让人悦纳"。
- 一语肯定所做事情与身边事务，如公司、学校、产品、方案等。

12.2.6 正面词语

很多人会经常性地用一些负面的、消极的情绪化词语来自言自语,如"糟透了""气死我了""烦死我了",这样会把不好的情绪扩大,情绪由"不顺心"扩展到"很不顺心"。使用类似的消极词语,会导致自己情绪失控、心境变坏,导致沟通中的语言、声音、肢体动作不当,从而影响沟通效果。很多时候人们在做不合常理的事而不自知——不时地传递负面的言与行,却还在怀疑自己为什么不成功。夸张一点说,能否正确运用词语决定着人生。

如何正确运用词语?安慰、体贴自己,以鼓励性语言积极引导自己,并配合适当的声音与肢体动作,这样自己可以直接接收、积蕴正面情绪。这就是正面的自言自语,日常中须用正面词语、禁忌负面词语。

1. 常用积极正面的词语来沟通自己

如:"嗯,太好了!""这太棒了!""棒极了!"

2. 运用好的隐喻(隐藏的比喻,如讲故事、打比方),转换不好的隐喻

如:"冬天来了,春天还会远吗?"
如碰到坎坷、障碍,就对自己说:"'教练'来了!"

3. 禁忌使用负面词语

如禁忌对自己发牢骚:"气死我了!""烦死我了!""累死我了!"

边学边练

检查:自己遇到问题时的惯用词汇是什么?如果是负面词语,请修正过来。

12.2.7 正向冥想

定生智:闭眼、静心、淡定、回想、思考、小结,长期如此则可激发人的智慧。静静地用心梳理过往的事情与即将面对的事情,令自己的意、心、行、言处于良好的状态,以这种良好的状态同对方互动,将使沟通进展顺畅,易于达成共识。这种静心梳理的有效方式是"冥想",冥想就是"回想自己曾经成功的经历→闭眼、深呼吸、放松→想象成功达成目标的场景→说出这一场景的一个肯定叙述句→抓住这种感觉"。

沟通中"冥想"有效,亦须有术。

(1)正向冥想:往好处想象上述冥想过程——过程顺畅、双方亲和互动、最终达成共识,这就是正向冥想,也就是"想好的"。如此使得心灵激荡,焕发自信、兴奋与热情,内心释放潜意识的强大力量,从而处于充满活力的最佳状态。

(2)拜访客户中运用:在开展人际沟通之前,将整个沟通过程静心闭眼想象一遍——将"敲门→热情招呼→见面礼→热情回应→寒暄→铺垫→转入正题→询问→聆听→认同、肯定→有条理地讲述客户利益与充分佐证→促成→共识"这一完整过程在大脑中思虑一遍,如放"电影"一般再看一遍。再借着这个充满活力的最佳状态,趁机敲门或拨打电话,热情、大方、有感染力地招呼客户,如此客户便会受到感染,从而形成良性循环。

边学边练

在应聘、劝说他人之前,试试"正向冥想"这一方式。

12.2.8 活力身心

心境会影响身体状态,如"垂头丧气"即垂头而让人气丧,或者长期闷闷不乐;而打一场篮球或羽毛球比赛,则可能扫除先前的郁闷心理,这说明了身体状态也可影响心境。这就是"身心互动"——身体状态与心境相互影响,心境可以影响身体状态,同样身体状态可以影响心境。

由此可知,充满活力的身体状态可以促使人们产生积极的、有活力的心境。因此,人们在职场中可借由生理状态的改变来调整心境,借着充满活力的身体状态激发积极心境,从而提升影响力、提高沟通效果,以至提高行为效益,最终提高人生品质。具体措施如下。

(1)便捷运动:包括"厕所工程"、楼梯运动、昂首挺胸等方式。

① "厕所工程":即在厕所中洗脸、补妆、梳理头发、做脸部运动、伸展手脚,同时面对镜子鼓励自己"我真棒""我真有亲和力",举手握拳吼一声"耶!顺利"。另外再检查一下衣服鞋袜、物品资料,做好准备工作。

② 楼梯运动:若到客户门口有紧张感,不妨先爬到顶楼,后下到一楼,接着爬到顶楼……如此便会气喘吁吁,趁着那股热劲敲门。

③ 昂首挺胸:走路时有意识地抬头、挺胸,这样会焕发精神。

(2)体育运动:在工作之余进行各种球类、操类运动,也可见缝插针地进行办公室运动,如伸懒腰、扭腰、活动四肢等。

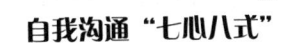

（3）状态仿效：仿效自己曾经顺心时的身体状态，或者模仿自己所尊敬且推崇的前辈的生理状态——他走路的样子、脸部表情、眼神动作、说话语气、呼吸深度等。被模仿之人一定是身心一致的人，因为这种人具有强大的影响力与成功特质，模仿他即可近似感受成功者的状态与心境。

总之，让自己处于有活力的身体状态，并保持身心合一。

仿效

要点回放

沟通他人，首先要沟通自己。没有积极自我沟通并孕育阳光心态，总想着靠技巧来达成沟通共识是不可能的，至少是不可持续的。职场中有效沟通须孕育阳光七心——尊敬、感恩、相信、善念、爱心、重事舍得，如此让人充满正能量、饱含感染力、富有影响力。阳光心态由己不由人，通过积极自我沟通八方式——共赢观念、积极聚焦、积极设问、积极定义、正面语词、肯定认同、正向冥想、活力身心，可有效孕育。

综合技能训练

1. 上台做演讲汇报时，尝试若干种自我沟通的方式来孕育良好心态。
2. 在应聘时，运用上述方法来调整自己的心态，感受与体验其效果。
3. 在拜访客户时，运用上述方法来调整自己的心态，感受与体验其效果。

项目检测

一、应知知识问答

1. 沟通好自己有什么意义？
2. 若要有效沟通客户，应该具备哪些阳光心态？
3. 你比较认同哪些积极自我沟通方式？

二、应会技能实践

1. 观察：观察身边的同学、老师、亲友、事务交往者，看看他们在沟通中的心态、状态如何？好的地方是什么？又有哪些不足的地方？

2．测评：自我沟通素养测评。

             客观评价自己   进一步改进建议

（1）共赢观念。　　　　　　　＿＿＿＿＿＿＿＿　＿＿＿＿＿＿＿＿＿

（2）想着讲述对方利益。　　　＿＿＿＿＿＿＿＿　＿＿＿＿＿＿＿＿＿

（3）肯定自己、肯定事务。　　＿＿＿＿＿＿＿＿　＿＿＿＿＿＿＿＿＿

（4）看事务中好的地方。　　　＿＿＿＿＿＿＿＿　＿＿＿＿＿＿＿＿＿

（5）积极角度看待与解释事务。＿＿＿＿＿＿＿＿　＿＿＿＿＿＿＿＿＿

（6）问问题的水平。　　　　　＿＿＿＿＿＿＿＿　＿＿＿＿＿＿＿＿＿

（7）善用正面词语来自我沟通。＿＿＿＿＿＿＿＿　＿＿＿＿＿＿＿＿＿

（8）活动身体保持活力状态。　＿＿＿＿＿＿＿＿　＿＿＿＿＿＿＿＿＿

3．学而习之。

（1）当客户不断挑刺（如嫌价格太高、颜色不好等）时，如何调整心态？

（2）当遇到不顺心的事时，如何积极自我沟通？列出具体方式。